À LA RECHERCHE
D'UN MONDE MEILLEUR

le goût des idées

*collection dirigée
par
Jean-Claude Zylberstein*

KARL POPPER

À la recherche d'un monde meilleur

Essais et conférences

Préface de Jean Baudouin

Traduit de l'allemand
et annoté par Jean-Luc Evard

Paris
Les Belles Lettres
· 2011

Ouvrage traduit avec le concours
du Centre national du livre

Titre original :
Auf der Suche nach einer besseren Welt

© 1984 Karl R. Popper

© 2011, Société d'édition Les Belles Lettres
95 bd Raspail 75006 Paris.
www.lesbelleslettres.com

ISBN : 978-2-251-20019-4

PRÉFACE

De l'œuvre considérable de Karl Popper on retient nécessairement les grands ouvrages d'épistémologie, au premier chef la *Logique de la découverte scientifique,* et, bien sûr, *La Société ouverte et ses ennemis,* qui constitue de son propre aveu « la seule œuvre de philosophie politique qu'il ait jamais écrite ». On oublie volontiers une autre dimension de cette activité foisonnante : celle de conférencier. Durant près de trente années, en effet, Popper a été sollicité par les sociétés de pensée les plus hétéroclites afin d'exprimer ses opinions sur les sujets si variés qui le préoccupaient. C'est justement l'objectif de ce livre que de les réunir et de les porter à la connaissance d'un vaste public. À celui qui est de longue date familiarisé avec l'œuvre de Popper, il n'apportera sans doute pas d'éléments inédits et n'appellera pas de rectifications bouleversantes. Au profane qui découvrira l'univers contrasté de la pensée poppérienne, il permettra d'accéder par une voie simple et didactique à ses lignes directrices. À l'un et à l'autre, cependant, il rappellera que Popper a été toute sa vie un exceptionnel pédagogue et que ce qui pourrait apparaître comme lourd et répétitif était sa manière à lui de vulgariser le plus clairement possible des thèses et des argumentations qui dans leur enveloppe initiale n'étaient pas nécessairement évidentes et accessibles. Est-il vraiment besoin d'ajouter que l'ouvrage tombe bien dans un pays comme le nôtre ! Ce n'est pas faire injure, en effet, aux travaux pionniers de Renée Bouveresse ou de Dominique Lecourt que de rappeler que Popper n'a jamais eu vraiment droit de cité en France et qu'à la différence d'autres pays latins comme l'Espagne et surtout l'Italie son œuvre reste curieusement à découvrir. Or, ces « trente ans de conférences et d'essais », au-delà de leur apparente diversité, présentent un inestimable avantage : celui d'éclairer sous un jour cru l'importance que leur auteur a toujours assignée à la « discussion critique » mais aussi le dégoût qu'il a constamment manifesté à l'endroit de l'intellectualisme et du nihilisme.

1. La fonction civilisatrice de la « discussion critique ».

Il est fréquent que l'œuvre de Popper soit découpée en deux parties d'inégale densité : la partie « noble » dédiée aux sciences de la nature et à la théorie de la connaissance, la partie « accessoire » consistant en une justification circonstancielle de la démocratie libérale. Il faut admettre que Popper semble accréditer cette thèse se considérant avant tout comme un épistémologue, minorant parfois sa contribution à la théorie politique. En fait, il n'a jamais séparé les deux registres. Le fait que son ultime combat ait consisté à dénoncer les dangers que la télévision faisait courir à la démocratie en banalisant le spectacle de la violence nous convainc aisément que son admiration pour les sciences de la nature ne le distrayait jamais d'une réflexion souvent aiguë autour des problèmes de la Cité. L'un des grands mérites de ces conférences et essais est justement de nous inciter à prendre la mesure de l'unité profonde de la pensée poppérienne. Il n'est pas question de la reconstituer de manière artificielle et d'ignorer les tensions qui la grèvent. Il est néanmoins possible de distinguer dans la théorie poppérienne de « la discussion critique » l'arc-boutant qui permet de lier entre elles sans pour autant les fondre les multiples dimensions de sa pensée.

Elle est bien sûr au cœur de sa théorie de la connaissance. La notion de « falsification » qui est certainement le legs le plus fécond de l'épistémologie poppérienne ne fait que rationaliser le rôle d'aiguillon que Popper assigne à la critique mutuelle. C'est elle qui entretient le doute autour des vérités les mieux assises, qui incite à la curiosité intellectuelle et qui prémunit la recherche savante des facilités de la routine et du conformisme. On reconnaît le caractère scientifique d'une théorie non point au nombre et à l'intensité de ses confirmations mais au fait qu'elle puisse être publiquement testée, critiquée et à terme remplacée par une théorie au contenu informatif encore plus riche. De même, c'est elle, qui dans le cadre d'une société ouverte, organise un sentiment d'insécurité autour des institutions les mieux établies, maintient cet état d'effervescence intellectuelle, de vigilance démocratique, sans lesquelles elle s'abîmerait elle aussi dans la répétition et la désertion civique. Plus généralement, la discussion critique, en élargissant le point de vue nécessairement fragmentaire de chaque individu ou de chaque groupe pris isolément, en les impliquant dans un cercle vertueux d'argumentation et de réfutation, fait naître, dans l'ordre scientifique, une procédure objective de découverte de la vérité, dans l'ordre politique, une approche prudente et raisonnable des problèmes collectifs.

Mais l'apport de Popper ne s'arrête pas là. Dans les vingt dernières années de sa vie son épistémologie s'est élevée à la hauteur d'une cosmologie. La conviction du rôle stratégique joué par la discussion critique s'est elle-même progressivement enchâssée à une interprétation clairement évolutionniste de l'histoire de l'humanité. La préface aux conférences atteste le souci de notre philosophe citoyen d'inclure son épistémologie et sa théorie politique dans un horizon anthropologique plus vaste qui est de facture explicitement darwinienne. Le monde n'est pas seulement chaos, chute, souffrance. Il est également fait de turbulences, de défis, d'émergences aussi fécondes qu'imprévisibles. Parmi celles-ci le langage a toujours figuré aux yeux de Popper un inestimable progrès permettant à l'homme d'extérioriser ses sentiments, de communiquer avec ses semblables, de substituer

peu à peu l'affrontement des mots (« *words* ») à l'affrontement des
épées (« *swords* »). Il est le creuset inaugural de cette « discussion
critique », de ce monde 3 des arguments, des idées et des théories
qui demeure la conquête la plus précieuse de la civilisation.
Attention, cependant ! L'optimisme poppérien est toujours
tempéré. S'il est persuadé du rôle civilisateur joué par la critique
publique, il sait que les idées les plus généreuses génèrent parfois
les usages les plus pervers. La critique a également son envers,
le « criticisme ». Popper n'a à son égard aucune indulgence. La
dureté de la charge mérite qu'on s'y attarde.

2. La tentation nihiliste des intellectuels contemporains.

Le criticisme est à la critique ce que le scientisme est à
la science ! Pratiquement pas une de ces conférences qui ne
sonne aussi la charge contre ceux que Popper appelle à son
tour les « intellos » ! Il ne s'agit jamais d'une polémique vaine
et inconsistante. Les flèches acérées que Popper décoche à leur
endroit sont toujours soutenues par des arguments et composent
en filigrane l'image de ce que peut être un penseur responsable,
un intellectuel libéral. Il faut se souvenir, en effet, que Popper n'a
jamais été un maître penseur, qu'il a toujours été un philosophe
de la marge, que ses meilleurs élèves deviendront à l'image de
Kuhn ou Feyerabend ses détracteurs et qu'il éprouvera toujours
l'impérieux besoin de se démarquer des postures empesées des
académies dominantes de la science ou de la philosophie. Cette
exaspération devant la suffisance intellectuelle, les conférences nous
la rappellent avec une vigueur particulièrement roborative.

On ne s'étonnera pas, tout d'abord, de voir Popper ferrailler à
nouveau contre l'historicisme et ses multiples avatars. Dès 1938,
dans un opuscule dévastateur intitulé précisément *Misère de
l'historicisme,* il détaillait avec soin cette attitude intellectuelle qui
prétend déceler un « sens caché » derrière l'amas désordonné des
événements et qui n'hésite pas à enfermer le cours de l'histoire

dans une loi irréversible d'évolution… ou de déclin. Il ne lui
échappe pas, cependant, qu'avec la déroute des totalitarismes
et l'effondrement des utopies, l'historicisme adopte un tour
différent : moins l'annonce d'un avenir radieux qu'une critique
sans nuance des conquêtes de la civilisation occidentale, qu'un
penchant morbide pour le désenchantement et la démolition.
Popper s'en prend avec une force particulière à ceux qu'il nomme
les « prophètes susurrants du pessimisme » et c'est en songeant à
leur nihilisme complaisant qu'il avance sur un mode volontiers
provocateur : « Je prétends que la forme de société où nous vivons
en Occident, en dépit de bien des déficiences, est la meilleure
qu'il nous soit donné de connaître. » La conscience critique est
un irremplaçable levain lorsqu'elle s'emploie à désigner les maux
les plus tangibles de la société et qu'elle s'articule elle-même à
des « fins pluralistes » et à des principes éthiques légitimes. Elle
se délite et s'avilit, en revanche, lorsqu'elle se complaît dans la
« métaphysique du mal » et lorsqu'elle éreinte sans discernement
les valeurs constitutives du libéralisme politique.

Mais le nihilisme contemporain n'est pas seulement
répréhensible à raison des buts qu'il poursuit. Il l'est tout autant
à raison de ses modes d'expression. Popper n'a pas de mots assez
durs, là encore, pour flétrir « le culte de l'incompréhensibilité »,
« la boursouflure et l'affection du savoir », « le style oraculaire ».
Pour deux raisons étroitement solidaires. La première tient aux
exigences du débat et nous rappelle l'importance que Popper
a toujours accordée au langage, spécialement à sa « fonction
argumentative ». Grâce au langage l'homme s'est octroyé la
possibilité d'extérioriser ses opinions, d'échanger avec ses
semblables, de justifier, surtout, par des arguments la préférence
donnée à une théorie ou à une politique. Mais une possibilité
aussi riche implique que les arguments soient portés au grand jour
dans un style clair, dans une langue immédiatement accessible.
Il y a, cependant, une autre raison qui vise plus spécialement les
« intellectuels ». Ces rhéteurs obscurs oublient que l'utilisation

d'un tel langage est aussi un effort que les favorisés qui ont la chance de se consacrer aux études doivent à la société. Écoutons-le à nouveau : « Tout intellectuel a une responsabilité bien spécifique. Il a le privilège et le loisir de se consacrer à l'étude. Ce qui en fait l'obligé de ses congénères et de la société : il leur doit de leur exposer les résultats de ses études sous la forme la plus simple et la plus claire. Qui ne peut s'exprimer clairement et simplement doit se taire et continuer à travailler jusqu'à ce qu'il puisse parler clairement. » Comment ne pas songer ici au fonctionnement de tant de cénacles pour lesquels l'opacité d'un écrit est le plus sûr garant de sa grandeur scientifique !

On ne s'étonnera pas, enfin, qu'au terme de cette excursion parmi les milieux intellectuels, Popper retrouve les deux grandes figures à l'ombre desquelles sa pensée s'est toujours déployée : celles de Socrate et de Platon. Elles ont, selon lui, inauguré deux types de comportement qui perdurent largement à l'époque moderne. Avec Socrate nous sommes à l'école de la « modestie intellectuelle » : il est homme parmi les hommes, il est plus sûr de son ignorance que de son savoir, il s'ouvre à l'horizon de la vérité par le biais d'un incessant questionnement. Avec Platon nous sommes, au contraire, aux origines de la « prétention intellectuelle » et de son symétrique, la « sophocratie ». Popper s'est d'emblée senti solidaire d'une attitude intellectuelle qui part des problèmes de la Cité et des interrogations de ses ressortissants pour tenter de l'amender et de l'humaniser. Et il s'est toujours défié d'une posture qui invite le philosophe à contempler la vérité de l'Être et à se retirer provisoirement de la Cité pour mieux, ensuite, la soumettre à son savoir et à ses décrets. « À mes yeux, écrit-il, l'idée platonicienne de la domination des sages et des bons est à récuser inconditionnellement. Qui donc tranche entre la sagesse et la non-sagesse ? Les plus sages et les meilleurs ne furent-ils pas crucifiés, et par ceux réputés sages et bons ? Comme problème politique pratique, le problème de l'élite est parfaitement insoluble. Dans les faits on ne peut jamais distinguer

l'élite de la clique. » Et Popper, à la suite de cette nouvelle harangue
contre le platonisme, se risque à une interprétation résolument
humaniste de la symbolique du « tombeau du Soldat inconnu » :
« Nous ne nous demandons pas, écrit-il, s'il faisait partie de la
masse ou de l'élite. C'était un être humain. »

Les conférences soumises à notre lecture ont un autre mérite,
celui de livrer la véritable nature du libéralisme poppérien. Il faut
se souvenir, en effet, que la diffusion en France des principaux
écrits de Popper a coïncidé assez fidèlement à partir des années
1980 avec le renouveau des idées libérales au point que plusieurs
commentateurs peu informés voire malveillants n'hésiteront pas
à le présenter comme un croisé du néolibéralisme doublé d'un
défenseur inconditionnel de l'Occident. Or sur ces deux points
les conférences dissipent avec succès le malentendu. Si Popper a
toujours accordé une valeur inestimable aux principes libéraux
dans l'ordre politique, il n'évalue pas de la même manière leur
incidence dans l'ordre économique et social. Il a toujours considéré
que l'intervention de l'État était non seulement nécessaire mais
légitime lorsqu'il s'agissait de répartir plus justement les fruits de
la croissance, de diminuer les souffrances sociales, d'établir une
véritable égalité des chances. Il est vrai qu'à partir des années
1970, il s'est à son tour inquiété des excès de l'État providence,
de ses tentations tutélaires, de ses dérives bureaucratiques, surtout.
Et pourtant, il est aussi absurde de distinguer en lui le porte-
parole tardif du néo-libéralisme que le philosophe attitré de la
social-démocratie. À la différence de son ami et compatriote
F.A. Hayek, il n'a jamais tiré argument des effets pervers de
l'État social pour disqualifier les idées généreuses qui demeurent
à son fondement. Il vaut la peine de le citer : « Lorsque nous
critiquons l'État *welfare* — c'est notre devoir et c'est une nécessité
—, nous n'avons pas le droit d'oublier qu'il plonge ses racines
dans un article de foi moral profondément humain et digne
d'admiration et qu'une société disposée à de lourds sacrifices
matériels pour lutter contre la pauvreté a fait par là la preuve

que, pour elle, cet article de foi est une affaire sérieuse. Notre critique de l'État *welfare* doit donc montrer comment ces idées pourraient être mieux mises en œuvre. » Est-il besoin d'ajouter que ces propos ne sont pas ceux d'un ultra-libéral indifférent aux misères du monde !

Popper n'a sans doute pas été le philosophe emblématique du siècle écoulé. Jamais, au demeurant, il n'aurait osé élever une telle prétention. Les conférences et essais nous rappellent, cependant, qu'il demeure l'un de ses passeurs les plus éclairés, que sa pensée ne fut jamais médiocre, encore moins méprisable, qu'il s'employa toute sa vie à penser la complexité du monde et à justifier sa foi indestructible dans les ressources conjointes de la raison et de la critique.

JEAN BAUDOUIN[1]
Professeur de science politique
à la faculté de droit de Rennes

---

1. Jean Baudouin est l'auteur de *Karl Popper,* Que sais-je, 3ᵉ édition, PUF, et de *La Philosophie de Karl Popper,* « Questions », PUF.

UN RÉSUMÉ EN GUISE DE PRÉFACE

Tout ce qui vit est à la recherche d'un monde meilleur.

Les humains, les animaux, les plantes, les protistes même, sont toujours actifs. Ils cherchent à améliorer leur condition ou du moins à éviter qu'elle n'empire. Même durant le sommeil, l'organisme maintient activement cet état : profond ou léger, sa qualité est un état activement induit par l'organisme, état qui protège le sommeil (ou tient l'organisme en alerte). En permanence, tout organisme est occupé à résoudre des problèmes. Lesquels surgissent par le fait d'évaluations de son état et de son environnement, qu'il cherche à améliorer.

L'essai en vue d'une solution s'avère souvent erroné, il provoque une dégradation. À quoi succèdent de nouveaux essais de solution, de nouveaux tâtonnements.

Ainsi, avec la vie — ne serait-ce que celle des protistes —, c'est quelque chose de tout nouveau qui survient dans le monde, quelque chose qui auparavant n'existait pas : des problèmes et des recherches actives de solutions ; des évaluations, des valeurs ; essai et erreur.

Sous l'influence, faut-il présumer, de la sélection naturelle darwinienne, ce sont surtout, parmi ceux qui résolvent les problèmes, les plus actifs qui se développent : ceux qui cherchent, qui trouvent, qui découvrent de nouveaux mondes et de nouvelles formes de vie.

Chaque organisme travaille aussi à maintenir ses conditions d'existence internes et son individualité — un type d'activité que les biologistes appellent « homéostase ». Mais là aussi, sur le plan interne, il y a agitation, activité : effort pour contenir cette turbulence intérieure, rétrocouplage, rectification des erreurs. Il faut que l'homéostase soit incomplète, qu'elle se limite elle-même. Parfaite, elle appellerait la mort de l'organisme, ou du moins la suspension temporaire de toutes les fonctions vitales. L'activité, la turbulence, l'effort de recherche sont essentiels pour la vie, l'éternelle turbulence, l'éternelle imperfection ; *ad aeternam* la recherche, l'espoir, l'évaluation, la capacité de trouver, de découvrir, d'améliorer, d'apprendre et de créer des valeurs ; mais aussi pour la dimension éternellement erratique de l'existence, pour la création de non-valeurs.

Le darwinisme enseigne que, par le jeu de la sélection naturelle, les organismes s'adaptent à leur environnement et que leurs formes en sont modifiées. Et il pose que, ce faisant, ils sont passifs. Il me semble pourtant autrement plus important que, au cours de leur recherche d'un monde meilleur, les organismes trouvent, inventent de nouveaux environnements et les transforment. Ils construisent des nids, des digues, des massifs montagneux. Mais de toutes leurs créations, la plus riche de conséquences est bel et bien la recomposition de la couche d'air qui entoure la terre, qu'ils oxygènent ; ce qui, de leur côté, découle de leur découverte de la lumière solaire comme d'une possible ressource nutritive. La découverte de cette source inépuisable de nourriture et des innombrables méthodes d'interception de la lumière a engendré le règne végétal. Et la préférence donnée aux plantes comme ressource nutritive a engendré le règne animal.

En inventant le langage spécifiquement humain nous nous sommes nous-mêmes engendrés. Comme le dit Darwin (*La Descendance de l'homme et la sélection sexuelle,* section I, chap. 3), l'usage et le développement du langage humain « agirent en retour sur l'esprit » (« *reacted on the mind itself* »). Les phrases du langage peuvent figurer un état de fait, elles peuvent être objectivement vraies ou fausses. Ainsi en vient-on à la recherche de la vérité objective, au processus de la connaissance humaine. La recherche de la vérité, à commencer par celle des sciences de la nature, est pour une part ce que la vie a créé de meilleur et de plus grand dans sa recherche d'un monde meilleur.

Mais n'avons-nous pas détruit notre environnement avec nos sciences de la nature ? Non ! Nous avons commis des fautes graves — tout ce qui vit commet des fautes. C'est qu'il est impossible de prévoir toutes les conséquences involontaires de nos actions. En la matière, les sciences de la nature sont notre plus grand espoir : leur méthode est celle de la correction des erreurs.

Je ne veux pas conclure sans dire un mot du succès connu par la recherche d'un monde meilleur au cours des quatre-vingt-sept ans de mon existence, dans une époque qui a connu deux guerres mondiales absurdes et de criminelles dictatures. Malgré tout, et quoique nous ayons essuyé bien des échecs, nous vivons, nous les citoyens des démocraties occidentales, dans un ordre social plus équitable et meilleur que n'importe lequel de ceux que nous connaissons par l'histoire (le nôtre a, pour la réforme, plus d'appétence). D'autres améliorations encore s'imposent de toute urgence. (Mais, souvent, les améliorations qui accroissent la puissance de l'État produisent malheureusement le résultat inverse de celui que nous recherchons.)

Quant à ce que nous avons amélioré, on me permettra de donner en bref deux exemples.

Le point capital, c'est que, chez nous, a disparu l'effroyable misère de masse qui régnait encore du temps de mon enfance et de ma jeunesse. (Pas à Calcutta, hélas.) Maintes fois, on rétorque que chez nous il y a des gens excessivement riches. Mais que nous chaut s'il y a suffisamment de moyens — y compris la bonne volonté — pour combattre la pauvreté et d'autres souffrances évitables ?

Le second point, c'est notre réforme du droit pénal. Nous espérions, au début, que l'adoucissement des peines amènerait celui des crimes. Mais quand les choses prirent un autre cours, nous n'en avons pourtant pas moins choisi de souffrir plutôt nous-mêmes, même dans notre vie avec autrui — endurant crimes, corruption, meurtres, espionnage, terrorisme —, plutôt que de faire l'essai fort scabreux d'extirper ces maux par la violence et de prendre alors le risque de transformer des innocents en victimes. (Ce qu'il est malheureusement difficile d'éviter tout à fait.)

Des critiques remontrent à notre société sa corruption, quoiqu'ils admettent que la corruption est parfois sanctionnée (Watergate). Peut-être ne voient-ils pas quelle est l'alternative. Notre préférence va à un ordre qui même à de sinistres criminels garantit pleine protection juridique, de telle sorte qu'en cas de doute ils ne soient pas châtiés. Et tout particulièrement nous préférons cet ordre à tel autre dans lequel les non-criminels non plus ne trouvent aucune protection juridique, châtiés quand même leur innocence n'est pas contestée (Sakharov).

De par cette décision, peut-être avons-nous aussi opté pour d'autres valeurs encore. Peut-être, et tout à notre insu, avons-nous mis en pratique la merveilleuse idée de Socrate : « Mieux vaut souffrir une injustice que de la commettre. »

K. R. POPPER
Kenley, printemps 1989

I

De la connaissance

1

CONNAISSANCE
ET MODELAGE DE LA RÉALITÉ

La recherche d'un monde meilleur

Ce n'est pas moi qui ai choisi la première moitié du titre de ma conférence, mais les organisateurs du Forum d'Alpbach. Ils l'ont intitulée : Connaissance et modelage de la réalité[1].

Ma conférence comprend trois parties : *la connaissance ; la réalité ;* et *le modelage de la réalité* par le biais de la connaissance. Portant sur la réalité, la deuxième partie est de loin la plus longue, elle contient en effet bien des éléments préliminaires de la troisième.

1. La connaissance

Et d'abord la connaissance. Nous vivons à une époque où une fois encore la mode est revenue à l'irrationalisme. Je veux donc commencer par une profession de foi : je tiens *la connaissance telle que pratiquée par les sciences de la nature* pour la meilleure et la

1. Conférence donnée à Alpbach en août 1982. Pour le second titre — « La recherche d'un monde meilleur » —, c'est moi qui l'ai ajouté.

Je remercie Ingeborg et Gerd Fleischmann pour leur collaboration inestimable et dévouée, ainsi qu'Ursula Weichart pour l'aide hors pair qu'elle a apportée à la rédaction souvent bonifiée du texte.

plus précieuse de celles dont nous disposons — même si je ne la tiens pas, de loin s'en faut, pour la seule. Les traits essentiels en sont les suivants :

1. Elle trouve son départ dans des problèmes, problèmes tant pratiques que théoriques.

L'exemple du combat de la médecine contre la souffrance évitable illustre un problème pratique considérable. Ce combat a d'ores et déjà marqué de grands succès, l'explosion démographique en est une des conséquences involontaires. Ce qui signifie qu'un autre problème de plus longue date s'est chargé d'une nouvelle urgence : celui du contrôle des naissances. C'est une des tâches cardinales des sciences de la médecine que de trouver une solution vraiment satisfaisante à ce problème.

De manière similaire, nos succès les plus francs débouchent sur de nouveaux problèmes.

Un exemple de gros problème théorique dans la cosmologie, c'est la vérification ultérieure de la théorie de la gravitation et la suite des investigations sur les théories unitaires de champ. Autre problème de taille, déterminant tant sur le plan théorique que pratique, c'est la suite des recherches sur l'immunité. De manière générale, un problème théorique, c'est la tâche qui consiste à expliquer intelligiblement un processus naturel difficilement explicable et à vérifier la théorie qui l'explique moyennant pronostics.

2. La connaissance est recherche de la vérité — recherche de théories objectivement vraies, explicatives.

3. Elle n'est pas recherche de certitude. L'erreur est humaine : toute connaissance humaine est faillible, et par là incertaine. Il s'ensuit que nous devons rigoureusement distinguer vérité et certitude. Que l'erreur soit humaine signifie que nous devons encore et toujours lutter contre elle, mais aussi que, si minutieux soyons-nous, nous ne pouvons jamais nous assurer de n'avoir pas malgré tout commis une erreur.

En matière de science, une faute par nous commise — une erreur — consiste pour l'essentiel en ce que nous tenons pour vraie une théorie qui ne l'est pas. (Bien plus rarement, elle consiste en ce que nous tenons une théorie pour fausse quoiqu'elle soit vraie.) Combattre la faute, l'erreur, cela veut donc dire que l'on recherche une vérité objective et que l'on fait tout pour détecter et éliminer des non-vérités. Telle est la tâche de l'activité scientifique. On peut donc dire : notre objectif, à nous hommes de science, c'est la vérité objective ; plus de vérité, une vérité plus congruente, mieux intelligible. La certitude ne peut raisonnablement être notre objectif. Si nous entrevoyons que la connaissance humaine est faillible, alors nous entrevoyons aussi que nous ne pouvons *jamais* être *tout à fait certains* de n'avoir pas commis de faute. Ce que l'on pourrait également formuler ainsi :

Il y a des vérités incertaines — et même des propositions vraies que nous tenons pour fausses — mais pas de certitudes incertaines.

Puisque jamais nous ne pouvons savoir de manière tout à fait certaine, il n'est justement rien qui commande de rechercher la certitude : mais bien des raisons militent en faveur de la recherche de la vérité ; et c'est ce qu'essentiellement nous faisons en recherchant des erreurs, afin de les corriger.

La connaissance scientifique, le savoir scientifique est donc toujours hypothétique : c'est un *savoir conjectural*. Et la méthode de la connaissance scientifique est la *méthode critique* : la méthode de la recherche des erreurs et de leur élimination au service de la recherche de la vérité, au service de la vérité.

Bien entendu, quelqu'un me posera la « vieille et célèbre question », ainsi que la nomme Kant : « Qu'est-ce que la vérité ? » Dans son œuvre majeure (884 pages), Kant se refuse à répondre plus que ceci : la vérité, c'est « la concordance de la connaissance et de son objet » (*Critique de la raison pure*). De manière très semblable, je dirais : *une théorie ou une proposition est vraie quand l'état des choses décrit par la théorie concorde avec la réalité*. À quoi j'aimerais ajouter trois remarques encore :

1. Toute assertion formulée sans équivoque est soit vraie, soit fausse ; et si elle est fausse, alors sa négation est vraie.

2. Il y a donc autant d'assertions vraies que d'assertions fausses.

3. Soit toute assertion sans équivoque de ce genre est vraie (même si nous ne savons pas avec certitude si elle est vraie), soit sa négation est vraie. D'où il s'ensuit également qu'il est faux de mettre à égalité la vérité et la vérité sûre ou certaine. Vérité et certitude doivent être rigoureusement distinguées l'une de l'autre.

Quand vous êtes cité comme témoin devant un tribunal, on vous prie de dire la vérité. Et à juste titre on suppose que vous comprenez cette instance : votre déposition doit concorder avec les faits, *non pas* être influencée par vos convictions subjectives (ou par celles d'autres hommes). Si votre déposition ne concorde pas avec les faits, soit vous avez menti, soit vous avez commis une faute. Mais seul un philosophe — un relativiste, ainsi qu'on les appelle — vous approuvera si vous dites : « Non ; ma déposition est vraie car, par vérité, j'entends justement autre chose que la concordance avec les faits. J'y vois, selon l'idée avancée par le grand philosophe américain William James, l'utilité ; ou bien, selon celle avancée par de nombreux sociophilosophes allemands ou américains, je dis : la vérité est ce qu'admet ou propage la société, ou la majorité, ou le groupe de gens qui ont les mêmes intérêts que moi, ou, peut-être, la télévision. »

Le relativisme philosophique qui se dissimule derrière la « vieille et célèbre question : "Qu'est-ce que la vérité ?" » ouvre grandes les portes au harcèlement mensonger des hommes. Ce que n'ont pas vu la plupart des tenants du relativisme. Mais qu'ils auraient dû et pu voir. Bertrand Russell l'a vu, et de même Julien Benda, l'auteur de *La Trahison des clercs*.

Le relativisme est un des nombreux crimes perpétrés par les intellectuels. Il est une trahison à l'endroit de la raison, et de l'humanité. Je présume que le relativisme de certains philosophes en matière de vérité est consécutif à l'amalgame des idées de vérité et de certitude ; car, pour icelle, il en va de telle manière que l'on peut dire qu'il y a des degrés de certitude, donc plus ou moins de certitude. Relative, la certitude l'est aussi au sens où, avec elle, il importe toujours de savoir ce qui est en jeu. Et je présume que sur ce point une confusion se produit entre vérité et certitude ; maintes fois, on peut même en faire la preuve.

Autant de points d'importance considérable pour la doctrine du droit et la pratique juridique, comme l'ont montré la formule *in dubio pro reo* et l'idée d'une cour de jurés. Auxquels il incombe de juger si le cas auquel ils sont confrontés est ou non matière à doute. Quiconque a jamais été juré comprendra que la vérité est quelque chose d'objectif, la certitude quelque chose de subjectif. Ce qu'une cour d'assises représente on ne peut plus clairement.

Quand les jurés parviennent à un accord — à une « convention » —, on parle d'un « verdict[2] ». Une convention n'est pas, de loin s'en faut, acte arbitraire. C'est pour chaque juré un devoir que de chercher à trouver la vérité objective, en son âme et conscience. Mais en même temps il ne devra pas perdre de vue qu'il est faillible et sujet à l'incertitude. En cas de doute motivé dans l'élucidation de la vérité, c'est à l'accusé que doit aller sa voix.

Tâche difficile et lourde de responsabilité ; et l'on voit bien, dans ce cas, que le passage de la recherche de la vérité au verdict formellement énoncé est l'affaire d'une *résolution,* d'une *décision.* Il en va de même dans les sciences.

Nul doute, tout ce que je viens d'exposer me vaudra une fois encore l'épithète de « positiviste » et de « scientiste ». Ce qui m'indiffère, même lorsque ces formules servent d'invectives. Me chiffonne, pourtant, que ceux qui en usent, ou bien ignorent de quoi ils parlent, ou bien déforment les faits.

---

2. Étymologiquement, *veredictum,* « dit en vérité ». (*N.d.T.*)

J'ai beau révérer la science, je ne suis pas un scientiste. Car un scientiste a pour l'autorité de la science une foi dogmatique, tandis que je n'ai foi en aucune autorité, que j'ai toujours combattu et combats encore partout le dogmatisme, et d'abord en matière de science. Je m'oppose à la thèse selon laquelle l'homme de science devrait croire en sa théorie. Pour ce qui me concerne, « *I do not believe in belief* » (je ne crois pas en la croyance), ainsi que dit E.M. Forster ; et moins encore dans le champ des sciences. J'ai foi tout au plus en la foi en l'éthique, et même là, dans quelques cas seulement. Je crois par exemple que la vérité objective est une valeur ; une valeur éthique, donc, et peut-être la plus précieuse des valeurs ; et je crois que la cruauté est la non-valeur extrême.

Et je ne suis pas non plus un positiviste, pour la raison que je tiens pour moralement faux de ne pas croire à la réalité et à l'importance illimitée de la souffrance humaine et animale, à la réalité et à l'importance de l'espérance humaine et de la bonté humaine.

Un autre grief que l'on me fait souvent appelle une autre réponse. On m'accuse d'être un sceptique, je me contredirais donc moi-même et proférerais des inepties (à suivre Wittgenstein, *Tractatus* 6.51[3]).

C'est vrai, je peux être défini comme un sceptique (au sens classique du terme) dans la mesure où je nie la possibilité d'un critère universel de vérité (de la vérité non logico-tautologique). Mais c'est ce que fait tout penseur raisonnable, Kant par exemple, ou Wittgenstein, ou Tarski. Et comme eux j'admets la logique classique (où je vois un instrument de la critique ; non pas, donc, un instrument de la preuve, mais un instrument de la réfutation, de l'*elenchos*[4]). Mais je me distingue fondamentalement

---

3. Précisons que, dans la traduction de P. Klossowski (Gallimard, 1961), le passage en question ne mentionne pas nommément Popper. (*N.d.T.*)

4. Le terme grec, en rhétorique, pour désigner l'argument spécifique de la réfutation. (*N.d.T.*)

de ce que l'on a coutume de nos jours d'appeler un sceptique. Comme philosophe, je n'éprouve pas d'intérêt pour le doute et l'incertitude, et ce pour la raison que ce sont des états subjectifs et que j'ai renoncé depuis longtemps à la recherche d'une certitude subjective — pour sa superfluité. Ce qui m'intéresse, ce sont les *principes de raison objectifs, critiques,* ceux qui indiquent qu'une théorie est *préférable* à une autre *dans la recherche de la vérité.* Avant moi, cela est certain, aucun sceptique moderne n'a jamais rien dit de semblable.

Pour le moment, je conclus ainsi mes remarques autour du thème de la « *connaissance* » ; et j'aborde maintenant le thème de la « *réalité* », afin d'en venir, pour terminer, au « *modelage de la réalité par la connaissance* ».

2. *La réalité*

I

Certaines parties de la réalité dans laquelle nous vivons sont une réalité matérielle. Nous vivons à la surface de la Terre que les hommes n'ont reconnue que récemment — au cours des quatre-vingts années de mon existence. Quant aux entrailles, nous en savons peu sur elles — j'insiste sur ce « peu ». À part la Terre, il y a le Soleil, la Lune, les étoiles. Le Soleil, la Lune et les étoiles sont des corps matériels. Avec le Soleil, la Lune et les étoiles, la Terre nous donne la première idée d'un univers, d'un cosmos. L'explorer est la tâche de la cosmologie. Toute science est au service de la cosmologie.

Sur terre, nous avons trouvé deux genres de corps : des corps vivants et d'autres non vivants, appartenant les uns et les autres au monde des corps, au monde des choses matérielles. Un monde que j'appelle « monde 1 ».

Ce que j'appelle « monde 2 » est le monde de nos vécus, avant tout le vécu des humains. À elle seule, la simple distinction introduite entre les mondes 1 et 2, entre le monde corporel et le monde du vécu, a suscité bien des objections, or je ne veux dire que ceci : ce monde 1 et ce monde 2 sont différents, *prima facie* du moins. Les recherches sur leurs relations, y compris leur possible identité, constituent une des tâches que, moyennant, bien sûr, hypothèses, nous tentons de maîtriser. La distinction introduite ici en mots ne fait préjuger de rien. Pour l'essentiel, elle doit tout juste permettre de formuler clairement les problèmes.

Il est à présumer que les animaux aussi ont un vécu. Ce dont on doute parfois — mais je n'ai pas le temps d'en disputer. Il est parfaitement possible que tous les êtres vivants aient un vécu, même les amibes. En effet, de même que nous avons connaissance de nos rêves, ou que nous affectent une forte fièvre et autres états semblables, de même y a-t-il des vécus subjectifs à des degrés de conscience très divers. Dans des états de coma profond ou de sommeil sans rêve, la conscience s'efface, et avec elle le vécu qui est le nôtre. Mais nous pouvons admettre qu'il y a aussi des états inconscients qui relèvent du monde 2. Peut-être y a-t-il aussi des transitions entre le monde 2 et le monde 1 : nous ne devrions pas exclure par dogmatisme de telles possibilités.

Nous avons donc le monde 1, le monde physique où nous distinguons les corps animés et ceux inanimés et qui inclut aussi, en particulier, des états et des processus tels que tensions, mouvements, forces, champs de forces. Et nous avons le monde 2, le monde de tous les vécus conscients et, faut-il présumer, de vécus inconscients aussi.

Ce que j'appelle monde 3 est celui des produits objectifs de l'esprit humain ; le monde, autrement dit, des produits de la partie humaine du monde 2. Le monde 3, monde des produits de l'esprit humain, recèle des choses telles que livres, symphonies, œuvres de sculpture, chaussures, avions, ordinateurs ; et aussi, sans nul doute, des choses matérielles relevant simultanément du monde 1, telles par exemple des marmites et des matraques. Pour bien comprendre cette terminologie, il importe que tous les *produits* de notre activité mentale, résultant d'un plan ou d'un acte de la volonté, soient classés sous l'enseigne du monde 3.

Selon cette terminologie, notre réalité consiste donc en trois mondes liés un à un et agissant d'une manière quelconque l'un sur l'autre, mondes qui se recoupent aussi pour partie. (Ici, manifestement, le terme de « monde » ne signifie pas « univers » ou « cosmos », mais fragments d'univers ou de cosmos.) Ces trois mondes sont : le monde physique 1 des corps et des états, des processus et des forces physiques ; le monde psychique 2 des vécus et des processus psychiques inconscients ; et le monde 3 des produits de l'esprit.

Il y eut et il y a des philosophes qui ne tiennent pour réel *que* le monde 1, les matérialistes ou les physicalistes, ainsi qu'on les appelle ; et d'autres qui ne tiennent pour réel *que* le monde 2, les immatérialistes, ainsi qu'on les nomme. Parmi les immatérialistes, il y eut, et il y a, même des physiciens. Le plus célèbre était Ernst Mach, qui, pareil à l'évêque Berkeley à une époque antérieure, ne tenait pour réelles que nos sensations. C'était un physicien considérable, mais il avait levé les difficultés de la théorie de la matière en faisant l'hypothèse qu'il n'y a pas de matière, donc, en particulier, ni atomes ni molécules.

Et puis il y avait ceux que l'on appelait les dualistes, lesquels admettaient que tant le monde physique 1 que le monde psychique 2 sont réels. Pour moi, je vais plus loin encore : je n'admets pas seulement que le monde physique 1 et le monde psychique 2 soient réels, et par là, bien sûr, les productions physiques de l'esprit humain aussi, telles par exemple des automobiles, ou des brosses à dents et des statues, mais aussi des productions de l'esprit qui ne relèvent ni du monde 1 ni du monde 2. En d'autres termes, j'admets qu'il y a une part immatérielle du monde 3 qui est réelle et de grande importance ; par exemple : les *problèmes*.

La séquence des mondes 1, 2 et 3 correspond à leur âge. Au stade actuel de notre savoir conjectural, la partie inanimée du monde 1 est de loin la plus ancienne ; puis vient la partie animée du monde 1, et, en même temps ou un peu après, le monde 2, celui du vécu ; et avec l'homme survient le monde 3, celui des productions de l'esprit ; celui, donc, que les anthropologues nomment « culture ».

II

Je voudrais maintenant aborder ces trois mondes d'un peu plus près ; et d'abord, le monde physique 1.

Comme, pour l'instant, c'est la *réalité* qui est mon propos, j'aimerais d'abord exposer pourquoi le monde physique 1 revendique qu'on le considère comme le plus réel de mes trois mondes. En fait, je veux simplement dire par là que le terme de « réalité » reçoit d'abord sa signification par référence au monde physique. C'est tout ce que je veux dire.

Lorsque le précurseur de Mach, l'évêque anglican George Berkeley, nia la réalité des corps matériels, Samuel Johnson dit : « Voilà ma réfutation », en décochant un formidable coup de pied à un bloc de pierre. C'est la *résistance* du roc qui devait montrer la réalité de la matière : la pierre accusa le coup ! J'entends par là que Johnson a éprouvé la résistance, la réalité comme une rétroaction, une sorte de choc en retour. Malgré que Johnson ne pût ainsi naturellement rien démontrer ou réfuter, il put néanmoins montrer comment nous comprenons la réalité.

Un enfant apprend ce qui est réel par un ensemble d'effets, par la résistance. Le mur, la grille sont réels. Est réel ce dont la main ou la bouche peuvent s'emparer. Réels sont avant tout les solides, objets que nous avons devant nous et qui s'opposent notre action. Les choses matérielles : tel est le concept fondamental qui est au centre de la réalité, le concept s'élargissant à partir de ce centre. La réalité, c'est tout ce qui peut *exercer un effet* sur ces objets, les choses matérielles. Ainsi, l'eau et l'air deviennent réels ; et aussi la force d'attraction magnétique, la force d'attraction électrique et la pesanteur ; la chaleur et le froid ; le mouvement et l'immobilité.

Réel, l'est donc tout ce qui peut nous percuter en retour, nous ou d'autres choses, par exemple les ondes d'un radar, ou ce qui est capable de résistance ; et ce qui peut influer sur nous ou sur d'autres choses réelles. Voilà qui est assez clair, je crois, et inclut la Terre, et le Soleil, la Lune et les étoiles : le cosmos est réel.

III

Je ne suis pas un matérialiste, mais je révère les philosophes matérialistes, en particulier les grands philosophes atomistes, Démocrite, Épicure et Lucrèce. Ils ont été les grands *Aufklärer* de l'Antiquité, ils ont combattu le démonisme, ils ont été les libérateurs de l'humanité. Mais le matérialisme s'est dépassé lui-même.

Les humains que nous sommes sont familiers d'*un* genre d'effet : nous nous saisissons d'une chose, une manette par exemple, et appuyons dessus. Ou bien nous poussons un fauteuil, ou le heurtons. Le matérialisme était cette théorie pour qui la réalité consiste *seulement* en choses matérielles en interaction les unes sur les autres par pression, par poussée ou par choc interposé. Et il y eut deux versions du matérialisme : l'atomisme, d'une part, qui enseignait que des particules infimes s'accrochent et se heurtent les unes aux autres, particules trop minuscules pour être vues. Entre les atomes, l'espace était vide. L'autre version enseignait qu'il n'y a pas d'espace vide : les choses se meuvent dans le monde plein de l'éther universel, comme des feuilles de thé, par exemple, dans le bol plein où on les remue.

Le point essentiel pour les deux théories, c'était qu'il n'y a aucun mode d'action que nous ne puissions comprendre et qui nous serait inconnu — rien que : pression, choc et poussée ; et que même la traction et l'attraction peuvent être expliquées par des effets de pression ou de poussée : lorsque nous menons un chien en laisse, l'effet obtenu en réalité est tel que son collier le serre ou le traîne. La laisse agit comme une chaîne dont les maillons exercent une pression ou une poussée les uns sur les autres. D'une manière ou d'une autre, la traction, l'attraction doit être ramenée à une pression.

Ce matérialisme de la pression et du choc, qui entre autres fut surtout enseigné par René Descartes, fut ébranlé par l'introduction de l'idée de force. Tout d'abord, la théorie newtonienne de la pesanteur surgit comme idée d'une force d'attraction agissant à distance. Puis vint Leibniz, qui montra que, pour être impénétrables et pouvoir percuter, les atomes doivent être des centres de forces répulsives. Puis vint la théorie de Maxwell de l'électromagnétisme. Et finalement, même la poussée, la pression et le choc furent expliqués par la répulsion électrique de l'écorce électronique des atomes. Ce fut la fin du matérialisme.

Le physicalisme détrôna le matérialisme. Mais il s'agissait de quelque chose de tout à fait différent. À l'image du monde en vertu de laquelle toutes *nos expériences quotidiennes de pression et de choc* expliquent tous les autres effets et par là la réalité tout entière, succéda une image du monde dans laquelle les effets furent décrits par des équations différentielles, et finalement par des formules que les plus grands physiciens, tel Niels Bohr, déclarèrent inexplicables et, comme insistait toujours Bohr, incompréhensibles.

En simplifiant à outrance, voici comment on peut présenter l'histoire de la physique moderne : sans que l'on s'en avisât, avec Newton, Faraday et Maxwell, le matérialisme rendit l'âme. Il se dépassa lui-même quand, dans leur programme de recherches, Einstein, de Broglie et Schrödinger s'attachèrent à expliquer la matière elle-même, et ce comme ensemble d'oscillations, de vibrations, d'ondes ; non comme oscillations de la matière, mais comme la vibration d'un éther immatériel consistant en champs de forces. Mais ce programme fut lui aussi dépassé et remplacé par d'autres, encore plus abstraits : par exemple, par un programme qui explique la matière comme ensemble de vibrations de champs de probabilités. À chaque stade, le succès des diverses théories était complet. Mais elles furent remplacées par des théories encore plus performantes.

Voilà à peu près ce que j'appelle le dépassement du matérialisme par lui-même. Et c'est aussi la raison pour laquelle le physicalisme est, précisément, tout autre chose que le matérialisme.

IV

Brosser la situation qui s'est instaurée entre la physique et la biologie et qui se modifie très rapidement demanderait beaucoup trop de temps. Mais je tiens à signaler que, du point de vue du darwinisme moderne et de sa théorie de la sélection, on peut présenter une seule et même situation de deux manières fondamentalement différentes. L'une de ces manières est traditionnelle ; l'autre me semble de loin la meilleure.

D'ordinaire, on considère le darwinisme comme une image du monde implacable : il décrit une « nature rouge sang, tous crocs et griffes dehors » (« *Nature, red in tooth and claw* »). Tableau donc où la nature nous fait face, à nous et à la vie en général, en ennemie menaçante. Je prétends que c'est là une image du darwinisme tout entachée de préjugés, influencée par une idéologie qui préexistait à Darwin (Malthus, Tennyson, Spencer) et qui n'a presque rien à voir avec le contenu théorique proprement dit du darwinisme. Il est vrai que le darwinisme insiste beaucoup sur ce que nous appelons « *natural selection* », sélection naturelle ; mais, cela justement, on peut aussi l'interpréter tout autrement.

Comme on sait, Darwin était sous l'influence de Malthus qui cherchait à montrer que la croissance démographique, liée à la rareté des ressources alimentaires, mène à une impitoyable concurrence, à une implacable sélection des plus forts et à l'anéantissement des moins forts. Mais même les plus forts, à suivre Malthus, subissent la pression de la concurrence : ils sont *contraints* de bander toutes leurs forces. Aux termes de cette interprétation, la concurrence débouche donc sur une *restriction de la liberté.*

Or c'est ce que l'on peut aussi envisager autrement. *Les hommes cherchent à accroître leur liberté :* ils recherchent de nouvelles possibilités. Manifestement, on peut aussi considérer la concurrence comme une procédure qui favorise la découverte de nouvelles possibilités de gain et par là de nouvelles possibilités vitales, et par là tant la découverte que l'édification de nouvelles niches écologiques, y compris pour l'individu — un handicapé physique par exemple.

Possibilités qui signifient : alternatives de la décision, plus grande liberté de choix, plus de liberté.

Les deux interprétations diffèrent donc sur le fond. La première est pessimiste : *restriction de la liberté.* La seconde est optimiste : *extension de la liberté.* Toutes deux sont, bien entendu, des simplifications outrancières, mais on peut les tenir l'une et l'autre pour de bonnes approximations de la vérité. Pouvons-nous dire que l'une d'entre elles est *meilleure que l'autre ?*

Je le crois. Le franc succès connu par la société de concurrence et l'extension considérable de la liberté à laquelle elle a mené ne sont expliqués *que* par l'interprétation optimiste. C'est elle la meilleure : elle approche de plus près la vérité, elle a un pouvoir d'explication supérieur.

S'il en est ainsi, alors l'initiative de l'individu, la pression endogène, la recherche de nouvelles possibilités, de nouvelles libertés, et l'activité visant à réaliser ces nouvelles possibilités ont plus d'efficace que la pression exogène dans le sens de la sélection et qui mène à l'élimination des individus plus faibles et à la restriction de la liberté même des plus forts.

Réflexion où nous pouvons admettre comme donnée de fait la pression exercée par la croissance démographique.

Le problème de l'interprétation de la théorie darwinienne de l'évolution par sélection naturelle me semble tout à fait semblable à celui de la théorie de Malthus.

L'ancienne conception, pessimiste et encore reçue, est la suivante : le rôle des organismes dans l'adaptation est purement passif. Ils représentent une population aux nombreuses variantes, dans laquelle la lutte pour l'existence, la concurrence élit les individus les mieux adaptés (*grosso modo*), via la destruction des autres. La pression sélectrice vient de l'extérieur.

D'ordinaire, on tient beaucoup à ce que seule cette pression exogène fournisse la clef de tous les phénomènes de l'évolution, en particulier les manifestations de l'adaptation. De l'intérieur ne viennent que les mutations, l'éventail des variantes (le pool génétique).

Ma nouvelle interprétation, optimiste, souligne (comme Bergson) l'activité de tous les êtres vivants. Tous les organismes sont entièrement accaparés par la résolution de problèmes, dont le premier est celui de leur survie. Mais il y a une foule de problèmes concrets qui surgissent dans les situations les plus diverses. L'un des plus importants est la recherche de meilleures conditions d'existence : d'une liberté accrue ; d'un monde meilleur.

Selon cette interprétation optimiste, par le jeu de la sélection naturelle et — pouvons-nous supposer — de la pression qui à l'origine s'exerce dans le sens de la sélection, une forte pression sélectrice endogène surgit très tôt déjà, allant des organismes vers le monde extérieur. Elle apparaît sous forme de modes de comportement où l'interprétation peut reconnaître la *recherche* de nouvelles niches écologiques, préférées aux anciennes. Souvent, il s'agit aussi de *construire* une toute nouvelle niche écologique.

Sous l'effet de cette pression endogène, il se produit une *sélection* de niches ; apparaissent, autrement dit, des formes de comportement qui peuvent être interprétées comme un *choix de modes de vie* et d'environnements. En quoi il faut aussi compter le choix d'amis, la symbiose, à commencer par le point sans doute le plus important au plan biologique : le choix du partenaire ; et la préférence marquée pour certains genres d'alimentation, la lumière solaire avant tout.

Nous avons donc une pression sélectrice endogène ; et l'interprétation optimiste tient cette pression sélectrice endogène pour *au moins* aussi importante que la pression sélectrice exogène : les organismes recherchent de nouvelles niches, même sans s'être modifiés organiquement ; et ils se modifient plus tard sous l'effet de la pression sélectrice exogène, la pression sélectrice exercée par la *niche activement choisie par eux-mêmes.*

On pourrait dire : il y a un cercle, ou mieux : une spirale de rétroactions entre la pression sélectrice exogène et celle endogène. La question à laquelle les deux interprétations donnent une réponse différente s'énonce ainsi : dans ce cercle ou dans cette spirale, quelle boucle est active et laquelle est passive ? L'ancienne théorie voit l'activité dans la pression sélectrice exogène, la nouvelle, dans la pression endogène : c'est l'organisme qui choisit qui est actif. On peut dire que les deux interprétations sont des idéologies, des interprétations idéologiques du même état de choses objectif. Mais nous pouvons demander : y a-t-il un fait qui puisse être mieux expliqué par l'une des interprétations que par l'autre ?

Un tel fait, je crois qu'il y en a un. J'aimerais le caractériser en bref : la victoire de la vie sur son environnement non vivant.

Le fait essentiel est le suivant : il y eut, ainsi que le supposent la plupart d'entre nous — à titre d'hypothèse, bien entendu —, une cellule primitive d'où est progressivement surgie toute vie. Selon le jugement le plus qualifié de la biologie évolutionnaire darwinienne, cette émergence est due à ce que la nature a travaillé à la vie avec un burin terriblement implacable, y burinant ainsi toutes choses qui sont autant d'adaptations et que nous admirons dans le règne vivant.

Au regard de quoi, nous pouvons pointer un fait : *la cellule primitive vit toujours.* Nous sommes tous la cellule primitive. Cela n'est pas là une image, pas une métaphore, cela est vrai à la lettre.

Je ne m'expliquerai que brièvement. Pour une cellule, il y a trois possibilités : la première est la mort ; la deuxième est la division cellulaire ; la troisième est la fusion : une union, une fusion avec une autre cellule, qui provoque presque toujours une division. Ni la division ni la fusion ne signifient la mort : elles sont multiplication, métamorphose d'une cellule vivante en deux cellules vivantes, pratiquement identiques ; toutes deux sont les prolongements vivants de la cellule originaire. La cellule primitive a vu le jour il y a des billions d'années, et elle a survécu sous la forme de trillions de cellules. Et elle vit toujours, en chacune de toutes les cellules aujourd'hui vivantes. Et toute vie, tout ce qui un jour fut vie et tout ce qui vit aujourd'hui résulte de scissions de la cellule primitive, est donc la cellule primitive encore vivante. Toutes choses que ne peut contester aucun biologiste et qu'aucun biologiste ne contestera. Nous sommes tous la cellule primitive, au sens, à très peu de chose près (« identité génétique »), où je suis le même que celui que j'étais il y a trente ans, quoique aucun atome de mon corps actuel ne se trouvât sans doute dans mon corps d'autrefois.

Au lieu de l'image d'un environnement qui nous assaille, crocs et griffes en bataille, j'en vois un où un minuscule être vivant s'est entendu à survivre pour des billions d'années, à conquérir son monde et à l'embellir. Si donc il y a combat entre vie et environnement, alors c'est la vie qui a triomphé. Quelque peu modifiée, cette image du monde du darwinisme mène, je crois, à une tout autre perspective (*Ansicht*) que l'ancienne idéologie, à savoir que nous vivons dans un monde que la vie qui s'ingénie à la recherche d'un monde meilleur a embelli et rendu de plus en plus accueillant.

Mais qui voudrait s'en aviser ? De nos jours, tout un chacun croit au mythe partout suggéré de la malignité radicale du monde et de la « société » ; de même que, jadis, chacun croyait à Heidegger et Hitler, à Krieck et à la guerre[5]. Mais la croyance superstitieuse

---

5. Calembour impossible à rendre en français : « *an Krieck und an den Krieg* ». Krieck, un contemporain de Heidegger, était un fonctionnaire académique très engagé

à la malignité est elle-même maligne : elle décourage les jeunes gens et les séduit, dans le doute et le désespoir, jusqu'à passer à la violence. Bien que cette superstition soit essentiellement de nature politique, l'ancienne interprétation du darwinisme y eut néanmoins sa part.

De cette idéologie pessimiste relève une thèse très importante : l'adaptation de la vie à l'environnement et toutes ces inventions (à mes yeux prodigieuses) faites par la vie sur des billions d'années, et qu'aujourd'hui nous ne pouvons pas encore reproduire en laboratoire, ne seraient en rien des inventions, mais le résultat du pur hasard. Et de prétendre que la vie n'a pas fait la moindre invention, que c'est là le mécanisme de mutations purement aléatoires et de la sélection naturelle ; sous l'effet de la pression endogène, la vie ne serait que prolifération. Tout le reste ne se produirait que parce que la nature et nous-mêmes nous combattrions, et ce *à l'aveugle*. Et des choses (à mes yeux prodigieuses) telles que l'utilisation de la lumière solaire comme ressource nutritive seraient le résultat du hasard.

Je prétends que cela aussi n'est qu'une idéologie, une part de l'ancienne idéologie dont d'ailleurs relèvent aussi le mythe du gène égomaniaque (les gènes ne peuvent opérer et survivre que sur le mode de la coopération) et le social-darwinisme revigoré qui, propre comme un sou neuf et ingénument déterministe, arbore aujourd'hui l'enseigne de la « sociobiologie ».

Je voudrais encore présenter ensemble les articles essentiels des deux idéologies.

dans le mouvement nazi (pour le détail du conflit Krieck-Heidegger, le lecteur se reportera aux essais d'O. Pöggeler, B. Ott, D. Janicaud…). (*N.d.T.*)

(1) Ancienne : la pression sélectrice exogène opère en tuant : elle élimine. L'environnement est donc hostile à la vie.

Nouvelle : la pression sélectrice endogène est recherche de meilleurs environnements, de meilleures niches écologiques, d'un monde meilleur. Elle est éminemment accueillante à la vie. La vie améliore l'environnement pour la vie, elle rend l'environnement plus accueillant à la vie (et à l'homme).

(2) Ancienne : les organismes sont complètement passifs, mais activement sélectionnés.

Nouvelle : les organismes sont actifs : ils sont constamment occupés à résoudre des problèmes. Vie est synonyme de résolution de problèmes. La solution consiste souvent à choisir ou édifier une nouvelle niche écologique. Non seulement les organismes sont actifs, mais encore leur activité croît-elle constamment. (Il est paradoxal de vouloir nous la contester, à nous les humains, comme le font les déterministes, eu égard en particulier au travail critique de l'esprit.)

Si la vie animale a vu le jour en milieu marin — ce qui est à présumer —, son environnement, dans bien des domaines, était assez uniforme. Pourtant, excepté les insectes, les animaux ont suivi une évolution qui les a menés jusqu'aux vertébrés, avant d'aborder la terre ferme. L'environnement était régulièrement accueillant à la vie et relativement indifférencié, la vie toutefois se différencia d'elle-même — dans une très grande diversité de formes.

(3) Ancienne : les mutations sont pure contingence.

Nouvelle : oui ; mais les organismes font toujours de prodigieuses découvertes, améliorant ainsi leur vie. La nature, l'évolution et les organismes, autant d'inventeurs. Et comme inventeurs, ils travaillent comme nous : leur méthode est celle de l'essai et de l'élimination des erreurs.

(4)   Ancienne :   nous vivons dans un environnement hostile, modifié par
                     l'évolution moyennant d'impitoyables éliminations.

      Nouvelle :   au bout de billions d'années, la première cellule est
                     toujours vivante, et qui plus est, à raison, maintenant,
                     de nombreux trillions d'exemplaires. Où que l'on
                     porte le regard, elle est là. De notre terre elle a fait un
                     jardin, les végétaux ont transformé l'atmosphère. Et
                     elle nous a donné des yeux, et les a ouverts au ciel
                     bleu et aux étoiles. Elle va bien.

V

J'en viens maintenant au monde 2.

Les améliorations survenant dans l'organisme et dans
l'environnement sont liées à une extension du champ de
conscience animal, qui gagne en qualité. La résolution de
problèmes, l'invention ne sont jamais *entièrement* conscientes.
Elles s'effectuent toujours par voie d'expérimentation : essayer,
et éliminer les erreurs. Ce qui veut dire : par interaction entre
l'organisme et son monde, son environnement. Et la conscience
s'immisce parfois dans cette relation interactive. La conscience, le
monde 2, a probablement été dès le commencement une *conscience
évaluante et discernante,* une conscience visant la résolution de
problèmes (*Problemlöser*). De la partie vivante du monde physique
1 j'ai dit que tous les organismes sont des êtres qui résolvent
des problèmes. Ma conjecture de base quant au monde 2 est
que cette activité de la partie vivante du monde 1 — résoudre
des problèmes — fait émerger le monde 2, le monde de la
conscience. Mais je ne veux pas dire par là que la conscience
passe son temps à résoudre des problèmes, comme je l'ai affirmé
des organismes. Au contraire. D'un jour à l'autre, les organismes
sont occupés à résoudre des problèmes, mais la conscience ne
se consacre *pas uniquement* à cela, bien que ce soit là sa fonction
biologique primordiale. Je présume qu'à l'origine c'était la
fonction de la conscience que d'anticiper sur le succès et l'échec

dans la résolution des problèmes et, sous la forme du plaisir et de la douleur, de signaler à l'organisme s'il est ou non sur la bonne voie. (À l'origine, « *Weg* » [voie, chemin] est à comprendre très littéralement — cas de l'amibe par exemple — comme la direction physique de la progression [*Fortbewegung*] de l'organisme.) Grâce au vécu du plaisir et de la douleur, la conscience aide l'organisme sur le *parcours de ses découvertes,* dans ses *processus d'apprentissage.* Elle s'ingère ensuite dans bien des mécanismes mnésiques, qui, là encore pour des raisons biologiques, ne peuvent tous être conscients. Il importe beaucoup, je crois, de bien se représenter qu'il n'est pas possible que ces mécanismes soient le plus souvent conscients. Ils se perturberaient mutuellement. C'est précisément la raison pour laquelle — peut-on montrer, et presque *a priori* — il y a des processus conscients et d'autres inconscients, assez affins.

Ainsi en vient-on presque nécessairement à une sphère de l'inconscient, rattachée pour l'essentiel aux appareils de notre mémoire. Elle contient avant tout une sorte de géographie inconsciente de notre environnement, de notre niche biologique immédiate. Le remodelage de cette géographie et des *attentes* qu'elle inclut, plus tard l'articulation verbale de telles attentes, de *théories* donc, c'est la tâche des instruments de la connaissance, qui ont donc des facettes conscientes et d'autres, inconscientes, en interaction avec le monde des corps, le monde 1, les cellules ; chez l'homme, avec le cerveau.

Je n'assimile donc pas le monde 2 à ce que Mach nommait les sensations : sensations optiques, acoustiques, etc. : c'est faire fausse route, à mon avis, que d'essayer ainsi de décrire systématiquement, de classer les multiples facettes de notre vécu pour en arriver alors à une théorie du monde 2.

Fondamentalement, on devrait partir de la question de savoir quelles sont les fonctions biologiques de la conscience et lesquelles ont un rôle clé ; et comment nous, dans notre recherche active d'informations sur le monde, nous inventons nos sens ; comment nous apprenons l'art du toucher, le phototropisme et la vision, et l'ouïr. Ainsi sommes-nous confrontés à de nouveaux problèmes et réagissons par de nouvelles anticipations, de nouvelles théories de l'environnement. Ainsi se constitue le monde 2, en interaction avec le monde 1.

(Par la suite, bien entendu, il y a aussi le problème qui consiste à découvrir des signaux appropriés aux actions exigeant célérité, pour lesquelles nos sens sont importants.)

VI

Je reviendrai bientôt sur les mondes 1 et 2 ; tout d'abord, quelques mots sur le commencement du monde des corps, le monde 1, et sur l'idée d'émergence, que j'aimerais introduire en m'appuyant sur l'idée de phase.

Nous ne savons pas *comment* le monde 1 a surgi ni s'il a surgi. Si l'hypothèse du big-bang des origines devait se vérifier, c'est la lumière qui serait apparue la première. « Que la lumière soit ! » serait alors inaugural. Mais cette prime lumière serait onde courte, très loin de la fréquence de l'ultraviolet, obscurité donc pour l'homme. Puis, nous relatent les physiciens, vinrent les électrons et les neutrinos, puis les premiers noyaux atomiques — ceux d'hydrogène et d'hélium seulement : le monde était encore bien trop torride pour les atomes.

Nous pouvons donc présumer qu'il y a un monde 1 immatériel ou prématériel. On peut dire, si l'on admet la théorie (à mes yeux on ne peut plus douteuse) de la dilatation du monde à partir du big-bang, que le monde, grâce à sa dilatation, refroidit lentement, et de la sorte devient de plus en plus « matériel », au sens du matérialisme ancien.

Sans doute est-il possible de distinguer et d'énumérer quelques phases dans ce processus de refroidissement :

Phase 0 :   où il n'y a que de la lumière, pas encore d'électrons ni de noyaux atomiques

Phase 1 :   où à la lumière (photons) s'ajoutent des électrons et autres particules élémentaires

Phase 2 :   où il y a aussi des noyaux d'hydrogène et d'hélium

Phase 3 :   où il y a aussi des atomes : atomes d'hydrogène (mais pas de molécules) et d'hélium

Phase 4 :   où existent éventuellement, outre des atomes, des molécules composées de deux atomes, ainsi, entre autres, des molécules d'hydrogène à deux atomes

Phase 5 :   où il y a, entre autres, de l'eau en phase liquide

Phase 6 :   où il y a, entre autres, les cristaux d'eau, très rares tout d'abord, de la glace autrement dit, en cristaux de neige aux formes multiples et prodigieuses ; plus tard, il y aura également des corps solides cristallins, des blocs de glace par exemple et, plus tard encore, d'autres cristaux.

Nous vivons dans cette phase 6 ; dans notre monde, autrement dit, il y a des zones restreintes où se trouvent des corps solides, et aussi, bien entendu, des corps liquides et gazeux. Plus éloignées, il y a aussi, naturellement, de vastes zones où la température est trop élevée pour les gaz moléculaires.

VII

Ce que nous connaissons sous les espèces de la vie ne pouvait surgir que dans une zone du monde en phase 6 suffisamment refroidie mais pas trop froide. On peut considérer la vie comme une phase très particulière au sein de la phase 6 : la présence simultanée de matière à l'état gazeux, liquide et solide est essentielle pour ce que nous connaissons sous les espèces de la vie, ainsi qu'un autre état, l'état colloïdal, situé quelque part entre l'état liquide et l'état solide. La matière vivante se distingue de structures matérielles très similaires (en surface) mais non vivantes, comme se distinguent l'une de l'autre deux phases de l'eau, par exemple sa phase liquide et sa phase gazeuse.

Ce qui est si caractéristique pour ces phases dépendant de la température, c'est que l'exploration la plus fouillée d'une d'entre elles ne permet pas à un chercheur, pas même au plus grand, de prédire les propriétés de la suivante, ultérieure : quand le plus grand penseur explore les atomes comme tels et ne dispose de rien d'autre pour ses recherches que de la phase 3, dans laquelle il n'y a que des atomes mais pas encore de molécules, même les investigations les plus précises ne lui permettent de rien conclure, je présume, sur le monde à venir des molécules. Et les explorations les plus fines sur la vapeur d'eau en phase 4 ne lui auraient guère permis de prédire les propriétés toutes nouvelles d'un corps liquide, telles celles de l'eau, ou la pléthore des formes des cristaux de neige, pour ne pas parler des organismes hypercomplexes.

Des propriétés telles que « gazeux », « liquide » ou « solide », nous les nommons, eu égard à leur imprédictibilité, propriétés « émergentes ». Manifestement, « vivant » ou « animé » sont des propriétés de ce type. Ce qui en dit peu, suggère toutefois une analogie avec les phases de l'eau.

VIII

La vie, donc, conjecturons-nous, est émergente ; tout comme la conscience ; et comme ce que je nomme monde 3.

Le pas le plus décisif qu'aient jusqu'alors franchi la vie et la conscience émergentes, c'est, ainsi que je le conjecture, l'invention du langage *humain*. Le devenir homme, bel et bien.

Le langage *humain* n'est pas seulement *expression* (1), pas seulement *communication* (2), dont les animaux aussi sont pourvus. Il n'est pas non plus symbolisme seulement, que l'on trouve aussi, rituels y compris, chez les animaux. Le pas décisif, celui qui provoque un développement non prévisible de la conscience, est l'invention de *phrases descriptives* (3), la *fonction de représentation* de Karl Bühler[6] : de phrases qui décrivent un état de choses objectif pouvant ou non coïncider avec les faits ; de phrases, donc, qui peuvent être vraies ou fausses. Voilà ce qui, dans le langage humain, fraye la voie au nouveau.

Là est la différence d'avec les langages animaux. *Peut-être* pourrions-nous dire du langage des abeilles que les messages en sont vrais — excepté le cas où un chercheur leurre une abeille. Chez les animaux aussi, il y a des symboles leurres : par exemple, ces lépidoptères qui arborent des simulacres d'yeux. Mais il n'y a que nous, les humains, pour avoir franchi ce pas : moyennant arguments critiques, *vérifier* nos propres théories en sondant leur vérité objective. Telle est la quatrième fonction du langage, sa *fonction d'argumentation* (4).

IX

L'invention du langage humain, descriptif (ou, comme dit Bühler, de représentation) rend possible un nouveau pas en avant, une autre invention : l'invention de la critique. C'est l'invention d'une *sélection consciente,* d'un *triage conscient* de théories, au lieu qu'elles soient *naturellement* triées. De même que le matérialisme se dépasse lui-même, de même, pourrait-on dire, la sélection naturelle se dépasse-t-elle elle-même. Elle fait se déployer un langage pourvu de propositions vraies et fausses. Et ce langage mène ensuite à l'invention de la critique, à l'émergence de la critique, et par là à une phase nouvelle de la sélection : la sélection naturelle est complétée et en partie périmée par la sélection critique, culturelle. Laquelle nous permet de dépister nos erreurs sur le mode critique et conscient : consciemment, nous pouvons rechercher et éliminer nos erreurs, et consciemment nous pouvons

---

6. De Karl Bühler, cf. en particulier *Sprachtheorie, die Darstellungsfunktion der Sprache,* Iéna, G. Fischer, 1934. (*N.d.T.*)

juger qu'une théorie est moins bonne qu'une autre. Ce qui, à mon avis, est le point décisif. Là commence ce que, dans le titre que l'on a donné à ma conférence, on appelle « connaissance » : la connaissance humaine. Il n'y a pas de connaissance sans critique rationnelle, critique au service de la recherche de la vérité. *Dans ce sens-là,* les animaux n'ont pas de faculté de connaissance. Ils reconnaissent, évidemment, tout ce que l'on voudra — le chien reconnaît son maître. Mais ce que nous appelons connaissance et, l'essentiel, connaissance scientifique, cela est corrélé avec la critique rationnelle. Voilà le pas décisif, celui qui dépend de la découverte de propositions qui sont vraies ou fausses. Le pas qui, je présume, fonde le monde 3, la culture humaine.

X

Le monde 1 et le monde 3 interfèrent : le monde 3 consiste, disons par exemple, en livres ; il consiste en actes de langage ; il consiste surtout en le langage humain. Toutes choses qui sont *aussi* des choses physiques, choses, processus qui se déroulent dans le monde 1. Le langage consiste, peut-on dire, en aptitudes étayées sur la substance nerveuse ; en éléments de mémoire, engrammes, attentes, modes de comportement acquis et découverts ; et en livres. C'est pour des raisons d'acoustique que vous entendez ma conférence : je fais du bruit, et ce bruit fait partie du monde 1.

Que ce bruit excède peut-être la simple dimension acoustique, c'est ce que je voudrais montrer maintenant. Ce en quoi il excède le monde 1 dont je fais usage, c'est ce que justement j'ai appelé le monde 3 et que, jusqu'à maintenant, on n'a que rarement remarqué. (Sur l'histoire du monde 3, je n'ai malheureusement pas le temps de m'étendre ; on se reportera à mon livre, *La Connaissance objective* III, 5.) Je veux essayer d'expliquer le point capital, à savoir la part immatérielle, la face immatérielle du monde 3 ; ou, comme on peut aussi le dire, la face d'autonomie du monde 3 ; ce qui excède les mondes 1 et 2. Je voudrais montrer en même temps que cet aspect immatériel du monde 3, non seulement joue un rôle dans notre conscience — il y tient un rôle clé —, mais encore que, même en dehors des mondes 1 et 2, elle est *réelle* (*wirklich*) : l'aspect immatériel (et non conscient) du monde 3 peut, ainsi que j'aimerais le montrer, exercer une *action* (*wirken*) sur notre conscience et, à travers elle, sur le monde des corps, le monde 1.

Je voudrais donc traiter la question de l'interaction, ou, disons : la spirale des rétrocouplages et amplifications mutuelles des trois mondes. Et je voudrais montrer qu'il y a là quelque chose d'immatériel, à savoir le *contenu* de nos phrases, de nos arguments, par opposition à leur formulation physique au plan du corps et de l'acoustique ou au plan mécanique et graphique. C'est toujours de ce *contenu ou de cette teneur* qu'il s'agit lorsque nous faisons usage du langage, au sens proprement humain du terme. *C'est avant tout le contenu* d'un livre, non sa forme d'objet physique, qui relève du monde 3.

Voici un cas très simple mettant en évidence l'importance du contenu : à mesure que le langage humain se développe, apparaissent des *nombres,* le comptage avec des mots : « un, deux, trois », etc. Il y a des langues ne connaissant que « un », « deux » et « beaucoup » ; d'autres avec « un », « deux »… jusqu'à « vingt » puis « beaucoup » ; d'autres encore, comme la nôtre, qui ont inventé une méthode nous permettant de continuer à compter à partir de tout nombre ; une méthode donc, qui, essentiellement, n'est pas finie, mais infinie, au sens où, de principe, tout terme peut être franchi à son tour, en y ajoutant un nouveau nombre. C'est l'une des grandes inventions qui n'a été rendue possible que *par l'invention du langage :* la méthode qui consiste à concevoir sans fin des nombres toujours nouveaux. Le procédé peut être formulé par le moyen du langage ou d'un programme informatique, on pourrait donc y dénoter quelque chose de *concret.* Mais quand nous découvrons que pour le coup la série des

nombres naturels est (potentiellement) infinie, nous découvrons
là quelque chose de parfaitement *abstrait*. Car cette série infinie
ne peut être concrétisée ni dans le monde 1 ni dans le monde
2. La série infinie des nombres naturels est « quelque chose de
purement idéel », comme on a coutume de dire : elle est un
pur produit du monde 3, car elle appartient *seulement* à la partie
abstraite du monde 3 consistant en éléments ou en « habitants »
qui, assurément, sont pensés mais ne peuvent être concrétisés
ni dans la pensée, ni en des nombres physiques-concrets, ni
dans un programme informatique. L'*infinité* (potentielle) de la
série des nombres naturels n'est pas une invention, dirons-nous
aussi, mais une découverte. Nous la découvrons comme une
possibilité ; comme la propriété non préméditée d'une série
que nous avons inventée.

De manière analogue, nous découvrons d'autres propriétés
des nombres : « pair » et « impair », « divisible » et « premier ».
Et nous découvrons des problèmes comme celui d'Euclide : la
série des nombres premiers est-elle infinie, ou finie (comme le
suggère la quantité décroissante de nombres premiers pour des
grandeurs plus élevées) ? Problème qui avait été pour ainsi dire
entièrement occulté ; il n'était même pas inconscient, n'existait tout
simplement pas quand nous avons inventé la série des nombres.
Ou bien existait-il ? Si oui, alors c'était dans un sens idéel et
purement abstrait, autrement dit : au sens où il était dissimulé dans
la série des nombres que nous avions conçue, existant pourtant
sans que quiconque en eût conscience et sans être dissimulé d'une
manière ou d'une autre dans l'inconscient de quiconque et sans
laisser de quelconque trace physique. Il n'y avait pas de livre où
l'on eût pu s'en informer. Physiquement, donc, il n'existait pas.
Et du point de vue du monde 2, il n'existait pas non plus. Mais
il existait en tant que *problème non encore découvert, susceptible de
l'être pourtant :* cas typique d'un problème qui ne ressort que de
la partie purement abstraite du monde 3. Euclide n'a d'ailleurs
pas simplement trouvé le problème, mais l'a aussi résolu. Euclide

a trouvé la démonstration de la proposition selon laquelle, après tout nombre premier, il doit nécessairement y en avoir un autre ; d'où nous pouvons conclure que la série des nombres premiers est une série infinie. Cette proposition décrit un état de fait qui, de son côté, est manifestement pure abstraction : c'est aussi un habitant de la part purement abstraite du monde 3.

XI

Il y a aussi beaucoup de problèmes non résolus en relation avec les nombres premiers, tel par exemple le problème de Goldbach : *tout* nombre pair supérieur à 2 est-il la somme de deux nombres premiers ? Un tel problème est soluble soit positivement soit négativement ; ou bien il peut être insoluble, ce qui peut de son côté être démontrable ou indémontrable. Ainsi surgissent de nouveaux problèmes.

Autant de problèmes *réels* (*wirklich*) au sens où ils *ont des effets* (*Wirkungen*). Et d'abord, ils peuvent exercer un effet sur l'esprit humain. Quelqu'un peut voir le problème, le découvrir, puis tenter de le résoudre. Se saisir du problème et tenter de le résoudre, c'est une activité de la conscience, de l'esprit humain ; activité dont à l'évidence le problème, l'existence du problème est la cause coagissante. Une solution du problème, pourra faire l'objet d'une publication ; ainsi, par voie de cause et d'effet (par le biais du monde 2), le problème abstrait élément du monde 3 peut-il mettre en branle les presses les plus massives. Euclide a couché par écrit la solution qu'il a donnée au problème des nombres premiers. C'était là un processus physique riche de conséquences. Dans bien des manuels — des corps physiques, donc —, on a reproduit la démonstration d'Euclide. Ce sont autant de processus qui ressortent du monde 1.

Dans les enchaînements de causes menant du problème abstrait au monde 1, la conscience, le monde 2, a bien sûr un rôle éminent. Pour autant que je puisse le mesurer, la part abstraite du monde 3, le monde des contenus abstraits, non physiques, donc le monde 3 tel qu'en lui-même, dans sa spécificité, n'exerce jusqu'à maintenant pas d'influence *directe* sur le monde 1 ; avec le renfort des ordinateurs non plus. C'est la conscience, le monde 2 qui la subit. (Il en ira un jour peut-être autrement.) Je propose que nous parlions d'« esprit » lorsque nous visons la fonction de la conscience interactive avec le monde 3.

Je crois que l'interaction de l'esprit avec les habitants du monde 3 modèle et pèse d'un poids décisif sur notre vie consciente et inconsciente. C'est là, dans l'interaction entre le monde 2 et le monde 3, que se trouve la clef permettant de comprendre la différence entre conscience humaine et conscience animale.

XII

En résumé, nous pouvons dire que le monde 3, et d'abord cette fraction du monde 3 qui est engendrée par le langage humain, est un produit de notre conscience, de notre esprit. Comme le langage humain, c'est nous qui l'avons inventé.

Mais cette invention est quelque chose en dehors de nous, hors notre peau (« exosomatique »). Elle est quelque chose d'objectif, comme toutes nos inventions. Comme tout ce qui a été inventé, elle engendre ses problèmes, qui ne dépendent pas de nous, des problèmes autonomes[7]. (Que l'on songe à l'invention du feu et de sa manipulation, à l'invention de l'automobile.) Problèmes indépendants de notre volonté, inattendus. Et conséquences typiques, non préméditées de nos actes qui, de leur côté, nous renvoient leurs effets en retour.

Ainsi naît le monde 3, objectif, abstrait, autonome, mais réel (*wirkliche*) et efficient (*wirkende*).

---

7. Nous avons rétabli le texte que le sens impose, le texte allemand, à la suite d'une probable coquille, évoquant des « problèmes qui dépendent de nous ». (*N.d.T.*)

Un exemple, pas vraiment typique mais flagrant, ce sont les mathématiques. Manifestement, elles sont notre ouvrage, notre invention. Mais, pour leur plus grande part, elles sont bel et bien objectives en même temps qu'abstraites : il y a là tout un monde de problèmes et de solutions, que nous n'inventons pas mais que nous découvrons.

Ainsi, ceux qui ont médité sur le statut des mathématiques ont abouti, pour l'essentiel, à deux perspectives (*Ansichten*). Et pour l'essentiel, nous avons deux philosophies des mathématiques.

(1) *Les mathématiques sont ouvrage humain.* Car elles se fondent sur notre intuition ; ou bien : nous les avons conçues et construites ; ou bien : elles sont notre invention (intuitionnisme ; constructivisme ; conventionnalisme).

(2) *Les mathématiques sont une sphère objective, qui existe en soi.* Sphère infiniment riche de vérités objectives, que nous ne fabriquons pas, mais qui, face à nous, ont une existence objective. Et les vérités de ce genre que nous pouvons découvrir ne sont pas rares. (Cette conception des mathématiques, on la désigne d'ordinaire par le terme de « platonisme ».)

Jusqu'à aujourd'hui, ces deux conceptions des mathématiques sont restées irréconciliables. Mais la théorie du monde 3 montre qu'elles ont raison toutes deux : la série infinie des nombres naturels (par exemple) est invention langagière ; convention que nous avons fixée ; construction qui est la nôtre. Mais non pas les nombres premiers et leurs problèmes : ceux-là, nous les *découvrons* dans un monde objectif qu'assurément nous avons inventé ou créé, mais qui, comme toutes les inventions, s'objective, se détache de ses créateurs et s'émancipe de leur volonté : il devient « autonome », « idée pure » ; il devient « platonicien ».

Du point de vue de la théorie du monde 3, il ne peut donc y avoir aucune controverse entre les deux philosophies des mathématiques. Tout au plus pourrait-on disputer si tel objet mathématique — par exemple, la série infinie des nombres ou bien la théorie axiomatique des ensembles — est ouvrage de facture humaine, ou bien si ce domaine, comme si à nous donné par Dieu, surgit devant nous tel un continent du monde objectif. Mais depuis 1963 au moins (Paul Cohen), nous savons que la théorie axiomatique des ensembles aussi est ouvrage humain. Que même les mathématiciens soient faillibles et que nous puissions réfuter nos théories, sans toujours pouvoir les démontrer, c'est ce que nous savons depuis longtemps.

J'ai essayé d'expliquer ce qu'est le monde 3. J'en viens maintenant à la troisième et dernière partie de ma conférence : le modelage de la réalité.

3. Sur le modelage de la réalité

I

C'est l'interaction des mondes 1, 2 et 3 que l'on peut considérer comme étant le *modelage de la réalité ;* interaction qui consiste en de multiples rétroactions et au sein de laquelle nous travaillons selon la méthode des essais et des erreurs. Nous nous ingérons donc sciemment dans cette spirale de rétroactions. Nous : l'esprit humain, nos rêves, les buts que nous nous fixons. Nous sommes l'auteur de l'ouvrage, du produit, et tout à la fois c'est notre ouvrage qui nous fait. Ceci est à proprement parler la veine créatrice en l'homme : pendant que nous créons, nous nous recréons nous-mêmes par notre ouvrage. Le modelage de la réalité est ainsi notre œuvre ; un processus que l'on ne saurait comprendre si nous ne tentons pas de comprendre ses trois aspects, ces trois mondes ; et si nous ne tentons pas de comprendre de quelle manière ces trois mondes agissent l'un sur l'autre.

C'est dans cette spirale de rétroactions et de rétrocouplages que se fondent en s'étoffant nos théories, et nos rêves. Un exemple nous en est fourni par Leonardo modelant, créant, inventant son oiseau : l'avion que nous connaissons tous aujourd'hui. Il est important que ce soit le rêve — pouvoir voler — qui mène au vol, et non pas, comme l'avancerait la conception matérialiste de l'histoire de Marx et Engels, le rêve de lucre. Otto Lilienthal (dont j'ai encore connu le frère), les frères Wright et bien d'autres ont rêvé de voler et mirent consciemment leur vie en jeu pour réaliser leur rêve. Les inspirait non pas l'espoir de s'enrichir, mais le rêve d'une liberté nouvelle — élargir notre niche écologique : la recherche d'un monde meilleur, et Otto Lilienthal y perdit la vie.

Dans le modelage de la réalité, dans la tentative de réaliser ce rêve de voler propre au monde 2, le monde 3 joue un rôle décisif. Ce qui est décisif, ce sont les plans et les descriptifs, les hypothèses, les essais, les accidents et les corrections ; en un mot, la méthode par essai et par élimination des erreurs moyennant critique.

Voilà la spirale des rétrocouplages, où le monde 2 des chercheurs et des inventeurs joue aussi un grand rôle ; un rôle, néanmoins, qui n'est pas aussi déterminant, à mon avis, que les problèmes émergents et, de manière générale, le monde 3, réagissant en permanence sur le monde 2. Nos rêves sont constamment corrigés par le monde 3, jusqu'à ce qu'ils puissent finalement se concrétiser.

Des pessimistes m'ont signalé qu'Otto Lilienthal, le pilote allemand de planeur, pareil à Leonardo, rêvait de voler à la manière des oiseaux : quel effroi s'ils avaient vu notre Airbus.

Un point est juste dans leur remarque : nos idées ne se réalisent jamais *comme* nous les avons imaginées en rêve. N'empêche que cette remarque est fausse. Qui veut aujourd'hui voler tout comme le voulaient Leonardo et Lilienthal n'a besoin que de s'affilier à un club de vol à voile. Pour peu que le cœur lui en dise, voilà qui n'est pas trop difficile. Quant aux autres, volant en Airbus ou en Boeing 747, si différente soit-elle du vol à voile, ils doivent bien avoir leurs raisons de préférer cette manière de voler, ou le chemin de fer, ou le bateau, ou l'automobile. À bien des hommes, le mastodonte où ils volent à l'étroit a ouvert aussi de nombreuses nouvelles possibilités, apporté de précieuses et multiples libertés.

II

Sans aucun doute, ces mastodontes sont le fruit des rêves de Leonardo et de Lilienthal, mais aussi bien leur conséquence imprévue. Notre langage, nos sciences et nos techniques nous permettent, mieux que ne le peuvent les plantes et les animaux, de prévoir les conséquences encore à venir de nos rêves, de nos désirs et de nos inventions, mais, la chose est certaine, *pas tellement mieux*. Il importe que nous discernions distinctement combien peu nous en savons sur les suites imprévisibles de nos actions. Les meilleurs moyens dont nous disposions sont encore *l'essai et l'erreur* : essais souvent dangereux, et erreurs plus dangereuses encore — et pour l'humanité parfois.

La foi en une utopie politique est particulièrement dangereuse. Ce qui pourrait se rattacher au fait que la recherche d'un monde meilleur (si j'ai raison), pareille aux explorations de notre environnement, est un des instincts vitaux les plus anciens et les plus déterminants. À bon droit, nous croyons que nous devons et pouvons contribuer à améliorer notre monde. Mais nous n'avons pas le droit de nous figurer que nous pourrions anticiper sur les conséquences de nos desseins et de nos actes. Et surtout, nous n'avons pas le droit de sacrifier des vies humaines (excepté la nôtre peut-être, dans les cas extrêmes). Nous n'avons pas non plus le droit de motiver, ou même de persuader d'autres humains de s'immoler — même pas pour une idée, pour une théorie non plus qui (bien à tort, à cause de notre ignorance) a emporté toute notre conviction.

En tout cas, pour une part, notre recherche d'un monde meilleur doit consister à rechercher un monde dans lequel d'autres hommes n'ont pas besoin de sacrifier leur vie malgré eux pour une idée.

III.

J'arrive au terme de ma conférence. Je souhaite tout juste y ajouter encore une dernière pensée optimiste, celle avec laquelle j'ai aussi conclu ma contribution au livre que j'ai écrit avec mon ami sir John Eccles[8]. (Une traduction allemande en est parue récemment.)

Comme j'ai cherché à le montrer tout à l'heure, on associe d'habitude la sélection darwinienne, la sélection naturelle et la pression sélectrice à une lutte sanguinaire pour l'existence. C'est là une idéologie qu'il ne faut que partiellement prendre au sérieux.

L'émergence de la conscience humaine, de l'esprit et des théories que nous articulons dans le langage, modifie profondément tout cela. Nous pouvons nous en remettre à la concurrence entre nos théories d'éliminer celles inutiles. En des temps plus anciens, on se débarrassait de leurs auteurs. De nos jours, nous pouvons faire périr nos théories à notre place. Du point de vue biologique de la sélection naturelle, la fonction principale de l'esprit et du monde 3 consiste à rendre possible la mise en œuvre de la critique consciente et, ainsi, à rendre possible la sélection des théories, sans que leurs auteurs soient mis à mort. C'est l'évolution biologique qui permet d'appliquer la méthode de la critique rationnelle et d'éviter ce meurtre : grâce à l'invention de notre langage et, par là, du monde 3. Ainsi, la sélection naturelle surmonte, transcende l'emblème quelque peu violent de ses origines : l'émergence du monde 3 permet que la sélection des théories les meilleures, des adaptations les plus heureuses, s'effectue sans violence. Nous pouvons désormais éliminer des théories fausses par le jeu d'une critique non violente. La critique non violente, bien sûr, est encore assez rare : à l'ordinaire, elle procède pour moitié encore avec violence, même quand les adversaires ferraillent la plume

8. *The Self and Its Brain,* New York, Springer Verlag, 1977. (*N.d.T.*)

à la main. Mais la biologie ne dicte plus ses motifs à la violence de la critique, de motifs il n'y en a plus qu'à son encontre.

Ainsi, la critique pour partie violente qui a cours aujourd'hui encore pourrait bien être une phase transitoire dans le déploiement de la raison. L'émergence du monde 3 signifie que l'évolution culturelle non violente n'est pas rêverie utopique. Elle est le résultat, biologiquement tout à fait possible, de l'émergence du monde 3 sous l'effet de la sélection naturelle des espèces.

Modeler notre environnement social en nous donnant pour but de vivre en paix et sans violence n'est pas seulement un rêve. C'est là une fin possible pour l'humanité et, manifestement, du point de vue biologique, une fin nécessaire.

Note additive à la page 32, alinéa 3

Il y a aussi, bien sûr, des faits qui militent en faveur de l'ancienne interprétation : les *catastrophes survenant dans les niches,* pensons à l'emploi de toxiques comme le DDT ou la pénicilline. Dans ces cas, sans rapport avec les choix des organismes, c'est en effet la présence fortuite d'un mutant qui peut décider de la survie. Il en va pareillement en Angleterre avec le cas fameux du « mélanisme industriel » (apparition de variétés de papillons aux couleurs sombres, par adaptation à la pollution industrielle). De tels cas, frappants, expérimentalement reproductibles en laboratoire, cas bien particuliers néanmoins, expliquent peut-être pourquoi l'interprétation du darwinisme que j'ai qualifiée de « pessimiste » rencontre une telle faveur chez les biologistes.

2

SUR LE SAVOIR ET L'IGNORANCE

Monsieur le Président, monsieur le Doyen, mesdames et messieurs !

Je voudrais tout d'abord remercier de tout cœur le département des sciences économiques de l'université Johann-Wolfgang-Goethe pour le grand honneur qu'il me fait en me décernant le titre de *doctor rerum politicarum honoris causa*[1].

> Je m'intitule, il est vrai, Maître, Docteur[2]

puis-je seulement dire avec le Faust de Goethe. Et comme au Faust de Goethe, à moi aussi il me paraît plus que douteux si j'ai mérité cette distinction.

> et maintenant me voici là, pauvre fou,
> tout aussi sage que devant [...]
> Et je vois bien que nous ne pouvons rien connaître !
> Voilà ce qui me brûle le sang[3] !

---

1. Conférence prononcée le 8 juin 1979 dans l'aula de l'université de Francfort/Main, à l'occasion de l'attribution du *doctor honoris causa*.
2. *Faust* I, v. 360 (trad. G. de Nerval, Paris, Gallimard, Bibliothèque de la Pléiade, 1988, p. 1137).
3. ID., v. 359-360 et v. 364-365.

Ce qui m'amène du reste au thème annoncé de ma conférence :
« Sur le savoir et l'ignorance. »

Je prévois de le traiter sur le mode historique, même si très
brièvement, la doctrine de Socrate faisant le cœur de mon propos ;
ainsi commencerai-je par le plus beau texte philosophique que
je connaisse, l'*Apologie de Socrate* de Platon.

I

L'*Apologie* de Platon renferme le plaidoyer de Socrate et une
brève relation de la sentence qui le condamne. Je tiens le discours
de Socrate pour authentique[4]. Socrate y raconte combien il avait
été étonné et abasourdi d'entendre dire qu'à la question insolente :
« Y a-t-il quelqu'un de plus sage que Socrate ? » l'oracle de Delphes
avait répondu : « Nul n'est plus sage[5]. » « Lorsque j'eus appris cette
réponse de l'oracle, dit Socrate, je me mis à réfléchir en moi-
même : "Que veut dire le dieu et quel sens recèlent ses paroles ?
Car moi, j'ai conscience de n'être sage ni peu ni prou[6]." » Faute
de pouvoir percer par la réflexion ce que le dieu entendait dans
sa gnome, il résolut qu'il essaierait de réfuter l'oracle. Il se rendit
donc auprès d'un homme qui passait pour sage — un des hommes

4. Il n'y a naturellement pas de preuve de l'authenticité de l'*Apologie* de Platon :
même d'excellents érudits ont exprimé un avis contraire. Mais les raisons pèsent lourd
qui militent en ce sens. Que Platon ait voulu qu'on la considérât pour authentique
me paraît certain, et de même, qu'elle fasse partie de ses premiers ouvrages et qu'ainsi
de nombreux témoins fussent encore en vie au moment où Platon rédigea l'*Apologie*.
Dans l'*Apologie* comme dans tous les premiers dialogues (avant le *Gorgias* du moins),
Socrate utilise la *réfutation par des exemples pratiques* (*Elenchos* : 21 b/c) et il souligne
son *ignorance*.

5. Manifestement, cette sentence oraculaire est elle aussi attestée par l'histoire.
Khairéphon, qui avait posé la question à l'oracle, un ami de jeunesse et un admirateur de Socrate, est une figure historique, un adversaire militant des Trente tombé au
cours de la bataille du Pyrée. Son frère est cité comme témoin par Socrate, et il assista
au procès. Comme Platon était un adversaire de la démocratie, le rôle décisif tenu
dans l'*Apologie* par Khairéphon, partisan de la démocratie, est également un indice de
l'authenticité du texte.

6. Nous suivons pour cet extrait la traduction Chambry, Paris, Garnier-Flammarion, 1965, p. 31. (*N.d.T.*)

d'État d'Athènes —, pour qu'il l'instruisît. Voici comment Socrate rapporte ce qui en ressortit : « Je suis plus sage que cet homme-là. Il se peut qu'aucun de nous deux ne sache rien de beau ni de bon ; mais lui croit savoir quelque chose, alors qu'il ne sait rien, tandis que moi, si je ne sais pas, je ne crois pas non plus savoir[7]. » Après s'être entretenu avec les hommes d'État, Socrate se rendit auprès des poètes. Le résultat fut identique. Ensuite, il alla voir les artisans. De fait, ils savaient des choses auxquelles il n'entendait rien. Mais ils s'imaginaient savoir beaucoup d'autres choses encore, voire l'essentiel. Et leur présomption compensait plus que copieusement leur savoir véritable.

Alors Socrate finit par interpréter ainsi l'intention de l'oracle de Delphes : apparemment, le dieu ne voulait rien dire concernant Socrate, il s'était seulement servi de son nom pour exprimer ceci : « D'entre tous les hommes, le plus sage est celui qui, tel Socrate, connaît qu'en vérité il ne détient aucune sagesse. »

II

L'intelligence qu'avait Socrate de notre ignorance — « Je sais que je ne sais presque rien, et encore » — me semble de la plus haute importance. Nulle part elle n'a été plus clairement formulée que dans l'*Apologie de Socrate* de Platon. Il est souvent arrivé qu'on ne la prît pas au sérieux. Sous le magistère d'Aristote, elle a passé pour de l'ironie. Platon lui-même finit par renoncer (dans le *Gorgias*) à la doctrine socratique de notre ignorance, et par là également à l'attitude socratique par excellence : l'exigence de modestie intellectuelle.

La chose devient claire quand nous comparons la théorie socratique de l'homme d'État avec celle de Platon. C'est là un point qui doit particulièrement importer à un *doctor rerum politicarum*.

---

7. *Apologie de Socrate*, 21 d, trad. Chambry, *ibid.*, p. 32.

Tant Socrate que Platon exige que l'homme d'État soit sage. Mais non sans une différence fondamentale de l'un à l'autre. Chez Socrate, cette exigence signifie que l'homme d'État doit être parfaitement conscient de son évident non-savoir. Socrate plaide ainsi pour la cause de la modestie intellectuelle. « Connais-toi toi-même ! » signifie pour lui : « Sache bien combien tu en sais peu ! »

À l'opposé, Platon interprète l'exigence de sagesse intimée à l'homme d'État dans le sens d'un règne des sages, d'une sophocratie. Seul le dialecticien aguerri, le docte philosophe est apte à régner. Tel est le sens de la fameuse exigence de Platon, selon laquelle les philosophes doivent devenir des rois, et les rois des philosophes du meilleur aloi. Les philosophes furent profondément impressionnés par l'exigence de Platon ; les rois, c'est à présumer, un peu moins.

On imaginerait difficilement opposition plus tranchée entre deux interprétations de cette obligation de sagesse faite à l'homme d'État. S'affrontent la modestie intellectuelle et la prétention intellectuelle. Et aussi la thèse de la faillibilité — celle qui reconnaît la faillibilité de tout savoir humain — et le scientisme, ou scienticisme : la thèse qu'au savoir et aux savants (*den Wissenden*), à la science et aux hommes de science (*den Wissenschaftlern*), à la sagesse et aux sages, à l'érudition et aux érudits, il faut impartir de l'autorité.

On le voit donc bien : s'agissant du savoir humain, des jugements opposés — donc, une opposition dans la théorie de la connaissance — peuvent conduire à des objectifs et à des exigences éthico-politiques opposés.

III

J'aimerais commenter maintenant une objection faite à la thèse de la faillibilité ; objection directement utilisable, ce me semble, comme un argument en sa *faveur*.

Il s'agit de l'objection selon laquelle, essentiellement, le savoir, par opposition aux opinions ou aux conjectures, fait autorité ; le langage courant, d'ailleurs, conforterait la thèse de la valeur d'autorité du savoir. Ainsi, la locution « je sais » ne serait correctement utilisée qu'à la condition d'impliquer les trois choses suivantes : premièrement, la vérité de ce que j'affirme savoir ; deuxièmement, la certitude que j'en ai ; et troisièmement, l'existence de raisons suffisantes.

Ce sont là des analyses comme souvent on peut en entendre dans des discussions philosophiques et en lire dans des ouvrages de philosophie (cf. W. T. Krug, *Fundamentalphilosophie*, 1818, p. 237 ; J. F. Fries, *System der Logik,* 1837, pp. 421 sq.). Analyses qui montrent effectivement ce que le langage courant entend par le terme de « savoir ». Elles analysent un concept que j'appellerais volontiers le concept classique de savoir : il implique la vérité du su et son caractère de certitude ; il implique aussi que nous devons nécessairement avoir des raisons suffisantes de soutenir ce que nous tenons pour vrai.

Or c'est exactement ce concept classique du savoir dont se sert Socrate quand il dit : « Je sais que je ne sais presque rien — et c'est tout juste encore ! » Et c'est le même concept classique dont se sert Goethe quand à Faust il fait dire :

> Et je vois bien que nous ne pouvons rien connaître !
> Voilà ce qui me brûle le sang[8]

C'est donc exactement le concept classique de savoir, celui de l'usage courant, qui est également utilisé par la thèse de la faillibilité, par le faillibilisme, quand elle souligne que nous pouvons toujours ou presque toujours nous tromper et que, par conséquent, au sens classique du terme « savoir », nous ne savons rien, ou n'en savons que très peu ; ou, comme le dit Socrate, « rien vraiment ».

---

8. Cf. *supra.*

Mais à quoi songeait Socrate quand il disait que nous ne savons « rien vraiment », ou, pour traduire plus littéralement, « rien de beau ni de bon » (*Apologie de Socrate,* 21 d) ? Ce disant, il songeait en particulier à l'éthique. Il était bien loin de décréter impossible un savoir éthique ; au contraire, il a tenté de fonder un savoir éthique. Sa méthode, en l'occurrence, était une méthode critique : il critiquait ce qui lui paraissait, à lui et à d'autres, certain. C'est cette méthode critique qui le mena au faillibilisme et à l'idée que lui et d'autres hommes étaient bien loin du savoir en matière éthique. Socrate est néanmoins un penseur de l'éthique qui a frayé une voie nouvelle. C'est à lui et à son contemporain Démocrite que nous devons la bonne et forte maxime : « Subir une injustice vaut mieux que d'en commettre une[9]. »

IV

Mais pour en revenir à l'*Apologie :* quand Socrate dit que ni lui ni les autres ne savent rien vraiment, il pense peut-être aussi aux philosophes de la nature, à ces grands penseurs de Grèce qu'aujourd'hui nous appelons les présocratiques, les pionniers de nos sciences de la nature. Il se peut que Socrate ait pensé tout particulièrement à Anaxagore, un philosophe de la nature, qu'il évoque aussi un peu plus loin dans les pages de l'*Apologie,* d'une manière d'ailleurs plutôt cavalière : il dit en effet que l'œuvre d'Anaxagore, qu'il qualifie d'« étrange » (*atopos*), on peut se la procurer pour une drachme chez les libraires athéniens[10], quand les

9. Sous la plume de Platon, Socrate dit textuellement : « […] s'il était nécessaire soit de commettre l'injustice soit de la subir, je choisirais de la subir plutôt que de la commettre », *Gorgias,* 469c, trad. M. Canto, Paris, Garnier-Flammarion, 1987, p. 174. Commentaire de Léon Chestov : « Cette restriction — s'il faut choisir — trouble quelque peu, il est vrai, le lecteur attentif » (*Le Pouvoir des clefs,* trad. Boris de Schoelzer, Paris, Flammarion, 1967, p. 61). (*N.d.T.*)

10. « À l'orchestre », dit le texte de Platon, *op. cit.,* p. 38 [26 d] — « non seulement partie du théâtre », précise la traduction Chambry, « mais encore partie de l'agora où se

prix montent. D'un autre ouvrage de Platon, le *Phédon,* il semble également ressortir que Socrate était profondément déçu par la philosophie de la nature d'Anaxagore — et par la philosophie de la nature en général. Nous sommes donc fondés à admettre que Socrate, quand il disait : « Je sais que je ne sais presque rien — et encore », avait à l'esprit bien de graves problèmes qui s'étaient posés à lui sans trouver de solution ; des problèmes d'éthique et de politique ou même de philosophie de la nature.

J'en conviens, Socrate n'a pas tant de traits en commun avec Faust, le personnage de Goethe. Et pourtant, nous pouvons présumer que l'idée selon laquelle nous ne savons rien a consumé le cœur de Socrate lui aussi : que, comme Faust, il a vivement souffert du désir, impossible à exaucer, de tous les hommes de science véritables, j'entends par là ce désir :

> si enfin je pouvais connaître tout ce que le monde cache en lui-même[11]

Or les sciences de la nature modernes nous ont pourtant un peu rapprochés de ce but inatteignable. Nous devons donc nous demander si elles n'ont pas avéré que le point de vue de l'ignorance socratique était dépassé.

V

De fait, la théorie newtonienne de la gravitation a créé une situation toute nouvelle. On peut la regarder comme la réalisation, plus de deux mille ans après, du programme de recherches initial des philosophes de la nature présocratiques. Et peut-être Newton considérait-il lui-même sa théorie de la sorte quand il choisit le titre de son livre : *Philosophiae naturalis principia mathematica* [*Principes*

---

dressaient les statues d'Harmodos et d'Aristogiton. C'est sans doute en cette partie de l'agora que se vendaient les livres. » (*N.d.T.*)

11. Id, v. 382-383.

mathématiques de la philosophie naturelle]. Réalisation qui laissait loin derrière elle les rêves les plus hardis de l'Antiquité.

Progrès sans précédent : la théorie de Descartes, peu à peu refoulée par celle de Newton, ne peut lui être comparée. Elle ne proposait qu'une très vague explication qualitative du mouvement des planètes. Elle contredisait néanmoins des faits qui, à l'époque déjà, étaient connus depuis assez longtemps. Entre autres, elle avait une conséquence malheureuse : les planètes les plus éloignées du Soleil y étaient celles qui se déplacent le plus rapidement, en contradiction non seulement avec les observations qu'on avait pratiquées, mais aussi et surtout avec la troisième loi de Kepler[12].

Tout au contraire, la théorie de Newton put non seulement expliquer les lois de Kepler, mais encore leur apporter des correctifs en prédisant de légers écarts qui s'avérèrent mathématiquement exacts.

VI

La théorie de Newton engendra ainsi une nouvelle situation intellectuelle, c'était là une victoire intellectuelle sans pareille. Ses prédictions furent confirmées avec une précision sidérante. Et lorsque, pour la planète Uranus aussi, on constata de légers écarts par rapport à la trajectoire prédite par Newton, Adams et Leverrier, à l'aide de la nouvelle théorie et de beaucoup de chance, calculèrent à partir de ces écarts la position d'une nouvelle planète inconnue qui ensuite fut de fait découverte incontinent par Galle. En outre, la théorie de Newton n'expliquait pas seulement les déplacements des corps célestes, mais aussi la mécanique terrestre, les mouvements des mécanismes sur notre planète.

---

12. Selon laquelle « le carré de la durée de révolution autour du Soleil est proportionnel au cube des grands axes des ellipses » (M.-A. Tonnelat, *Encyclopedia Universalis*, art. « Gravitation »). (*N.d.T.*)

On avait là, semblait-il, de fait, un savoir : savoir véritable, certain et suffisamment fondé. Le doute n'était plus permis.

Bizarrement, il fallut attendre longtemps jusqu'à ce que l'on comprît la nouveauté de la situation intellectuelle. Peu nombreux ceux qui mesurèrent l'événement. David Hume, un des plus grands noms de la philosophie, saisit le grand progrès accompli, mais sans comprendre ce qu'il avait de radical pour la connaissance humaine. Je crains qu'aujourd'hui encore il en aille un peu de même pour bien des gens.

VII

Le premier penseur à le comprendre entièrement, ce fut Emmanuel Kant. Converti au scepticisme par Hume, il voyait l'aspect paradoxal, presque absurde de ce nouveau savoir. Il se demanda comment une chose telle que la science de Newton était possible dans l'absolu.

Cette question, et la réponse de Kant, devint la question nodale de sa *Critique de la raison pure*. Un livre où il souleva deux questions :

Comment la mathématique pure est-elle possible ?

et

Comment la physique pure est-elle possible ?

Et il écrivit :

« Puisque ces sciences sont réellement données, il est convenable de se demander *comment* elles sont possibles ; *qu*'elles doivent être possibles, c'est démontré par leur réalité[13]. »

On remarque l'étonnement de Kant ; son étonnement justifié quant à l'existence de la théorie de Newton, qu'il définissait comme une « physique pure ».

13. Trad. A. Tremesaygues et B. Pacaud, PUF, 1950, p. 44.

À l'opposé de tous ceux qui là-dessus avaient leur opinion, Kant voyait que la théorie de Newton ne couronnait pas une méthode expérimentale ou inductive, mais marquait une réussite de la pensée humaine, de l'entendement humain.

La réponse de Kant à la question « Comment la physique pure est-elle possible ? » fut la suivante :

« L'entendement ne tire pas ses lois […] de la nature, mais il les lui prescrit. »

En d'autres termes, les lois de Newton ne sont pas déchiffrées dans la nature, mais elles sont l'ouvrage de Newton, le produit de son entendement, son invention : l'entendement humain invente les lois de la nature.

Cette position gnoséologique de Kant, tout à fait originale, lui-même l'a définie comme le tournant copernicien dans la théorie du savoir. Selon lui, la science de Newton était savoir au sens classique du terme : savoir véritable, certain, suffisamment fondé. Et ce savoir était possible parce que l'expérience humaine elle-même est le produit de l'élaboration et de l'interprétation actives de nos sensations par l'appareil de la connaissance en nous, l'entendement en particulier.

La théorie kantienne de la connaissance est considérable et, en grande partie, correcte. Mais Kant s'égarait quand il croyait que sa théorie répondait à la question de savoir comment le savoir est possible, le savoir au sens classique.

L'idée classique de la science comme savoir véritable, assuré et suffisamment fondé, est vivante de nos jours encore. Mais, il y a soixante ans, elle fut périmée par la révolution einsteinienne, par la théorie de la gravitation d'Einstein.

Cette révolution aboutit à ceci : que la théorie d'Einstein soit vraie ou fausse, elle montre que le savoir, au sens classique du terme, le savoir garanti, la certitude sont impossibles. Kant avait raison : nos théories sont de libres créations de notre entendement. Et nous tentons de les prescrire à la nature. Mais nous ne parvenons que rarement à deviner la vérité ; et nous ne pouvons jamais être certains si nous y réussissons. *Nous devons nous contenter d'un savoir conjectural.*

VIII

Il est nécessaire, ici, de nous arrêter brièvement sur les relations logiques qu'entretiennent la théorie de la gravitation de Newton et celle d'Einstein.

La théorie de Newton et celle d'Einstein sont l'une par rapport à l'autre en contradiction logique : certaines de leurs conséquences respectives sont incompatibles. Il est donc impossible que les deux théories soient vraies.

Et pourtant, les deux théories entretiennent une relation d'*approximation :* les écarts perceptibles entre leurs conséquences empiriquement vérifiables sont si ténus que tous les faits non dénombrés qu'on a relevés et qui confirment et étayent la théorie de Newton confirment et étayent aussi la théorie d'Einstein.

J'y ai déjà fait allusion, la théorie de Newton fut impeccablement confirmée par l'empirie, confirmée de manière optimale, peut-on dire. Mais la découverte, ou l'invention d'Einstein nous interdit de voir dans ces confirmations fabuleuses autant de raisons de considérer ne serait-ce qu'une de ces deux théories comme vraie et assurée. Car les mêmes raisons nous inviteraient alors aussi à considérer l'autre théorie comme vraie et assurée. Mais il est logiquement impossible que deux théories incompatibles soient vraies l'une et l'autre.

Nous constatons ici qu'il est impossible d'interpréter même les théories physiques les mieux confirmées comme savoir au sens classique. Même nos théories physiques les mieux vérifiées et les mieux confirmées ne sont que des conjectures, des hypothèses fécondes, et elles sont condamnées à jamais à demeurer des conjectures ou des hypothèses.

IX

La science est recherche de la vérité ; et il est parfaitement possible que bien de nos théories, en fait, soient vraies. Toutefois, même si tel est le cas, nous ne pouvons jamais le savoir de façon certaine.

C'est là une vue (*Einsicht*) à laquelle était déjà parvenu le poète et aède Xénophane, qui quelque cent ans avant Socrate, 500 cents ans av. J.-C., écrivait :

> Il n'y eut dans le passé et il n'y aura jamais dans l'avenir personne qui ait une connaissance certaine des dieux et de tout ce dont je parle. Même s'il se trouvait quelqu'un pour parler avec toute l'exactitude possible, il ne s'en rendrait pas compte par lui-même. Mais c'est l'opinion qui règne partout.

Xénophane, néanmoins, enseignait autrefois déjà que nous pouvons progresser dans notre recherche de la vérité ; il écrit en effet :

> Les dieux n'ont pas révélé toutes choses aux hommes dès le commencement ; mais, en cherchant, ceux-ci trouvent avec le temps ce qui est le meilleur[14].

Les deux fragments de Xénophane que je cite peuvent être interprétés à la lumière des deux thèses que voici :

1. Il n'y a pas de critère de la vérité ; même quand nous y touchons, nous ne pouvons jamais en être certains.

2. Il y a un critère rationnel du progrès dans la recherche de la vérité, donc un critère du progrès des sciences.

Je crois que les deux thèses sont justes.

---

14. Respectivement, silles 34 et 18 des *Fragments* dans la traduction de J. Voilquin, in *Les Penseurs grecs avant Socrate. De Thalès de Milet à Prodicos,* Paris, Garnier-Flammarion, 1964, p. 66 et p. 64 (nous avons préféré revenir à cette traduction plutôt que de traduire la traduction ici proposée par Popper). (*N.d.T.*)

Or, quel est le critère rationnel du progrès des sciences dans la recherche de la vérité, du progrès dans nos hypothèses, nos conjectures ? À quel moment une hypothèse scientifique est-elle meilleure qu'une autre ?

Réponse : la science est une activité critique. Nous vérifions nos hypothèses sur le mode critique. Nous les critiquons pour y débusquer des erreurs ; et dans l'espoir d'éliminer les erreurs et ainsi de nous approcher de la vérité.

Nous tenons une hypothèse — par exemple, une nouvelle hypothèse — pour meilleure qu'une autre quand elle satisfait aux trois exigences suivantes : Premièrement, la nouvelle hypothèse doit expliquer tout ce que l'ancienne a réussi à expliquer. C'est le premier point et le plus important. Deuxièmement, elle doit éviter au moins quelques-unes des erreurs commises par l'ancienne : ce qui veut dire qu'elle doit si possible soutenir quelques-unes des vérifications critiques auxquelles l'ancienne hypothèse n'a pas résisté. Troisièmement, elle doit si possible expliquer des faits que n'a pu expliquer ou prédire l'ancienne hypothèse.

Tel est donc le critère du progrès scientifique. C'est dans les sciences de la nature tout particulièrement qu'on l'applique de manière universelle et, d'ordinaire, de manière tout à fait inconsciente. Une nouvelle hypothèse ne sera retenue que si elle explique au moins ce que l'hypothèse antérieure a réussi à expliquer et que si, en outre, elle promet d'éviter certaines des erreurs dues à l'ancienne hypothèse, ou bien si elle énonce de nouvelles prédictions, si possible vérifiables.

X

Ce critère du progrès peut simultanément être considéré comme un critère d'approximation de la vérité. En effet, si une hypothèse satisfait au critère du progrès et soutient donc aussi bien que la théorie antérieure les vérifications critiques auxquelles elle est soumise, nous n'y verrons pas un hasard ; et si elle soutient mieux encore ces vérifications, nous admettons qu'elle approche la vérité plus que la théorie antérieure.

L'objectif de la science, donc, c'est la vérité : la science est recherche de la vérité. Et même si nous ne pouvons jamais savoir, comme l'a vu Xénophane, si nous avons atteint ce but, nous pouvons avoir de bonnes raisons toutefois de conjecturer que nous avons approché notre but, la vérité ; ou que, comme dit Einstein, nous sommes sur la bonne voie.

XI

Pour conclure, je voudrais tirer encore quelques conséquences de mon exposé.

La thèse socratique de l'ignorance me paraît éminemment importante. La physique de Newton, nous l'avons vu, fut interprétée par Kant dans le sens du concept classique de savoir. Cette interprétation est impossible depuis Einstein. Nous savons maintenant que même le savoir du meilleur aloi, au sens des sciences de la nature, n'est pas un savoir au sens classique, pas un savoir, donc, au sens usuel du terme. Ce qui mène à une révolution effective du concept de savoir : le savoir au sens des sciences de la nature est *savoir conjectural* ; il est l'audace de qui cherche à deviner. Ainsi Socrate continue-t-il d'avoir raison, même si Kant a bien compris comment il fallait évaluer l'exploit de Newton. Mais deviner, c'est en l'occurrence se soumettre à la discipline de la critique rationnelle.

Ce qui, de la lutte contre la pensée dogmatique, fait une obligation. Et fait aussi une obligation de l'extrême modestie intellectuelle. Et, tout d'abord, oblige à pratiquer un langage simple et sans prétention : l'obligation de tout intellectuel.

Tous les grands savants étaient intellectuellement modestes ; et Newton parle pour tous quand il dit : « Je ne sais pas quelle impression je fais au monde. À moi-même je me fais l'impression d'être un petit garçon qui joue au bord de la mer. Je me suis amusé à ramasser ici et là un gravillon plus lisse que les autres, ou un plus joli coquillage — cependant que, devant moi, inexploré, s'étendait le grand Océan de la vérité. » Einstein appelait sa théorie de la relativité « un éphémère ».

Et tous les grands savants étaient conscients que toute résolution d'un problème scientifique soulève bien des nouveaux problèmes non résolus. Plus nous en apprenons sur le monde, et plus le savoir que nous avons des problèmes encore non résolus, plus notre savoir socratique sur notre ignorance devient-il conscient, détaillé et précis. La recherche scientifique est de fait la meilleure méthode pour nous éclairer sur nous-mêmes et sur notre ignorance. Elle nous guide vers l'idée (*Einsicht*) importante que, nous les hommes, nous sommes fort divers quant aux vétilles dont peut-être nous savons quelque chose. Mais l'infini de notre ignorance nous rend tous égaux.

XII

L'objection de scientisme ou de scienticisme — le reproche fait à la méthode des sciences de la nature et à ses résultats d'une croyance dogmatique en son autorité — est donc parfaitement hors sujet si elle vise la méthode critique des sciences de la nature ou leurs grands hommes ; tout particulièrement depuis la réforme du concept de savoir, dont nous sommes redevables à des hommes comme Socrate, Nicolas de Cues, Érasme, Voltaire, Lessing, Goethe et Einstein. Comme tous les grands physiciens, Goethe était un adversaire du scientisme, de la foi en une autorité ; et il le combattait dans le cadre de sa critique de l'optique de Newton. Sans doute ses arguments contre Newton n'étaient-ils pas consistants, mais tous les grands physiciens ont parfois commis aussi des erreurs ; et, dans sa polémique contre la foi dogmatique en l'autorité de Newton, Goethe avait certainement raison. J'aimerais même risquer ici la conjecture que l'objection de scientisme — l'objection, donc, de dogmatisme, de la foi en l'autorité et de l'arrogance prétentieuse du savoir — concerne les adeptes de la sociologie du savoir et de la sociologie des sciences bien plus souvent que ses victimes, les grands physiciens. De fait, d'aucuns, se prenant pour des critiques du scientisme, sont des adversaires dogmatiques, et en réalité idéologiques et autoritaires, des sciences de la nature dont malheureusement ils ne comprennent que fort peu de chose.

Et surtout, ils ne savent pas qu'elles disposent d'un critère objectif, non idéologique, du progrès : du progrès vers la vérité, ce critère simple et rationnel qui régit l'évolution des sciences de la nature depuis Copernic, Galilée, Kepler et Newton, depuis Pasteur et Claude Bernard. Critère qui n'est pas toujours applicable. Mais les physiciens (sauf s'ils succombent à une mode, comme cela arrive même à de bons experts en physique) l'utilisent d'habitude avec certitude et de manière correcte, même s'il est rare qu'ils en aient parfaitement conscience. Dans les sciences de la société, la maîtrise de ce critère rationnel est malheureusement bien trop incertaine. Ainsi en est-on venu à des idéologies au goût du jour, au règne des grands mots creux, à l'hostilité contre la raison et contre les sciences de la nature.

Goethe lui aussi a connu cette hostilité idéologique manifestée à la science, et il l'a condamnée. C'est le diable lui-même qui guette le moment où nous nous jetterons dans les bras de cette idéologie adverse à la science. Les paroles que Goethe met dans la bouche du diable sont sans équivoque :

> Méprise bien la raison et la science,
> suprême force de l'humanité [...]
> et tu es à moi sans restriction[15]

Mesdames et messieurs, j'espère que vous ne me maudirez pas si pour cette fois je laisse au diable en personne le dernier mot.

---

15. Id., v. 1851-1852 et 1855.

3

SUR LES SOURCES PRÉTENDUES
DE LA CONNAISSANCE

Soyez remerciés pour le grand honneur que vous me faites en me décernant le grade de docteur en philosophie de la faculté des sciences humaines de votre université. Je le reçois avec joie et gratitude[1].

Mais aussi ai-je pris sur moi, et à la dernière minute, une lourde obligation, celle de tenir une conférence brève. Or, en préambule, je veux vous raconter une histoire authentique, du temps de mes années néo-zélandaises.

À Christchurch, en Nouvelle-Zélande, j'étais lié d'amitié avec le professeur Coleridge Farr, un physicien qui, au moment de mon arrivée, avait à peu près l'âge qui est le mien aujourd'hui ; un homme très original, plein d'esprit, un *fellow* de la Royal Society of London. Le professeur Farr était un homme soucieux d'engagement social, et il tenait des conférences de vulgarisation scientifique dans les milieux les plus divers, entre autres dans les prisons. Un jour, dans une prison, il ouvrit sa conférence par les paroles suivantes :

1. Conférence prononcée le 27 juillet 1979 à l'université de Salzbourg à l'occasion de la remise d'un doctorat *h. c.*

« Aujourd'hui, je donne ici la même conférence exactement qu'il y a six ans. Si l'un de vous l'a déjà entendue, c'est bien fait pour lui ! » À peine avait-il prononcé ces paroles scabreuses que, dans la salle, la lumière s'éteignit. Ainsi qu'il le raconta plus tard, tant que l'obscurité avait duré, il s'était senti quelque peu mal à l'aise.

Or le souvenir de cet épisode me revint quand, samedi dernier, vraiment à la dernière minute, le professeur Weingartner m'informa qu'on attendait de moi que je tienne une conférence aujourd'hui, ici. Il ajouta que je pourrais en répéter une que j'aurais déjà donnée auparavant. Je pensai naturellement au professeur Farr, et je me dis aussi que, à l'évidence, je ne pourrais déclarer, ici : « Si l'un de vous a déjà entendu ma conférence, c'est bien fait pour lui. » Me voici donc dans une situation pire encore que celle du professeur Farr ; car ce peu de délai ne m'a pas laissé d'autre solution, après plusieurs tentatives malheureuses, que de passer un coup de neuf à un ancien texte assez épais[2], de le coiffer d'une nouvelle introduction et surtout de l'amputer aux sept huitièmes environ. Je vous prie donc de m'excuser mille fois, et d'abord pour la raison que ma conférence est encore bien trop longue. Mais à un ou deux de mes très honorés auditeurs près, nul, je l'espère, ne la reconnaîtra. Elle a pour thème :

Sur les sources prétendues de la connaissance humaine.

Depuis presque deux mille cinq cents ans, il y a cette chose que l'on appelle théorie de la connaissance. Et, des philosophes grecs aux membres du Cercle de Vienne, la question fondamentale de cette théorie de la connaissance était la *question des sources de nos connaissances.*

---

2. Il s'agit de l'introduction à mon livre *Conjectures et Réfutations,* paru en 1963 [*Conjectures and Refutations,* Londres, Routledge and Kegan Paul] (huitième réédition en 1981, trad. fr. de M.-I. et M.B. de Launay, Paris, Payot, 1985). Sous le titre *Vermutungen und Widerlegungen,* une traduction allemande est en cours.

Dans l'un des textes du Rudolf Carnap de la maturité — Carnap, l'une des têtes du Cercle de Vienne —, nous pouvons lire ceci :

Lorsque tu avances une assertion, il te faut aussi la légitimer. Ce qui signifie que tu dois être à même de répondre aux questions suivantes :

D'où sais-tu cela ? Sur quelle *source* s'étaye ton assertion ? Quelles *perceptions* en font-elles le substrat ?

Je trouve cette tresse de questions tout à fait insatisfaisante, et, dans cette conférence, je veux tenter de produire quelques-unes des *raisons* pour lesquelles je trouve ces questions si insatisfaisantes.

La raison majeure en est que ces questions présupposent une conception autoritaire du savoir humain. Elles présupposent que nos assertions sont recevables quand et seulement quand nous pouvons invoquer l'autorité des *sources de la connaissance,* particulièrement celle de nos *perceptions.*

Ce à quoi j'oppose qu'il n'y a pas de telles autorités et qu'un *moment d'incertitude* grève *toutes* assertions ; même toutes celles appuyées sur une *perception,* voire toutes les assertions *vraies.*

Je proposerai donc ici de remplacer par une tout autre question la vieille question des sources de la connaissance. Dans la théorie de la connaissance, le questionnement traditionnel présente une certaine similitude avec le questionnement traditionnel de la théorie politique, et cette similitude peut nous aider à découvrir un questionnement nouveau et de meilleur aloi dans la théorie de la connaissance.

Car la traditionnelle question fondamentale des sources d'autorité de la connaissance correspond à la traditionnelle question fondamentale de la philosophie politique, telle qu'avancée par Platon, j'entends par là la question : « Qui doit régner ? »

Question qui exige une réponse d'autorité. Traditionnellement, il était répondu : « Les meilleurs », ou : « Les plus sages. » Mais ce questionnement autoritaire laissait aussi entendre d'autres réponses, apparemment plus soucieuses de liberté, telles que : « Le peuple », ou : « La majorité. »

Elle nous entraîne d'ailleurs aussi vers de sottes alternatives, comme : « Qui doit dominer, les capitalistes ou les travailleurs ? » (Question analogue à la question gnoséologique : « Quelle est la source ultime de la connaissance ? L'intellect ou la perception sensorielle ? »)

Manifestement, la question de savoir qui doit régner est mal posée, et les réponses qu'elle appelle sont autoritaires. (Elles sont aussi paradoxales.)

Or je propose qu'on lui substitue un tout autre questionnement, bien plus modeste. Disons : « Que pouvons-nous faire pour donner à nos institutions politiques une forme telle que des souverains médiocres ou incapables (nous tentons bien sûr de nous en passer, le risque n'en est pas moins bien réel) ne puissent causer de dégâts que minimes ? »

Je crois que, faute de modifier de la sorte notre questionnement, nous ne pourrons jamais espérer en arriver un jour à une théorie raisonnable de l'État et de ses institutions.

[À la question de Platon, « Qui doit régner ? », nous en substituons une meilleure, et plus modeste : la question de la forme de gouvernement qui permet de se débarrasser, sans effusion de sang, d'un gouvernement tyrannique, ou mauvais, pour toute autre raison. Et nous observons alors que la forme de gouvernement, nommée « démocratie » il y a deux mille cinq cents ans à Athènes, était une tentative de répondre très exactement à cette question. Mission principale de la démocratie, comme on l'appelait : éviter un régime tyrannique, et, si possible, pour toujours.

« Démocratie » (en grec : « pouvoir du peuple »), c'est malheureusement un nom source de bien des confusions. Car le peuple ne règne pas ; et ne doit pas non plus régner, car le pouvoir de la majorité peut aisément dégénérer en une affreuse tyrannie. Mais les démocraties, comme on les appelle, en butte aux problèmes qui se posaient pratiquement à elles, se sont fixé pour objectif, malgré leur nom, d'élaborer des Constitutions qui mettent largement en œuvre — et même, certes, si ce n'est pas de manière parfaite — les idées de justice, d'humanité et surtout de liberté au sein de la légalité. En tout cas, par le moyen de la Constitution, elles tentent, même si elles n'y parviennent pas toujours, de se prémunir contre l'instauration d'une tyrannie.

Que le terme de démocratie ait perduré, voilà qui montre que, malheureusement, la théorie platonicienne et la question « Qui doit régner ? » ont maintenu leur empire, quoique, par chance, en pratique, la démocratie tente de résoudre des problèmes de la politique qui sont d'une importance décisive.][3]

La démocratie, à mon avis, ne peut être fondée en théorie que comme réponse à cette question autrement plus modeste. La réponse : la démocratie nous permet de nous débarrasser sans effusion de sang de souverains médiocres, ou incapables, ou tyranniques.

De manière tout à fait semblable, à la question des sources de la connaissance on peut substituer une tout autre question. La question traditionnelle était, et est encore : « Quelles sont les meilleures sources de la connaissance, les plus fiables — des sources qui ne nous égareront pas et auxquelles nous pouvons en appeler comme à la dernière instance, en cas de doute ? »

Je propose de partir de l'hypothèse suivante : de telles sources de la connaissance, idéales et infaillibles, il y en a aussi peu que des souverains idéaux et infaillibles ; toutes les « sources » de la connaissance nous induisent parfois en erreur. Et je propose de remplacer la question des sources de la connaissance par une autre, fondamentalement différente : «Y a-t-il une voie qui nous permette de déceler des erreurs et de les éliminer ? »

3. Entre crochets, nous avons inséré une variante du texte allemand, introduite par K. Popper entre le 6e et le 9e tirage, c'est-à-dire entre la version parue sous l'ISBN 3-492-10699-4 et celle parue sous l'ISBN 3-492-20699-7. (N.d.T.)

Comme bien des questions d'inspiration autoritaire, celle des sources de la connaissance est elle aussi une question portant sur l'origine. On s'y interroge sur l'origine de la connaissance, on croit que celle-ci peut se légitimer en excipant de son arbre généalogique. L'idée métaphysique (souvent inconsciente) qui en fait le substrat est celle d'une connaissance racialement pure, d'une connaissance inaltérée, d'une connaissance fille de la plus haute autorité, de Dieu même s'il se peut, et ainsi titulaire de l'autorité d'une aristocratie spécifique. Quant au questionnement dont je modifie la formulation, « Que pouvons-nous faire pour débusquer des erreurs ? », il exprime la conviction qu'il n'y a pas de telles sources pures, inaltérées et infaillibles, et que l'on n'a pas le droit de confondre la question de l'origine et de la pureté avec celle de la validité et de la vérité. La perspective que je défends ici est ancienne et remonte à Xénophane. Xénophane déjà savait, près de 500 ans av. J.-C., que ce que nous appelons savoir n'est rien que l'art de deviner et de se faire une opinion — *doxa* et non *epistémé* —, comme nous l'enseignent ses vers :

> Les dieux n'ont pas révélé toutes choses aux hommes dès le commencement ; mais, en cherchant, ceux-ci trouvent avec le temps ce qui est le meilleur.

> Il n'y eut dans le passé et il n'y aura jamais dans l'avenir personne qui ait une connaissance certaine des dieux et de tout ce dont je parle. Même s'il se trouvait quelqu'un pour parler avec toute l'exactitude possible, il ne s'en rendrait pas compte par lui-même. Mais c'est l'opinion qui règne partout[4].

N'empêche, de nos jours encore, on pose toujours la question traditionnelle des sources d'autorité de notre savoir

---

4. Trad. Jean Voilquin, in *Les Penseurs grecs avant Socrate,* Paris, Garnier-Flammarion, 1964, p. 64 et p. 66.

— très souvent même chez les positivistes et autres philosophes, persuadés de se révolter contre toute autorité.

La réponse correcte à ma question — « Quelles chances avons-nous de discerner nos erreurs et de les éliminer ? » — me semble être la suivante : « Par la critique des théories et des conjectures d'autres que nous et — au cas où nous pouvons nous éduquer dans ce sens — par la critique de nos propres théories et essais spéculatifs de solution. » (Du reste, une telle critique de nos propres théories est certes hautement souhaitable, mais non pas indispensable ; car si nous n'en avons nous-mêmes pas les moyens, il s'en trouvera d'autres qui le feront pour nous.)

Réponse résumant une conception que l'on peut représenter sous le nom de « rationalisme critique ». Mode d'intuition, attitude et tradition dont nous sommes redevables aux Grecs. Elle se distingue fondamentalement du « rationalisme » ou de l'« intellectualisme » proclamés par Descartes et son école, et même de la théorie kantienne de la connaissance. Dans la sphère de l'éthique et du discernement moral, toutefois, le principe kantien de l'*autonomie* en est très proche. Principe exprimant l'idée de Kant que nous n'avons jamais le droit de reconnaître le commandement d'une autorité, si majestueuse soit-elle, pour fondement de l'éthique. Nous trouvons-nous confrontés à l'injonction émanant de quelque autorité, qu'il nous revient toujours, à nous, de juger moyennant critique s'il est moralement admissible d'obtempérer. Il se peut que cette autorité ait la puissance d'imposer ses injonctions, et que nous n'ayons pas le pouvoir de lui opposer résistance. Mais s'il nous est physiquement possible de commander nos actes, nous ne pouvons nous soustraire à notre responsabilité ultime. Car la décision critique est dans nos mains : nous pouvons obtempérer ou ne pas obtempérer ; nous pouvons reconnaître l'autorité ou la récuser.

Avec courage, Kant a aussi appliqué cette idée à la sphère de la religion : pour lui, c'est à nous qu'incombe la responsabilité de trancher si les articles d'une religion sont à reconnaître comme bons ou à répudier, comme étant mauvais.

Au regard de cette audacieuse prise de position il semble à vrai dire étrange que, dans sa *Théorie de la science,* Kant n'adopte pas la même attitude, celle du rationalisme critique, de la recherche critique de l'erreur. Il me semble bien clair que seule *une* chose ait dissuadé Kant de faire ce pas : le crédit qu'il faisait à l'autorité de Newton dans le domaine de la cosmologie. Crédit qui tenait au succès presque incroyable de la théorie de Newton face aux contre-expertises les plus rigoureuses.

Si mon interprétation de Kant est correcte, alors le rationalisme critique — et de même l'empirisme critique, dont je suis aussi un partisan — est un complètement de la philosophie critique de Kant. Complètement qui ne fut possible qu'avec Albert Einstein nous enseignant que la théorie de Newton, malgré son succès écrasant, pourrait pourtant bien être fausse.

Ma réponse à la question traditionnelle de la théorie de la connaissance : « D'où tiens-tu cela ? Quelle est la source, le fondement de ton assertion ? Quelles observations en font le substrat ? » est donc la suivante :

« Je ne dis pas du tout que je *sais* quelque chose : mon assertion, je ne l'entendais que comme une conjecture, une hypothèse. Et nous n'allons pas non plus nous occuper de la source ou des sources possibles de ma conjecture : des sources possibles, il y en a beaucoup, et je suis loin de me les représenter toutes clairement. Quant à son origine et à ses tenants, ils n'ont que peu à voir avec la vérité. Mais si le problème que je voulais essayer de résoudre avec ma conjecture t'intéresse, tu peux me rendre un service. Essaie de la critiquer objectivement, aussi rigoureusement que tu peux ! Et si tu peux imaginer une expérimentation dont l'issue, à ton avis, pourrait la réfuter, je suis disposé à te prêter main-forte, dans toute la mesure de mes moyens. »

Pour être exact : cette réponse ne vaut, néanmoins, que si l'assertion en question est du ressort des sciences de la nature, et non, disons, une assertion historique. Car, si l'assertion mise à l'essai se réfère à un point d'histoire, toute discussion critique sur sa justesse doit aussi traiter de la question des *sources* — même s'il ne s'agit pas des sources « ultimes » et des sources d'« autorité ». Sur le fond, pourtant, ma réponse serait la même.

Je voudrais maintenant résumer les résultats de notre débat. Je leur donnerai la forme de huit thèses :

1. Il n'y a pas de sources ultimes de la connaissance. Toute source, tout motif, nous leur faisons bon accueil, mais ils sont aussi l'objet d'une vérification critique. Pour autant qu'il n'y va pas de questions historiques, nous inclinons à vérifier les faits avancés mêmes plutôt que de sonder les sources de nos informations.

2. Les questions de théorie de la science n'ont à proprement parler rien à voir avec la question des sources. Ce que nous nous demandons, c'est bien plutôt si telle assertion est vraie — autant vaut dire : si elle concorde avec les faits.

Quand nous entreprenons ainsi un examen critique de la vérité, nous pouvons recourir à tous les genres d'arguments imaginables. Au premier rang de nos méthodes, il nous incombe de garder un regard critique sur nos propres théories et, tout particulièrement, de rechercher leurs possibles contradictions avec les faits que nous observons.

3. Abstraction faite de nos connaissances innées, la tradition est de loin la source éminente de notre savoir.

4. Le fait que, pour la plupart, les sources de notre savoir reposent sur des traditions montre l'inconsistance de l'hostilité à la tradition, autrement dit de l'antitraditionalisme. Fait dont, cependant, on ne doit pas considérer qu'il conforte le traditionalisme ; car il n'y a pas la moindre parcelle du savoir qui nous est transmis (voire dans nos connaissances innées) qui soit à l'abri de l'investigation critique et, le cas échéant, de sa subversion. Néanmoins, sans tradition, toute connaissance serait impossible.

5. La connaissance ne peut trouver son départ dans le néant — par *tabula rasa*, mais pas non plus dans l'observation. La progression du savoir consiste en sa modification : le savoir antérieur est soumis à correction. Assurément, il est parfois possible d'avancer d'un pas grâce à une observation ou à une découverte fortuite ; mais, en général, la portée d'une observation ou d'une découverte dépend des possibilités qu'elle nous offre de modifier des théories *déjà existantes.*

6. Ni l'observation ni la raison ne sont des autorités. D'autres sources — l'intuition et l'imagination intellectuelles, par exemple — ont une importance des plus considérables, mais elles non plus ne sont pas fiables : elles ont beau être parfaitement lumineuses, elles peuvent néanmoins nous égarer. Source magistrale de nos théories, elles sont à ce titre irremplaçables ; or la grosse majorité de nos théories est fausse. L'observation et la pensée logique, ainsi que l'intuition et l'imagination intellectuelles ont pour fonction essentielle de nous aider à la vérification critique des théories audacieuses dont nous avons besoin pour forcer le seuil de l'inconnu.

7. Ce qui est clair possède par là même sa propre valeur intellectuelle ; ce qui n'est le cas ni de l'exactitude ni de la précision. On n'atteint jamais la précision absolue ; et il est vain de vouloir être plus précis que ne l'exige la constellation aporétique. On se leurre en pensant que nous devons définir nos concepts pour en assurer la « précision » ou même pour leur donner un « sens ». Car toute définition doit en passer par le pouvoir de définition de concepts ; de telle sorte que nous ne pouvons jamais éviter, à la fin des fins, de travailler avec des concepts non définis. Insignifiants sont les problèmes qui ont pour objet l'acception ou la définition d'un mot. Disons même que des problèmes purement verbaux de ce genre doivent être évités à tout prix.

8. La solution d'un problème engendre toujours de nouveaux problèmes, irrésolus. Lesquels sont d'autant plus intéressants

qu'était plus difficile le problème initial et plus audacieuse la solution que l'on a cherché à lui donner. Plus nous en apprenons sur le monde, plus nous approfondissons nos connaissances, et plus est lucide, éclairant et fermement circonscrit le savoir que nous avons de *ce que nous ne savons pas,* le savoir que nous avons de notre ignorance. C'est le caractère nécessairement limité de notre savoir qui est la source principale de notre ignorance, alors que, nécessairement, notre ignorance n'a pas de limites.

Nous pressentons l'incommensurabilité de notre ignorance quand nous contemplons l'incommensurable firmament. Certes, les dimensions de l'univers ne sont pas la cause première de notre ignorance ; mais elles en sont une des causes.

Je crois qu'il vaut la peine d'essayer d'en savoir plus sur le monde, même si tout ce que nous en retirons n'est rien que l'idée par quoi nous discernons combien nous en savons peu. Il nous serait bénéfique de nous souvenir parfois que, dans le peu que nous savons, nous pouvons différer fort les uns des autres, mais que, illimitée, notre ignorance nous fait égaux les uns aux autres.

Si donc nous faisons nôtre l'idée selon laquelle, aussi loin que nous soyons avancés dans l'inconnu, l'orbe tout entier de notre savoir ne connaît pas d'autorité qui planerait au-dessus de toute critique, alors, sans risquer de succomber au dogmatisme, nous pouvons nous tenir fermement à l'idée que la vérité elle-même excède toute autorité humaine. Non, nous ne pouvons pas, nous devons nous y tenir. Sans elle, en effet, il n'y a pas de critères objectifs de la recherche scientifique, pas de critique de nos essais de résolution des problèmes, pas de tâtonnements vers l'inconnu et pas d'aspiration à la connaissance.

4

SCIENCE ET CRITIQUE

L'ancien d'Alpbach que je suis se réjouit fort d'avoir été convié aux festivités du trentième anniversaire du Forum ; mais je n'y ai consenti qu'après quelque hésitation. Il ne me paraissait guère possible de m'exprimer en trente minutes de manière raisonnable et intelligible sur notre thème d'ensemble, tellement vaste : « L'évolution intellectuelle et scientifique des trente dernières années[1]. » Si la muse des mathématiciens ne me laisse pas en plan, je ne dispose en effet que d'une minute par année de cette histoire ! Je ne peux donc gaspiller le temps qui m'est imparti en multipliant les excuses, il me faut commencer.

I

Comme le titre que j'ai choisi, « Science et critique », vous le fait entrevoir, je prévois de larguer plus ou moins l'évolution intellectuelle et de me pencher, pour l'essentiel, sur l'évolution de la science. La raison en est tout simplement que je n'ai pas

---

1. Conférence tenue en août 1974 à l'occasion de la célébration du Trentenaire du Forum européen d'Alpbach. Première parution in *Idee und Wirklichkeit — 30 Jahre Europäisches Forum Alpbach,* Vienne & New York, Springer Verlag, 1975.

une haute idée de l'évolution intellectuelle ou du développement de la culture des trente dernières années.

Domaine où, naturellement, je ne suis pas grand clerc puisque je ne suis pas un philosophe de la culture. Mais il me semble que l'on peut ranger l'évolution intellectuelle des trente dernières années, nonobstant toutes les tentatives de produire du nouveau, sous le titre de Remarque, « À l'Ouest, rien de nouveau ». À l'Est non plus, je le crains, « rien de nouveau » — sauf à vouloir considérer comme un développement intellectuel la conversion à la bombe atomique de l'Inde du Mahatma Gandhi.

Développement qui, venu de l'Ouest en Inde, à l'idée de la non-violence substitue l'idée de la violence. Pour nous, rien, hélas, de nouveau. Quelques-uns de nos philosophes occidentaux de la culture, les prophètes du déclin et de la violence, l'avaient prêché depuis longtemps déjà ; maintenant, de manière tout à fait conséquente, après la théorie, voici le passage à la violence en actes.

Mais n'y a-t-il pas aussi quelque chose de réjouissant dans le monde de l'esprit ? Je crois que oui. Souvent, la joie me prend à l'idée que la musique des grands maîtres du temps passé est de nos jours accessible à bien plus d'hommes, et qu'elle en comble de gratitude, d'espoir et d'enthousiasme en bien plus grand nombre que, il y a trente ans, on n'en aurait ne serait-ce que rêvé. Œuvres dont certes l'on peut dire :

> Les merveilles de la création sont inexplicabes
> et magnifiques comme à son premier jour[2]

Oui-da, on dirait que chaque jour augmente leur splendeur.

C'est une des merveilles de notre époque que l'intelligence témoignée aux grandes œuvres d'art du passé, et il faut le

---

2. *Faust* I, v. 249-250, trad. G. de Nerval, Paris, Gallimard, Bibliothèque de la Pléiade, 1988, p. 1133.

reconnaître, c'est là pour une part le mérite de la technique, gramophone, radio, télévision. Technique ici au service de véritables besoins intellectuels. Faute d'un tel intérêt pour les œuvres du passé, on ne les jouerait ni ne les montrerait si souvent. Dans ce domaine, cette évolution est l'évolution intellectuelle capitale, la plus révolutionnaire et la plus porteuse d'espoir que je connaisse dans ces trente dernières années.

Je voudrais m'arrêter maintenant sur mes deux thèmes propres : l'évolution des sciences de la nature dans les trente dernières années et, mon propos principal, la science et la critique.

II

Devant parler ici de l'évolution des sciences, il me faut manifestement procéder à un choix très sévère. Il obéit à un principe bien simple : je parlerai des quelques développements scientifiques qui m'ont le plus captivé et ont le plus imprégné mon image du monde.

Mon choix, bien sûr, est en rapport étroit avec mes conceptions de la science et du critère de la scientificité. L'ouverture à la critique, la critique rationnelle, tel est ce critère. Dans les sciences empiriques, c'est l'ouverture à la critique des vérifications empiriques ou la réfutabilité empirique.

Il est clair que, pour des raisons de temps, je ne peux m'exprimer que très brièvement sur l'ouverture à la critique.

À mes yeux, l'art, le mythe, la science et même la pseudo-science ont en commun la phase créatrice qui nous découvre les choses sous un nouveau jour et tente d'expliquer le monde de la quotidienneté par l'intermédiaire de mondes occultes. Mondes fantastiques que détestait le positivisme. C'est pour cette raison qu'Ernst Mach, le grand positiviste viennois, était lui aussi un adversaire de la théorie des atomes. Qui s'est pourtant imposée, et toute notre physique, pas seulement celle de la structure de la matière et des atomes, mais aussi celle des champs électriques et magnétiques et des champs gravitationnels, est une description de mondes produits de la spéculation, cachés, ainsi que nous le présumons, derrière le monde objet de notre expérience.

Comme dans l'art, ces mondes spéculés sont des produits de notre imagination, de notre intuition. Dans la science, toutefois, ils sont contrôlés *par la critique :* la critique scientifique, la critique rationnelle est guidée par l'idée régulatrice de la vérité. Nous ne pouvons jamais justifier nos théories scientifiques car nous ne pouvons jamais savoir si elles ne s'avéreront pas fausses. Mais nous pouvons les soumettre à examen critique : la critique rationnelle se substitue à la justification. La critique tient l'imagination en laisse, mais sans la ligoter.

La critique rationnelle, guidée par l'idée de la vérité, est donc ce qui caractérise la *science* alors que l'imagination est bien commun à toutes les puissances créatrices, qu'il s'agisse de l'art, du mythe ou de la science. Je me bornerai donc, pour ce qui suit, aux développements dans lesquels ces deux éléments, l'imagination et la critique rationnelle, prennent une place de tout premier plan.

III

Et pour commencer, une observation sur les mathématiques.

Du temps de mes études, forte était sur moi l'emprise du remarquable mathématicien viennois Hans Hahn, lequel, de son côté, avait été marqué par les *Principia Mathematica,* le grand ouvrage de Whitehead et Russell porteur d'une vision du monde (*weltanschaulich*) excitante : les mathématiques seraient réductibles à la logique, ou, plus précisément, pouvaient être logiquement dérivées de la logique. Au commencement, nous aurions affaire à quelque chose d'indubitablement logique ; puis, par voie de déduction, nous procédons en toute rigueur logique et nous aboutissons de cette manière à quelque chose d'indubitablement mathématique.

C'était là, semblait-il, plus qu'un audacieux programme : dans les *Principia Mathematica,* ce programme de recherches paraissait réalisé. Les *Principia* commençaient avec la logique de la déduction, le calcul des propositions et, plus restreint, le calcul des fonctions, dont ils dérivaient le calcul des classes, sans se prononcer sur leur existence, puis la théorie abstraite des ensembles, fondée au XIXᵉ siècle par Georg Cantor. Et les *Principia* ne ménageaient pas leurs efforts pour démontrer la thèse, guère contestée même aujourd'hui, selon laquelle on peut construire le calcul différentiel et le calcul intégral comme une partie de la théorie des ensembles.

Mais les *Principia* de Whitehead et Russell furent bientôt la cible de vives critiques, et, il y a quarante ans environ, la situation se présentait encore de la manière suivante : on pouvait distinguer trois écoles. Tout d'abord, celle des logicistes, affirmant que les mathématiques sont réductibles à la logique ; Bertrand Russell en était le chef de file — à Vienne, c'étaient Hans Hahn et Rudolf Carnap. Ensuite, les axiomaticiens, plus tard appelés aussi les formalistes : ils ne dérivaient pas la théorie des ensembles de la logique, ils entendaient introduire un système d'axiomes formel, semblable à la géométrie euclidienne. Parmi les plus représentatifs, nous nommerons Zermelo, Fraenkel, Hilbert, Bernays, Ackermann, Gentzen et von Neumann. Les intuitionnistes, comme on les appelait, formaient le troisième groupe, avec, parmi eux, Poincaré, Brouwer et, plus tard, Hermann Weyl et Heyting.

Situation captivante, mais, pouvait-on croire, sans issue. Entre les deux mathématiciens les plus considérables et les plus productifs qui étaient impliqués dans la controverse, Hilbert et Brouwer, les relations se tendirent, teintées d'une forte animosité personnelle. Bien des mathématiciens ne considéraient pas seulement que la querelle qui se déroulait autour des fondements de leur science était stérile, mais dénonçaient l'ensemble du projet fondamental.

Il y a quarante-quatre ans, Kurt Gödel, mathématicien né à Vienne, s'immisça dans le débat. Gödel avait fait ses études à Vienne, où l'on penchait nettement en faveur du logicisme, les deux autres courants n'en faisant pas moins l'objet d'une réelle attention. Les premières conclusions d'importance auxquelles parvint Gödel — il démontra la complétude du calcul logique des fonctions — avaient leur départ dans les problèmes de Hilbert et pouvaient être franchement portées au crédit du formalisme. Second résultat auquel parvint Gödel : sa démonstration géniale de l'incomplétude des *Principia Mathematica* et de la théorie des nombres, que les trois écoles rivales essayèrent de s'approprier chacune pour son compte.

C'était là en fait le commencement de la fin — la fin de ces trois écoles. Et c'était, à mon avis, la naissance d'une nouvelle philosophie des mathématiques. Aujourd'hui, la situation est fluctuante, on peut néanmoins la résumer comme suit :

On doit renoncer à la thèse de Russell selon laquelle les mathématiques sont réductibles à la logique. Elles ne sont pas complètement réductibles à la logique ; elles ont même permis un affinement substantiel et, la formule est licite, une correction critique de la logique : une correction critique de notre intuition logique, et la perception (*Einsicht*) critique de ce que la portée de notre intuition logique est limitée. D'un autre côté, les mathématiques ont montré que l'intuition est capitale et qu'elle est susceptible de développements. La plupart des idées novatrices sont le fruit de l'intuition, quant aux autres, elles sont le résultat de la réfutation critique d'idées surgies de l'intuition.

Il n'y a pas, dirait-on, *un* système des fondements des mathématiques, mais diverses voies permettant de les structurer, elles ou leurs diverses ramifications. Je dis : « structurer », et non « fonder », car pour ce qui est d'une fondation ultime, d'une détermination assurée des fondements, il ne semble pas y en avoir : démontrer qu'une structure défie toute objection, nous ne le pouvons que pour des systèmes fragiles. Et Tarski nous a appris que des régions considérables des mathématiques sont *essentiellement* incomplètes, autrement dit, que ces systèmes peuvent être étayés mais jamais de telle manière qu'en eux nous pourrions démontrer toutes les propositions vraies pertinentes. Comme les théories des sciences de la nature, la plupart des théories mathématiques sont hypothético-déductives : les mathématiques pures sont donc autrement plus proches des sciences de la nature (dont les hypothèses sont des conjectures) qu'il n'avait paru jusqu'à il y a peu.

Gödel et Cohen ont aussi réussi à fournir la preuve que l'hypothèse du continu, comme on l'appelle, n'est *ni réfutable ni démontrable* avec les instruments de la théorie des ensembles en usage jusqu'à maintenant. Cette fameuse hypothèse, dont Cantor et Hilbert avaient présumé qu'elle est démontrable, est donc indépendante de la théorie actuelle. Cette théorie, naturellement, peut être confortée par un supplément d'hypothèses, de telle sorte que la proposition devienne démontrable, mais on peut également l'étayer de telle manière qu'elle devienne réfutable.

Nous en venons maintenant à un exemple intéressant, qui montre que les mathématiques peuvent corriger nos intuitions logiques[3]. L'allemand, l'anglais, le grec et bien d'autres langues européennes l'attestent, à suivre notre intuition logique, le mot « irréfutable » (*unwiderlegbar,* et plus nettement encore peut-être : *unwiderleglich*) signifie tout bonnement « irréfutablement vrai » ou « vrai en toute certitude ». Si, qui plus est, l'irréfutabilité d'une proposition est même *démontrée* (comme dans la démonstration par Gödel de l'irréfutabilité de l'hypothèse du continu), alors, à suivre notre intuition logique, la proposition elle-même aura été démontrée, car son irréfutable vérité l'a été.

---

3. Ce qui fut souligné d'abord par Brouwer. Cf. L.E.J. Brouwer, *Tijdschrift v. Wijsbegeerte 2,* 1908, pp. 152-158.

Argument réfuté par ceci que Gödel, qui démontra l'irréfutabilité de l'hypothèse du continu, conjecturait simultanément aussi que cette proposition irréfutable est indémontrable[4] (et qu'elle est donc de nature *problématique*). Par la suite, Paul Cohen démontra la justesse de cette conjecture[5].

Les travaux pionniers de Gödel, Tarski et Cohen que j'ai ici brièvement mentionnés se réfèrent tous à la théorie des ensembles, à la prodigieuse théorie de Cantor de l'*infini actuel*. Pour ce qui est de cette dernière, elle trouvait, pour l'essentiel, son motif initial dans le problème suivant : créer les fondements de l'analyse, c'est-à-dire du calcul différentiel et du calcul intégral qui, sous leur forme primitive en particulier, opéraient avec la notion de l'infiniment petit. Notion que, en leur temps déjà, Leibniz et d'autres théoriciens de l'infini potentiel considéraient comme un simple expédient ; le grand maître, Cantor, ses disciples et même bien de ses critiques le rejetaient explicitement, le jugeant erroné : l'infini actuel fut limité à l'infiniment grand. Il est donc du plus haut intérêt qu'en 1961 un « second Cantor » (l'expression est d'A. Fraenkel[6]) soit apparu, qui conçut une théorie rigoureuse de l'infiniment petit actuel, l'exposant dans tous ses détails en 1966[7]. L'auteur de cette théorie, Abraham Robinson, vient hélas de mourir, aux États-Unis.

Mes remarques sur la logique mathématique et les mathématiques ne sont bien sûr qu'une ébauche. Mais j'ai essayé de signaler quelques-uns des développements les plus intéressants dans ce domaine inépuisable de l'infini, développements qui ont bel et bien leurs racines dans le traitement critique des problèmes. Gödel, Tarski et Robinson en particulier sont des

4. Cf. Kurt Gödel, *Am. Math. Monthly* 54, 1947, pp. 515-525.

5. Paul J. Cohen, *Proc. Nat. Acad. Sci USA* 50, 1963, pp. 1143-1148 et 51, 1964, pp. 105-110.

6. A.H. Fraenkel, *Einleitung in die Mengenlehre,* 3e éd., Berlin, Springer, 1928.

7. A. Robinson, *Proc. Royal Dutch Academy,* série A 64, 1961, pp. 432-440 ; *Non-Standard Analysis,* Amsterdam, 1966.

critiques. L'œuvre de Gödel trouve son sens dans la critique qu'elle fait de toutes les orientations de recherche qui faisaient école il y a quarante ans : logicisme, formalisme et intuitionnisme. Simultanément, elle trouve son sens dans la critique du positivisme, lequel, dans le Cercle de Vienne dont Gödel était membre, avait largement sa place. Et la critique de Gödel était fondée sur son intuition mathématique, sur l'imagination mathématique, qui lui servait de guide, certes, mais qu'il ne revendiqua jamais comme autorité : toujours, elle devait soutenir la vérification par la méthode rationnelle, critico-discursive.

IV

Je me tourne maintenant pour quelques instants vers la cosmologie, science suprême, peut-être, du point de vue philosophique.

Ces trente dernières années, la cosmologie a connu des développements incroyables. Mais auparavant déjà, ce que Newton appelait le système du monde — le système solaire — était devenu une péripétie. Dans l'entre-deux-guerres, sous l'influence des théories d'Einstein et des méthodes de Hubble, la cosmologie proprement dite, la théorie des îles du monde et des systèmes de galaxies fondée par Kant[8], avait largement été élaborée, la théorie de Hubble d'un univers en expansion avait semblé faire ses preuves. Les résultats obtenus par la radio-astronomie, approfondis après la Seconde Guerre mondiale en Angleterre d'abord puis en Australie, semblèrent d'abord bien convenir à cet ensemble. Une théorie, à mes yeux fort élégante et satisfaisante, de l'univers en expansion, celle de Bondi, Gold et von Hoyle, put même être contrôlée selon des méthodes radio-astronomiques

8. E. Kant, *Histoire générale de la nature et théorie du ciel,* 1755, trad. fr. P. Kerszberg, A.-M. Roviello, J. Seidengart, Paris, Libraire philosophique Vrin, 1984 ; cf. aussi H.J. Treder in *Die Sterne* 50, cahier 2, p. 67, n. 4 : « Kant et lui seulement [...] est le fondateur de la théorie de "l'île du monde". »

et, semble-t-il, réfutée, au profit de la théorie plus ancienne de l'expansion par explosion. Mais la constante d'éloignement de Hubble fut réduite à un dixième de sa valeur, et l'expansion des galaxies les plus vastes multipliée par 150. Et bien d'autres des résultats acquis furent mis en cause par la radio-astronomie ; face à quelques-unes des découvertes parfaitement révolutionnaires de la cosmologie, nous paraissons aussi désarmés que s'agissant, en politique, de construire la paix. Il semble y avoir des corps de type stellaire de masse et de densité sans précédent connu jusqu'à maintenant, et les images que nous nous faisions de galaxies se disloquant dans l'harmonie pourraient bien céder la place à la théorie d'une série sans fin de catastrophes en chaîne.

Cependant, contre toute attente, la radio-astronomie annonça une époque exaltante et révolutionnaire dans l'histoire de la cosmologie. Révolution comparable à celle déclenchée par la lunette de Galilée.

C'est le moment de faire une remarque. On affirme souvent que l'histoire des découvertes scientifiques dépend de l'invention, purement technique, de nouveaux instruments. Je crois au contraire que l'histoire de la science est, pour l'essentiel, une histoire des idées. Les verres grossissants étaient connus longtemps avant que Galilée eût l'idée d'en faire usage dans une lunette astronomique. La radio-télégraphie, comme on sait, est une application de la théorie de Maxwell, remontant elle-même à Heinrich Hertz.

Et comme les ondes en question (d'après la théorie) sont des ondes lumineuses invisibles, l'hypothèse n'était pas saugrenue selon laquelle bien des étoiles émettent non seulement de la lumière, mais aussi des signaux radio. De plus, depuis longtemps — depuis les travaux de Hess, professeur à Innsbruck —, les physiciens manifestaient de l'intérêt pour la radiation cosmique, ainsi qu'on l'appelle. Il est donc plutôt surprenant que l'on n'ait pas procédé à des expériences de radioastronomie vingt ans plus tôt, après la découverte du télescope. L'explication en est que personne n'y songeait sérieusement : ce qui manquait, c'était l'idée, l'imagination. Et lorsqu'elle se présenta, elle mena à des découvertes inattendues et renversantes. Une nouvelle idée — une nouvelle théorie — agit comme un nouvel organe des sens — qu'elle influe ou non sur la technique.

V

Depuis Newton au moins, la cosmologie est une branche de la physique, et c'est comme telle que Kant, Mach, Einstein, Eddington et d'autres lui donnèrent ses prolongements. En particulier, Einstein, Eddington, Erwin Schrödinger et Wolfgang Pauli qui, comme Schrödinger, était un Viennois de naissance, ont produit d'intéressantes réflexions sur les relations qu'entretiennent la structure de la matière, les atomes, d'une part, et la cosmologie d'autre part[9]. Il y a quarante ans de cela, et, depuis, on a plus ou moins délaissé ces idées, malgré que quelques grands physiciens, à commencer par Einstein, Werner Heisenberg et Cornelius Lanczos, aient travaillé à une homogénéisation de l'image physique du monde.

Et pourtant, tout récemment, les spéculations de Pauli sur les rapports des champs de neutrinos avec la gravitation ont fait l'objet d'un renouveau d'intérêt, à la suite des résultats inattendus d'expérimentations sur le flux de neutrinos apparemment absent dans l'énergie solaire. Hans-Jürgen Treder, le cosmologue et physicien de Potsdam, a tenté de dériver ce résultat expérimental négatif sur la base de la théorie de la relativité générale dans la forme qu'il lui a donnée, en recourant à l'hypothèse avancée en 1934 par Pauli. C'est peut-être là, espérons-le, le début d'un nouveau chapitre dans la série des essais visant à souder plus étroitement la cosmologie et la théorie de la matière. Dans tous

9. Cf. Wolfgang Pauli, *Physik und Erkenntnistheorie,* 1961, de même que W. Pauli et M. Fierz, *Helv. Phys. Acta* 15, 1939, p. 297.

les cas, il est remarquable que les attentes réfutées sur le mode critique par des expérimentations aient donné leur ressort à ces nouveaux essais.

VI

J'aimerais évoquer aussi les développements de la biologie, le cas peut-être le plus exemplaire dans l'évolution des sciences ces trente dernières années. Je ne songe pas seulement là à la percée unique en son genre de la génétique, percée réalisée par la théorie de James Watson et Francis Crick, et qui a déclenché une vague de travaux tout à fait essentiels et éclairants. Je pense aussi à l'essor des sciences du comportement, de la psychologie animale ; aux débuts d'une psychologie du développement d'inspiration biologique et à la réinterprétation du darwinisme.

En quoi a consisté la percée de Watson et Crick ? La notion de gène est relativement ancienne : l'œuvre de Gregor Mendel, peut-on dire, l'implique. Mais elle mit plus de temps à emporter la conviction que la théorie de la combustion de Lavoisier. Watson et Crick n'échafaudèrent pas seulement une théorie de la structure chimique des gènes, mais aussi une théorie chimique de leur duplication, et, en outre, une théorie des effets sur l'organisme du code de l'architectonique génétique. Et comme si cela ne suffisait pas, ils découvrirent, en outre, l'alphabet de la langue dans lequel est écrit le schéma de cette architecture : l'alphabet du code génétique.

C'est, que je sache, Erwin Schrödinger qui le premier fit la conjecture approximative du code génétique — Schrödinger dont le souvenir est si étroitement lié au nom d'Alpbach. Il écrivait : « Ce sont ces chromosomes, ou peut-être seulement un squelette fibreux axial de ce qui nous apparaît au microscope comme le chromosome, qui contiennent sous la forme d'une espèce de code, le modèle intégral du développement futur de l'individu et de son fonctionnement dans l'état adulte[10]. »

Dans les trente années qui suivirent, cette hypothèse de Schrödinger s'est vérifiée et a connu des développements extraordinaires, tandis que l'on réussissait à déchiffrer le code génétique moléculaire.

Sur la base de la théorie de Watson et Crick, ce miracle scientifique devint réalité du vivant encore de Schrödinger (il allait mourir la même année), le code finissant par être complètement déchiffré peu de temps après sa mort. On connaît maintenant l'alphabet, le lexique, la syntaxe et la sémantique (la théorie des significations, autrement dit) de la langue conjecturée par Schrödinger. Nous savons que chaque gène équivaut à la consigne d'élaborer une enzyme déterminée, et, à partir de la consigne inscrite dans le code génétique, nous pouvons lire la formule exacte (linéaire) de la structure chimique de l'enzyme en question. Nous sommes également renseignés sur la fonction de nombreuses enzymes. Mais si, partant de la formule codée d'un gène, nous pouvons lire la formule chimique de l'enzyme qui lui correspond, nous ne pouvons pas encore, partant de cette dernière, lire sa fonction biologique. Telle est la limite de nos connaissances sur la signification du code génétique.

Pour conclure, je tiens à mentionner aussi une idée importante et réjouissante des biologistes, liée elle aussi à l'œuvre de Schrödinger, quoiqu'il n'ait été ni le premier ni le dernier à travailler sur elle[11]. C'est l'aspect de la théorie darwinienne que Lloyd Morgan, Baldwin et d'autres ont appelé « sélection organique ». Schrödinger parlait d'une sélection darwinienne simulant un lamarckisme.

10. E. Schrödinger, *Qu'est-ce que la vie ? L'aspect physique de la cellule vivante,* trad. de l'anglais par Léon Keffler, Paris, Club français du livre, 1949, p. 35. [Nous avons repris le texte de cette traduction française. (*N. d. T.*)]

11. Schrödinger (*Mind and Matter,* 1958, p. 20) attribue à Julian Huxley l'idée de l'évolution organique ; or elle est bien plus ancienne, comme l'a montré, en particulier, sir Alister Hardy. Cf. son ouvrage, *The Living Stream,* 1965, p. ex. pp. 178 sq ; ainsi que mon livre *La Connaissance objective,* chap. 7.

Dans un premier temps, à l'opposé du lamarckisme, l'idée
maîtresse de Darwin ne semble laisser que peu de place dans
l'évolution aux modes de comportement individuels des
animaux et des végétaux — j'entends des comportements tels
que la prédilection marquée par un animal déterminé pour un
fourrage d'un nouveau genre ou pour une nouvelle technique
de chasse. L'idée nouvelle de la théorie de la sélection organique
est que, par le truchement de la sélection naturelle, de telles
formes nouvelles du comportement individuel influent, à titre
de cause, sur l'évolution de la souche. Idée qui est simple : on
peut mettre toute nouvelle forme de comportement sur le
même plan que le choix d'une nouvelle niche écologique. Par
exemple, la prédilection marquée pour un nouveau fourrage
ou pour la nidation sur des arbres d'un certain type signifie
aussi, si tant est que l'animal ne migre pas, qu'il a pris pied
dans un nouvel environnement. Mais, en faisant sien ce nouvel
environnement, cette nouvelle niche écologique, l'animal et
sa postérité s'exposent à de nouvelles influences et par là à
de nouvelles pressions sélectrices — lesquelles commandent
l'évolution génétique et déclenchent l'adaptation au nouvel
environnement. Simple et convaincante, cette théorie est
ancienne — comme le montre Alister Hardy, elle est plus
ancienne que celle de Darwin et même que celle de Lamarck[12]
— mais elle fut redécouverte dans les trente dernières années,
approfondie et soumise à vérification expérimentale, par
Waddington par exemple. Elle montre, bien plus clairement
que ne l'a fait Lamarck, que le comportement animal, le plaisir
d'explorer un territoire par exemple, la curiosité, les préférences
et les aversions peuvent avoir une influence décisive sur le
développement et l'histoire génétique de l'espèce.

12. À propos d'un manuscrit non publié du grand géologue écossais James Hut-
ton, où figure cette forme de darwinisme, Alister Hardy note (*op. cit.*) : « Cela fut écrit
[…] cinq ans avant la naissance de Darwin et douze ans avant que les idées évolution-
nistes ne fissent l'objet d'une publication. »

Pour l'organisme de tout individu, tout nouveau type de comportement a donc des conséquences souvent innovantes et révolutionnaires sur l'histoire de la souche. Ce qui revient à montrer que l'initiative individuelle joue un rôle actif dans l'évolution de type darwinien. Observation qui annule l'impression désolante et déprimante qui a fait si longtemps la réputation du darwinisme, comme s'il avait semblé que l'activité de l'organisme individuel ne pût jouer aucun rôle dans le mécanisme de la sélection.

Mesdames et messieurs, en conclusion, je tiens à dire simplement que les résultats étonnants du passé tout récent ne permettent pas d'en inférer de l'avenir de la science. À mes yeux, les nouvelles et gigantesques institutions de recherche scientifique représentent un sérieux danger pour elle. Les grands hommes de la science étaient des solistes épris de critique. Cela était vrai, naturellement, de Schrödinger et Gödel, de Watson et Crick aussi.

L'esprit de la science s'est modifié, en conséquence des formes organisées prises par la recherche. Il nous faut espérer que malgré tout il y aura toujours de grands solistes.

5

LA LOGIQUE DES SCIENCES SOCIALES

Dans ma communication sur la logique des sciences sociales, je voudrais partir de deux thèses, qui énoncent l'antagonisme de notre savoir et de notre ignorance[1].

Première thèse : nous savons quantité de choses — non seulement des détails d'un intérêt intellectuel douteux, mais surtout de ces choses qui non seulement sont de la plus grande importance pratique mais encore peuvent nous faire accéder à une profonde intelligence théorique et à une surprenante compréhension du monde.

Seconde thèse : sans limites, notre ignorance a de quoi nous dégriser. Et ce sont justement les progrès foudroyants des sciences de la nature (ceux que suggère ma première thèse) qui nous

1. Conférence inaugurale des Journées de la Société allemande de sociologie (*Deutsche Gesellschaft für Soziologie*) à Tübingen, en 1961. Première publication in *Kölner Zeitschrift für Soziologie und Sozialpsychologie,* 14e année, 1962, cahier 2, pp. 233-248. Ma communication devait servir de préambule à un débat. Le professeur Adorno avait été invité à le prolonger d'une communication qui, en parallèle, répondrait à la mienne : pour l'essentiel, il s'y déclara en accord avec moi. Mais dans le volume qui fut publié (*Der Positivismusstreit in der deutschen Soziologie*), Adorno commença par deux polémiques, sur près de cent pages ; suivait le texte de ma conférence, après quoi venaient la communication parallèle d'Adorno et d'autres essais qui n'avaient pas figuré au programme des Journées. Le lecteur du volume ne pouvait guère deviner que ma communication avait donné le coup d'envoi et que les cent premières pages agressives d'Adorno avaient été écrites bien plus tard (pour le volume).

dessillent régulièrement les yeux, nous rappelant notre ignorance, et ce précisément dans le domaine des sciences de la nature. Ainsi l'idée socratique du non-savoir a-t-elle pris un tout autre tour. Chaque fois que nous progressons d'un pas, que nous résolvons un problème, non seulement nous découvrons des problèmes nouveaux et non résolus, mais aussi découvrons-nous que là où nous nous imaginions sur un terrain ferme et assuré, tout en vérité est incertain et vacillant.

Mes deux thèses concernant le savoir et l'ignorance ne se contredisent, bien sûr, qu'en apparence. L'apparence de contradiction surgit principalement de ce que, du terme de « savoir », dans la première thèse, il est fait un usage quelque peu différent de la signification qu'il a dans la seconde. Mais les deux acceptions ont leur importance, les deux thèses aussi ; à tel point que je voudrais le formuler dans la troisième thèse que voici.

Troisième thèse : c'est une tâche absolument capitale et peut-être même la pierre de touche de toute gnoséologie que de rendre justice à nos deux premières thèses et que d'élucider la relation où rentrent notre savoir, dont l'augmentation permanente est étonnante, et l'idée, sans cesse augmentée, qui nous enseigne qu'à proprement parler nous ne savons rien.

Si l'on y réfléchit un peu, il va à vrai dire presque de soi que la logique de la connaissance doit embrayer là où règne la tension du savoir et de l'ignorance. Idée dont une conséquence importante se trouve formulée dans ma quatrième thèse ; avant de la présenter, je prie qu'on m'excuse pour toutes ces thèses encore à venir. Mon motif, c'est que l'on m'a suggéré de resserrer ma communication sous forme de thèses — une suggestion que j'ai trouvée fort judicieuse, quoique cette forme puisse évoquer le dogmatisme. Voici donc ma quatrième thèse.

Quatrième thèse : Si tant est que l'on puisse dire, dans l'absolu, que la science ou la connaissance ait son commencement quelque part, alors on doit admettre ce qui suit : la connaissance ne commence pas par des perceptions, des observations, par la collecte d'informations ou de faits, elle commence avec des *problèmes*. Pas de savoir sans problèmes — mais aussi bien pas de problème sans un savoir. Autant vaut dire qu'elle commence dans la tension du savoir et de l'ignorance. Tout problème, en effet, surgit chaque fois que, dans notre supposé savoir, se découvre une anomalie ; ou, considéré d'un point de vue logique, quand apparaît une contradiction interne dans notre supposé savoir, ou une contradiction entre notre supposé savoir et les faits ; ou, pour le dire peut-être avec plus de justesse : quand se découvre une contradiction apparente entre notre supposé savoir et les faits supposés.

À l'opposé de mes trois premières thèses dont l'abstraction suggère peut-être qu'elles n'avaient de rapport que lointain avec mon propos, la logique des sciences sociales, je soutiens, pour ce qui est de la quatrième, qu'elle nous mène au cœur de notre thème. Ce qui peut se formuler de la manière suivante, dans ma cinquième thèse :

Cinquième thèse : comme toutes les autres sciences, les sciences sociales elles aussi réussissent ou échouent, elles sont prometteuses ou creuses, fécondes ou stériles selon le plus ou moins d'importance ou d'intérêt des problèmes dont il y va ; et aussi bien sûr selon le plus ou moins de probité, de rectitude et de simplicité dont l'on témoigne en s'y attaquant. Ce ne sont pas nécessairement des problèmes théoriques dont on a toujours à traiter. De graves problèmes pratiques, tel celui de la pauvreté, de l'analphabétisme, de l'oppression politique ou des incertitudes du droit, ont fourni un précieux point de départ à la recherche en sciences sociales. Mais ces problèmes pratiques mènent à la réflexion, à la théorisation et par là à des problèmes théoriques. Et dans tous les cas de figure, sans exception, c'est le type et la qualité du problème — de pair, naturellement, avec le degré d'audace et d'originalité de la solution proposée — qui déterminent la valeur ou l'insignifiance de la prestation scientifique.

Le point de départ est donc toujours le problème ; et l'observation ne fait tremplin, pour ainsi dire, que si elle dégage un problème ; ou, en d'autres termes, quand elle nous surprend, quand elle nous fait voir que, dans notre savoir — dans nos attentes, dans nos théories, il y a un accroc. Des observations ne mènent donc à des problèmes que si elles contredisent certaines de nos attentes conscientes ou inconscientes. Et ce qui ensuite devient l'amorce du travail scientifique n'est pas tant l'observation comme telle que l'observation dans la singularité de son sens — c'est-à-dire, justement, celle qui engendre le problème.

Me voici maintenant assez avancé pour formuler ma *thèse cardinale,* la sixième. Elle s'énonce comme suit :

Sixième thèse (thèse cardinale) :

a) La méthode des sciences sociales comme celle des sciences de la nature consiste à tester des essais de solution pour ses problèmes — ceux où elle prend son départ.

Des solutions sont proposées et critiquées. Lorsqu'un essai de solution ne s'ouvre pas à la critique objective (*sachlich*), il est éliminé comme non scientifique, même si ce n'est que provisoirement.

b) S'il se prête à la critique objective (*sachlich*), nous tentons de le réfuter ; car toute critique consiste en des essais de réfutation.

c) Lorsqu'un essai de solution est réfuté par la critique que nous en faisons, nous en mettons un autre à l'essai.

d) Lorsqu'il résiste à la critique, alors nous l'admettons provisoirement ; et ce, avant tout, comme digne d'être commenté et critiqué plus avant.

e) La méthode de la science est donc celle de l'essai de solution (ou de l'idée intuitive [*Einfall*]), contrôlé par la critique la plus intransigeante. C'est là un prolongement critique de la méthode par essai et erreur (« *trial and error* »).

f) L'objectivité prétendue de la science consiste donc en l'objectivité de la méthode critique ; tout particulièrement en

ceci qu'aucune théorie n'est exemptée de la critique, et aussi en
ceci que les expédients logiques de la critique — la catégorie
de la réfutation logique — sont objectifs [*objektiv*].

Peut-être pourrait-on résumer comme suit l'idée fondamentale
qui se trouve à l'arrière-plan de ma thèse cardinale.

Septième thèse : la tension nouant le savoir et l'ignorance mène
au problème et aux essais de solution. Mais elle n'est jamais
surmontée. Car il s'avère que notre savoir ne consiste jamais
qu'en des ébauches provisoires de solution mises à l'essai, et
que, de principe, il inclut en soi la possibilité de s'avérer erroné,
non-savoir donc. Et la seule forme de justification de notre
savoir est à son tour purement provisoire : elle consiste en la
critique, ou, plus exactement, en ceci que nos essais de solution
semblent résister *jusqu'à nouvel ordre* même à notre critique la
plus perspicace.

Il n'y a pas de justification positive qui franchirait cette
limite. En particulier, nos essais de solution ne peuvent s'avérer
probables (au sens du calcul des probabilités).

Point de vue que l'on pourrait qualifier de *criticiste*.

Pour faire quelque peu entendre la teneur de ma thèse
cardinale et sa portée pour la sociologie, il convient de lui
opposer certaines autres thèses d'une méthodologie fort répandue,
et dont souvent on s'est inconsciemment imbibé.

Tel par exemple le naturalisme ou scientisme méthodologique,
bancal et ambigu, qui exige que les sciences sociales apprennent
enfin des sciences de la nature ce qu'est la méthode scientifique.
Ce naturalisme faussé pose des exigences telles que : Commence
par des observations et des mesures ; autrement dit, par des
relevés statistiques, par exemple ; puis progresse par inductions
pour généraliser, et pour constituer la théorie. De la sorte, tu
approcheras l'idéal de l'objectivité scientifique, pour autant que
la chose soit possible, en général, dans les sciences sociales. À ce
propos, tu dois avoir bien présent à l'esprit que, dans les sciences
sociales, l'objectivité est autrement plus difficile à atteindre (si

tant est qu'elle soit accessible en tout état de cause) que dans les sciences de la nature ; car objectivité signifie liberté valorielle, et le chercheur en sciences sociales ne peut que très rarement s'émanciper des valorisations de sa propre couche sociale au point de progresser ne serait-ce que modestement vers la liberté valorielle et l'objectivité.

À mes yeux, chacune des propositions que je viens d'attribuer à ce naturalisme bancal est foncièrement fausse, fondée sur une mécompréhension de la méthode des sciences de la nature, et même, tout bonnement, sur un mythe — le mythe, hélas par trop répandu et par trop crédité, du caractère inductif de la méthode des sciences de la nature et des propriétés de leur objectivité. Je me propose, dans ce qui suit, d'employer un peu du temps précieux dont je dispose à une critique de ce naturalisme bancal.

En effet, quoiqu'une grande partie des chercheurs en sciences sociales soit en droit de récuser l'une ou l'autre des deux thèses composantes de ce naturalisme bancal, *grosso modo,* pour le moment, il n'en a pas moins pris l'avantage dans les sciences sociales — hormis en économie politique —, en tout cas dans les pays anglo-saxons. Par quels effets de symptôme se traduit cette victoire, je m'y arrête dans ma huitième thèse.

Huitième thèse : alors que, avant la Seconde Guerre mondiale encore, l'idée de la sociologie était celle d'une science sociale théorique universelle — comparable peut-être avec la physique théorique — et que l'idée de l'anthropologie sociale était celle d'une sociologie appliquée à des sociétés d'un type très particulier, à savoir les sociétés primitives, de nos jours nous assistons à un retournement de situation des plus surprenants. L'anthropologie sociale, ou ethnologie, est devenue une science sociale universelle ; et l'on dirait que la sociologie s'accommode de mieux en mieux de sa tendance à devenir une partie de l'anthropologie sociale, celle appliquée à une forme sociale très particulière — l'anthropologie des formes de société hautement industrialisées de l'Europe de l'Ouest. Pour le dire une fois encore plus en bref, la relation de la sociologie et de l'anthropologie s'est complètement inversée. L'anthropologie sociale a connu une promotion, troquant son statut de science spécialisée et appliquée pour celui de science fondamentale, et l'anthropologue, de modeste *fieldworker* quelque peu myope qu'il était, est devenu un théoricien de la société voyant loin et profond, un chercheur en sociopsychologie des profondeurs. Mais le sociologue théoricien des débuts peut s'estimer heureux si le *fieldworker* et spécialiste qu'il est devenu trouve encore à se caser — comme observateur et peintre des totems et tabous des indigènes de race blanche des pays d'Europe de l'Ouest et des États-Unis.

Avatar des destinées des sciences sociales que l'on ne prendra toutefois pas trop au sérieux ; et d'abord pour la raison qu'il n'y a pas de discipline scientifique qui serait chose-en-soi. D'où ma neuvième thèse.

Neuvième thèse : une discipline scientifique, comme on dit, n'est qu'un agglomérat artificiel et délimité de problèmes et d'essais de solution. Ce qui en revanche existe effectivement, ce sont les problèmes et les traditions scientifiques.

Nonobstant cette neuvième thèse, le bouleversement qu'on observe dans les relations de la sociologie et de l'anthropologie est du plus haut intérêt ; non pas à cause des disciplines ou de leurs étiquettes, mais parce qu'il fait voir le triomphe de la méthode des pseudo-sciences de la nature. Ce qui m'amène à la thèse suivante.

Dixième thèse : la victoire de l'anthropologie est celle d'une méthodologie soi-disant observationnelle, soi-disant descriptive et pratiquant soi-disant la généralisation sur le mode inductif ; et surtout d'une méthode prétendument plus objective et par là, en apparence, celle des sciences de la nature. C'est là une victoire à la Pyrrhus ; encore une victoire comme celle-là, et c'en est fait de nous — de nous : de l'anthropologie et de la sociologie.

J'en conviens volontiers, ma dixième thèse présente un tranchant quelque peu excessif. Et surtout, je dois le reconnaître, l'anthropologie sociale a fait bien des découvertes intéressantes et importantes, parmi les sciences sociales elle est une de celles qui ont marqué le plus de succès. Et je reconnais tout aussi volontiers que pour nous Européens, nous considérer nous-mêmes à travers les lunettes de l'anthropologie sociale peut être tout à fait captivant et intéressant. Mais quoique ces lunettes soient peut-être plus colorées que d'autres, elles n'en seront pas pour autant plus objectives. L'anthropologue n'est pas l'observateur venu de Mars pour lequel souvent il se prend et dont il ne lui déplaît pas, la chose n'est pas rare, de chercher à endosser le rôle dans sa société ; et il n'y a pas non plus de raison d'admettre qu'un habitant de la planète Mars nous regarderait de manière plus « objective » que nous, par exemple, ne le faisons nous-mêmes.

À ce propos, j'aimerais raconter une histoire, un cas extrême, certes, mais point du tout isolé. C'est une histoire vraie, mais cela n'a aucune importance dans le contexte qui est le nôtre. Si elle devait vous paraître par trop invraisemblable, considérez-la, je vous prie, comme une histoire librement controuvée — illustration fictive destinée à clairement représenter un point d'importance par de grossières exagérations.

Il y a quelques années, je participais à une conférence de quatre jours dont un théologien avait pris l'initiative et à laquelle prenaient part des philosophes, des biologistes, des anthropologues et des physiciens — un ou deux représentants de chaque discipline, disons qu'au total il y avait huit participants. Cette conférence avait pour thème « Science et humanisme ». Une fois réglées quelques difficultés préliminaires et déjouée la tentative de nous en imposer par un ton de noble profondeur, quatre ou cinq des participants réussirent en trois jours d'efforts conjoints à élever le niveau du débat à une hauteur tout à fait inaccoutumée. Notre conférence avait atteint — c'était du moins mon impression — le stade où nous avions tous le sentiment réjouissant que chacun enseignait quelque chose aux autres. En tout cas, nous étions tous entièrement à notre affaire, lorsque le chercheur en anthropologie sociale qui était présent prit la parole.

« Peut-être vous serez-vous étonnés », déclara-t-il à peu près dans ces termes, « je n'ai pas encore pipé mot dans ce colloque. Cela tient à ce que je suis un observateur. Comme anthropologue, je ne m'y suis pas rendu tant pour prendre part à vos manifestations verbales que pour les étudier. Et c'est aussi bien ce que j'ai fait. Non que j'aie toujours pu suivre la matière de vos débats ; mais si, comme moi, quelqu'un s'est penché sur des douzaines de groupes de discussion, il apprend que le fond, le *quid,* a bien peu d'importance. Nous autres anthropologues », dit-il à peu de chose près, « nous apprenons à envisager de tels phénomènes sociaux de l'extérieur, d'un point de vue plus objectif. Ce qui nous intéresse, c'est le "comment" ; ainsi, par exemple, de la manière dont tel ou tel cherche à dominer le groupe et dont les autres, individuellement ou en se liguant, déjouent ces tentatives ; comment, suite à ces tentatives diverses, le groupe sécrète une hiérarchie, un équilibre, un rituel de verbalisation ; et si diverse puisse être la problématique qui fait le thème du débat, ces phénomènes présentent toujours une forte similitude. »

Nous écoutâmes jusqu'au bout notre anthropologue venu en visite de chez Mars, puis je lui posai deux questions : d'abord, avait-il quelque remarque à faire sur le fond de nos conclusions ? Et ensuite : ne pensait-il pas qu'il y a quelque chose de l'ordre du motif ou de l'argument objectif (*sachlich*), et qui peut être valide ou non valide ? Il répondit que l'observation du comportement de notre groupe l'avait trop accaparé pour qu'il ait pu suivre dans le détail le fond de nos échanges. Et si tel avait d'ailleurs été le cas, son objectivité eût été menacée — peut-être eût-il été mêlé à nos débats ; et si à la fin il s'était laissé entraîner, alors il se serait fondu parmi nous, et c'en eût été fait de son objectivité. De plus, il avait appris à ne pas juger selon la lettre du comportement verbal (« *verbal behaviour* » et « *verbalization* », il se gargarisait de ces expressions) et à ne pas accorder par trop d'importance aux mots. Ce qui lui importait, dit-il, c'était la fonction sociale et psychologique de ce comportement verbal. À quoi il ajouta encore ceci : « Si, à vous, participants d'un débat, tels arguments ou telles raisons en imposent, à nous importe le fait que par le biais de media de ce genre vous puissiez faire impression et vous influencer les uns les autres, et importent surtout les symptômes de cette emprise ; nous intéressent des notions telles que "insister", "hésiter", "concéder", "plier". Quant à la teneur effective du débat, elle est à vrai dire sans du tout d'importance ; ne compte pour nous que le jeu de rôles, les péripéties du drame ; et pour ce qui est des arguments, comme on dit, ce n'est là bien entendu qu'une modalité du comportement verbal, pas plus significative que les autres. C'est une pure illusion subjective que de croire que l'on peut nettement discriminer entre des arguments et d'autres formes imposantes de verbalisation ; à plus forte raison entre arguments valides et arguments objectivement non valides. À la limite, on pourrait répartir les arguments selon que, dans certains groupes, à certains moments, ils sont *admis* comme valides ou comme non valides. La dimension du temps apparaît aussi en ce que des arguments, comme on dit, qui avaient été admis dans un groupe de discussion comme le vôtre peuvent par la suite être attaqués ou refusés par l'un des participants. »

Je n'entends pas pousser plus avant la description de cet épisode. Et dans notre assemblée il ne sera pas non plus nécessaire de signaler que la position quelque peu extrême de mon ami l'anthropologue, à en considérer les sources dans l'histoire des idées, est imprégnée non seulement par l'idéal d'objectivité du behaviorisme, mais aussi par des conceptions qui ont pris racine en terre allemande : je pense au relativisme universel — le relativisme historique pour lequel il n'y a pas de vérité objective, mais seulement des vérités bonnes pour telle ou telle époque ; et le relativisme sociologique qui enseigne qu'il y a des vérités ou des sciences pour tel groupe ou pour telle classe, par exemple une science prolétarienne et une science bourgeoise ; et je crois aussi que la sociologie du savoir, ainsi qu'on la nomme, a toute sa part dans la préhistoire des dogmes de mon ami l'anthropologue.

Quoique, j'en conviens, mon ami anthropologue ait adopté à cette conférence une position extrême, elle n'a rien d'atypique ni d'anodin, en particulier si on la tempère quelque peu.

Mais cette position est *absurde.* Comme j'ai ailleurs critiqué en détail le relativisme historique et sociologique, et la sociologie du savoir, je veux m'en abstenir aujourd'hui. En quelques mots, je ne commenterai que la conception naïve et bancale de l'objectivité scientifique qui la sous-tend.

Onzième thèse : c'est pur contresens que de poser que l'objectivité de la science dépende de celle du savant. Et de croire que le chercheur en sciences de la nature soit plus objectif que celui en sciences sociales. Le chercheur en sciences de la nature est tout aussi partial que quiconque et, malheureusement, à moins de faire partie de ceux, peu nombreux, qui produisent en permanence de nouvelles idées, c'est d'habitude un partisan entiché à l'extrême de ses propres idées. Parmi les physiciens contemporains les plus éminents, certains ont même fondé des écoles, qui opposent une vive résistance à l'émergence de nouvelles idées.

Mais ma thèse a aussi un aspect positif, plus important. Elle fait l'objet de ma douzième thèse.

Douzième thèse : Ce que l'on peut désigner comme étant l'objectivité scientifique tient uniquement à la tradition *critique ;* elle qui, nonobstant toutes sortes de résistances, permet si souvent de critiquer un dogme dominant. Pour le dire autrement, l'objectivité de la science n'est pas la cause personnelle de chaque savant, mais une cause sociale, la réciprocité de la critique, la division du travail, *pro et contra,* entre savants, leur coopération et aussi leurs antagonismes. Elle dépend donc pour part de toute une série de rapports sociaux et politiques, ceux qui rendent possible cette critique.

Treizième thèse : la sociologie du savoir, ainsi qu'elle s'appelle, qui considère l'objectivité dans l'habitus de chaque chercheur en particulier et, là où elle fait défaut, l'explique par son ancrage social, a complètement raté ce point décisif — je veux dire : le fait que l'objectivité a son fondement exclusif dans la critique. Ce qui a échappé à la sociologie du savoir, ce n'est ni plus ni moins que la sociologie du savoir — la théorie de l'objectivité scientifique. Que ne peuvent expliquer que des catégories sociales comme celle de concurrence (tant celle entre les chercheurs considérés un à un qu'entre les diverses écoles) ; celle de tradition (à savoir, celle de la tradition critique) ; celle d'institution sociale (par exemple, les communications publiées dans diverses revues et par divers éditeurs en concurrence, les controverses dans les congrès) ; le pouvoir politique (à savoir la tolérance par le politique de la liberté des débats).

De la sorte, à la longue, des brouilles telles que, par exemple, l'ancrage social ou idéologique du chercheur s'éliminent d'elles-mêmes, bien que, naturellement, dans le court terme, elles jouent toujours un rôle.

D'une façon tout à fait analogue au problème de l'objectivité, nous pouvons aussi résoudre celui de la *liberté* valorielle, ainsi qu'on l'appelle, et de manière autrement *plus libre* que ce n'est habituellement le cas.

Quatorzième thèse : quand nous controversons à des fins de critique, nous distinguons entre des questions telles que : (1) la question de la vérité d'une assertion ; celle de sa pertinence, de son intérêt et de sa signification au regard des problèmes que l'on est justement en train de traiter ; (2) la question de leur pertinence et de leur intérêt au regard des divers *problèmes extra-scientifiques,* celui par exemple du bien-être humain ou encore celui, d'un tout autre genre, de la défense nationale ou d'une politique nationale d'agression, ou de l'expansion industrielle, ou de l'accumulation des fortunes.

Il est bien entendu impossible d'exclure de la recherche scientifique des motifs extra-scientifiques de ce type ; et il est non moins impossible de les exclure de la recherche en sciences de la nature — de la physique, par exemple —, de la recherche en sciences sociales.

Ce qui est possible et qui compte, et qui donne à la science sa valeur particulière, c'est non pas l'élimination des motifs d'intérêt mais la distinction entre ceux étrangers à la recherche de la vérité et l'intérêt porté au caractère purement scientifique de la vérité. Mais malgré que la vérité soit la valeur scientifique directrice, elle n'est pas pour autant la seule : la pertinence, l'intérêt et la signification d'une assertion au regard d'une configuration aporétique purement scientifique sont eux aussi des valeurs scientifiques de premier ordre, et il en va de même pour des valeurs telles que la fécondité, le pouvoir d'explication, la simplicité et la précision.

En d'autres termes : il y a des valeurs et des non-valeurs *purement* scientifiques, et des valeurs et non-valeurs *extra*-scientifiques. Et quoiqu'il soit impossible de préserver le labeur consacré à la science de ses applications et valorisations extra-scientifiques, c'est une des tâches de la critique scientifique et de la controverse scientifique que de combattre l'amalgame des sphères valorielles, et en particulier que d'éliminer les valorisations extra-scientifiques du domaine des *questions attenantes à la vérité*.

Ce qui naturellement ne se fera pas sur décret, une fois pour toutes, mais est et demeure une des tâches permanentes de la critique que les sciences exercent mutuellement les unes sur les autres. La pureté de la science pure est un idéal vraisemblablement hors de portée, idéal pour lequel cependant la critique combat et doit combattre en permanence.

En formulant cette thèse, j'ai défini comme étant pratiquement impossible de refouler les valeurs extra-scientifiques hors des ateliers de la science. Il en va ici comme avec l'objectivité : nous ne pouvons dépouiller le savant de sa partialité sans le dépouiller aussi de son humanité. De manière tout à fait semblable, nous ne pouvons interdire ou démolir ses valorisations sans le démolir comme homme *et comme savant*. Nos motifs et nos idéaux purement scientifiques, tel celui de la pure recherche de la vérité, sont trop profondément ancrés dans des valorisations extra-scientifiques et, pour une part, religieuses. Le savant objectif et valoriellement libre n'est pas le savant idéal. Sans passion, rien ne marche, à plus forte raison dans la science pure. *Amour* de la vérité, cette expression n'est pas simple métaphore.

Les choses, donc, ne sont pas seulement ainsi faites que, pour le savant comme individu, objectivité et liberté valorielle sont pratiquement inaccessibles : elles-mêmes sont des *valeurs*. Comme elle-même la liberté valorielle est une valeur, l'exigence d'une liberté valorielle inconditionnelle est paradoxale. Objection qui n'est pas si importante, quoiqu'il y ait lieu de noter que de lui-même le paradoxe s'évanouit si à l'exigence de liberté valorielle nous substituons celle-ci : cela doit être une des tâches de la critique scientifique que de mettre à nu les amalgames de valeurs et que de séparer les questions valorielles purement scientifiques, portant sur la vérité, la pertinence, la simplicité et ainsi de suite, des questions extra-scientifiques.

Jusqu'ici, j'ai cherché à développer brièvement la thèse selon laquelle la méthode de la science consiste à choisir des problèmes et à critiquer nos essais de solution, essais toujours provisoires. Et puis, me fondant sur le cas de deux questions de méthode des sciences de la société, questions fort controversées, j'ai cherché à montrer que cette théorie criticiste de la méthode, comme on voudra bien que je la nomme, parvient à des résultats méthodologiques vraiment raisonnables. Pourtant, bien que j'aie pu dire quelques mots sur la théorie ou sur la logique de la connaissance et que j'aie pu effleurer la critique de la méthodologie des sciences de la société, en fait je n'ai encore avancé, au positif, que peu de chose quant à mon propos, la logique des sciences sociales.

Je ne m'attarderai pas à plaider ou à produire les raisons qui me font juger important, tout d'abord, d'identifier la méthode scientifique avec la méthode critique. Je préfère en venir directement à quelques questions et thèses purement logiques.

Quinzième thèse : la fonction éminente de la pure logique déductive est celle d'instrument de la critique.

Seizième thèse : la logique déductive est la théorie de la validité des syllogismes ou de la consécution logique. La condition nécessaire et décisive de la validité d'une consécution logique est la suivante : si les prémisses d'un syllogisme valide sont vraies, alors la conclusion doit elle aussi en être *vraie.*

Ce que l'on peut aussi exprimer ainsi : la logique déductive est la théorie du transfert de la vérité des prémisses à la conclusion.

Dix-septième thèse : si toutes les prémisses sont vraies et si le syllogisme est valide, alors la conclusion *doit* être vraie ; si donc, dans un syllogisme valide, la conclusion est fausse, il n'est pas possible que les prémisses soient toutes vraies.

Résultat trivial mais décisif que l'on peut exprimer de la manière suivante : la logique déductive n'est pas seulement la théorie du *transfert de la vérité* des prémisses à la conclusion, mais aussi, simultanément, à l'inverse, la théorie du *contre-transfert de l'erreur,* de la conclusion sur une au moins des prémisses.

Dix-huitième thèse : la logique déductive devient ainsi théorie de la critique rationnelle. Car la forme de toute critique rationnelle est telle que nous cherchons à montrer qu'à partir de l'assertion à critiquer peuvent être tirées des conséquences irrecevables. Si nous réussissons à tirer logiquement d'une assertion des conséquences irrecevables, alors l'assertion est réfutée.

Dix-neuvième thèse : dans les sciences, nous travaillons avec des théories, c'est-à-dire avec des systèmes déductifs. Et ce pour deux raisons. Premièrement, une théorie ou un système déductif est un essai d'explication, et par là, un essai pour résoudre un problème scientifique ; deuxièmement, de par les conclusions qu'elle autorise, une théorie, donc un système déductif, peut faire l'objet d'une critique rationnelle. Elle est donc un essai de résolution soumis à la critique rationnelle.

J'en ai terminé avec la logique formelle comme organe de la critique.

Deux notions fondamentales auxquelles j'ai eu ici recours requièrent une brève élucidation : celle de la vérité et celle de l'explication.

Vingtième thèse : pour le criticisme mis ici en œuvre, la notion de vérité est indispensable. Ce que nous critiquons, c'est la prétention à la vérité. Ce que nous cherchons à montrer quand nous critiquons une théorie, c'est, bien entendu, qu'elle ne prétend pas à bon droit à la vérité — qu'elle est fausse.

L'idée méthodologique fondamentale selon laquelle nous tirons un enseignement de nos erreurs ne peut être comprise sans conception régulative de la vérité : commettre une erreur c'est précisément le fait que, mesuré à l'étalon ou au critère de vérité, nous n'atteignons pas l'objectif que nous nous étions fixé, notre standard.

Nous disons qu'un énoncé est « vrai » lorsqu'il s'accorde aux faits, ou leur est adéquat, ou lorsque les choses sont comme il les présente. C'est là, comme on l'appelle, l'idée absolue ou objective de vérité, dont chacun de nous se sert en permanence. Un des résultats essentiels auxquels est parvenue la logique moderne tient à ce qu'elle a réussi à réhabiliter de manière éclatante ce concept de vérité absolue.

Remarque qui présuppose que ce concept de vérité avait été sapé. Et de fait, le travail de sape dont avait fait l'objet le concept de vérité a été le grand ressort des idéologies relativistes dominantes de notre époque.

C'est la raison pour laquelle je tiens à définir la réhabilitation de l'idée de vérité par le logicien et mathématicien Alfred Tarski comme le résultat philosophiquement majeur de la logique mathématique moderne.

Ce qu'ici je ne peux naturellement pas commenter ; de manière parfaitement dogmatique, je peux simplement dire que Tarski a réussi à expliquer de la manière la plus simple et la plus convaincante que l'on puisse imaginer en quoi consiste la conformité d'une proposition avec les faits. C'était là justement la tâche dont la difficulté sans appel a mené au relativisme sceptique — avec, sur le plan social, des conséquences dont je n'ai pas besoin de vous faire ici le tableau.

La seconde notion dont j'ai fait usage et qui demande élucidation est celle de l'explication, ou, plus exactement, de l'*explication causale*.

Un problème purement théorique — un problème de science pure — consiste toujours en ceci : trouver une explication — l'explication d'un fait ou d'un phénomène, d'une récurrence ou d'une anomalie étranges. Ce que nous espérons expliquer, nous pouvons le nommer le *quod est explicandum*. L'essai de solution — autrement dit : l'explication — consiste toujours en une théorie, un système déductif, qui nous permettent d'expliquer ce *quod* en ceci que nous le relions logiquement avec d'autres faits (ce qu'on appelle les conditions initiales). Une explication parfaitement explicite consiste toujours en une dérivation logique (ou en sa possibilité) de ce *quod* à partir de la théorie, de pair avec les conditions initiales.

Le schéma logique fondamental de toute explication consiste donc en un enchaînement logique, déductif, dont les prémisses consistent en la théorie et les conditions initiales et dont le *quod est explicandum* forme la conclusion.

Schéma fondamental qui connaît un nombre étonnant d'applications. Grâce à lui, on peut montrer par exemple la différence entre une hypothèse *ad hoc* et une hypothèse contrôlable indépendamment du contexte ; et, ce qui vous intéressera peut-être plus, on peut analyser logiquement et de manière simple la différence entre problèmes théoriques, problèmes historiques et problèmes d'application. Il s'avère alors que l'on peut parfaitement légitimer la fameuse *distinction* entre sciences théorétiques ou nomothétiques et sciences historiques ou idéographiques — si, en l'occurrence, on entend par « science » le commerce avec un certain type de problèmes relevant du discernement logique.

J'en ai terminé avec l'élucidation des notions logiques dont j'ai fait usage jusque-là.

Chacune de ces deux notions, celle de vérité et celle d'explication, donne matière à l'élaboration logique d'autres notions, plus importantes peut-être encore si l'on se place du point de vue de la logique de la connaissance ou de la méthodologie : la première, c'est celle d'*approximation de la vérité,* la seconde, celle de *pouvoir explicatif* ou de *teneur explicative* d'une théorie.

Ces deux notions sont des notions purement logiques dans la mesure où on peut les définir à l'aide des notions purement logiques de vérité d'une proposition et de teneur d'une proposition — c'est-à-dire grâce à la classe des conclusions logiques rendues possibles par une théorie.

Toutes deux sont des notions relatives : bien que toute proposition soit tout simplement vraie ou fausse, *une* proposition peut néanmoins représenter une meilleure approche de la vérité que telle *autre*. Ce qui par exemple sera le cas si la première a « plus » de conséquences logiques vraies et « moins » de conséquences logiques fausses que la seconde (étant présupposé que les sous-ensembles vrais et faux des ensembles de déductions des deux propositions soient comparables). On peut ensuite facilement montrer pourquoi nous admettons, et à juste titre, que la théorie de Newton est une meilleure approximation de la vérité que celle de Kepler.

De semblable manière, on peut montrer que le pouvoir d'explication de la théorie de Newton est supérieur à celui de la théorie de Kepler.

Nous nous donnons donc là des notions logiques qui sont au fondement de l'évaluation de nos théories et nous permettent, s'agissant de théories scientifiques, de parler au sens plein de progrès ou de recul.

J'en ai terminé avec la logique générale de la connaissance. Sur celle, particulière, des sciences sociales, je voudrais présenter encore quelques autres thèses.

Vingt et unième thèse : il n'y a pas de science purement observationnelle, mais seulement des sciences qui théorisent de manière plus ou moins consciente et critique. Ce qui vaut aussi des sciences sociales.

Vingt-deuxième thèse : la psychologie est une science sociale puisque la pensée et l'agir dépendent largement des rapports sociaux. Des catégories telles que a) l'imitation b) le langage c) la famille sont manifestement des catégories sociales ; et il est bien clair que la psychologie de l'apprentissage et de la pensée, mais aussi, par exemple, la psychanalyse, seraient impossibles sans l'une ou l'autre de ces catégories sociales. Ce qui montre que la psychologie présuppose des notions de la société ; d'où nous pouvons déduire qu'il est impossible d'expliquer la société de manière exclusivement psychologique, ou de la ramener à la psychologie. On ne peut donc regarder la psychologie comme la science maîtresse des sciences sociales.

Ce que nous ne pouvons principiellement expliquer sur le plan psychologique et que nous devons présupposer dans toute explication psychologique, c'est l'environnement social de l'homme. La tâche qui consiste à décrire cet environnement social — à l'aide de théories explicatives, puisque, nous y avons déjà fait allusion, il n'y a pas de pure description — est donc la tâche fondamentale des sciences sociales. Il devrait être approprié de l'attribuer à la sociologie. Ce dont nous faisons du reste l'hypothèse dans ce qui suit.

Vingt-troisième thèse : la sociologie est autonome au sens où elle peut et doit s'émanciper franchement de la psychologie.

Ce qui, abstraction faite de la dépendance où se trouve la psychologie, résulte aussi du fait qu'à la sociologie échoit sans cesse la tâche d'expliquer les conséquences sociales de l'agir humain, conséquences involontaires et souvent non souhaitées. Exemple : la concurrence est un phénomène social qui, d'ordinaire, désagrée aux concurrents, mais peut et doit être expliqué comme une conséquence involontaire (habituellement inévitable) de leurs actes (conscients et organisés).

Quelque explication qu'en la matière la psychologie puisse donner des actes des concurrents, le phénomène social de la concurrence en est une conséquence sociale psychologiquement inexplicable.

Vingt-quatrième thèse : mais la sociologie est autonome au sens aussi où on l'a souvent nommée « sociologie compréhensive ».

Vingt-cinquième thèse : la mise en question logique des méthodes de l'économie politique produit un résultat applicable à toutes les sciences de la société. Résultat qui montre qu'il y a dans les sciences sociales une *méthode purement objective* que l'on peut définir comme méthode *objectivement* compréhensive ou comme logique situationnelle. On peut construire une science sociale *objectivement* compréhensive indépendamment de toutes les idées subjectives ou psychologiques. Elle consiste en ceci qu'elle analyse la *situation* de l'homme agissant, suffisamment pour expliquer l'agir à partir de la situation, sans recours à d'autres outils qui seraient empruntés à la psychologie. La « compréhension » objective tient à ce que nous mesurons que l'acte était objectivement *approprié à la situation*. En d'autres termes, on analyse la situation assez en profondeur pour que les moments au premier abord psychologiques, par exemple : les désirs, les motifs, les souvenirs et les associations, soient transformés en moments d'une situation. L'homme habité par tels ou tels désirs devient ainsi un homme dont la situation implique qu'il poursuive tels ou tels buts objectifs. Et l'homme habité par tels souvenirs ou telles associations devient alors un homme dont la situation implique qu'il soit muni de telles ou telles théories, ou de telles ou telles informations.

Ce qui nous permet ensuite de comprendre ses actes au sens objectif où nous pouvons dire : j'ai certes d'autres buts et d'autres théories (que Charlemagne, par exemple) ; mais aurais-je été à sa place (dans sa situation, analysée de telle et telle manière, laquelle inclut des objectifs et un savoir) que j'aurais agi tout comme lui, et toi de même. La méthode de l'analyse situationnelle procède donc peut-être en termes d'individus, elle n'est pas une méthode psychologique puisqu'elle exclut de principe les moments psychologiques et leur substitue des éléments de situation objectifs. Je la nomme d'habitude « logique situationnelle » (« *situational logic* » ou « *logic of the situation* »).

Vingt-sixième thèse : les explications de la logique situationnelle ici décrites sont des reconstructions rationnelles, théoriques. Hypersimplifiées et hyperschématisées, elles sont donc généralement *fausses.* Mais elles peuvent avoir une considérable teneur de vérité, et, au sens strictement logique, elles peuvent être de bonnes approximations de la vérité — meilleures même que d'autres explications vérifiables. En ce sens, la notion logique d'approximation de la vérité est indispensable aux sciences sociales procédant à l'analyse situationnelle. Et surtout, les analyses situationnelles sont rationnelles, susceptibles de critique empirique et de mélioration. Par exemple, nous pouvons tomber sur quelque lettre qui nous montrera que le savoir dont disposait Charlemagne était tout autre que celui présupposé dans notre analyse. À l'opposé, les hypothèses de type psychologique et caractérologique échappent à la critique, ou peu s'en faut.

Vingt-septième thèse : la logique situationnelle admet en général un monde physique, au sein duquel nous agissons. Monde qui contient un ensemble de moyens physiques à notre disposition, et dont nous savons quelque chose, et des objets physiques qui nous résistent, objets dont en général nous savons aussi quelque chose (souvent, pas grand-chose). En outre, la logique situationnelle doit également admettre un monde social où figurent d'autres hommes dont les objectifs nous sont un tant soit peu connus (souvent assez peu) et, de surcroît, figurent des *institutions sociales*. Celles-ci déterminent le caractère proprement social de notre environnement. Elles se composent de toutes les entités sociales du monde social correspondant aux choses du monde physique. Dans ce sens, un magasin de primeurs, un institut universitaire, des forces de police ou une loi sont des institutions sociales. L'Église, l'État et le mariage sont aussi des institutions sociales ; de même que certains us et coutumes coactifs, tels que, par exemple, hara-kiri au Japon. Mais dans notre société européenne, le suicide n'est pas une institution au sens où j'utilise ce terme et où j'affirme que c'est une catégorie significative.

C'était là ma dernière thèse. Ce qui suit est une proposition de travail et une brève réflexion pour conclure.

Proposition : comme problèmes fondamentaux de la sociologie purement théorique, nous pourrions provisoirement admettre la logique situationnelle générale et la théorie des institutions et des traditions. Ce qui inclurait des problèmes tels que :

1. Les institutions n'agissent pas, mais uniquement des individus, en elles ou pour elles. La logique situationnelle générale de ces actions serait la théorie des quasi-actions des institutions.

2. Ce qui reviendrait à construire une théorie des conséquences voulues et involontaires des actions rationnelles par rapport à une fin ; et pourrait aussi mener à une théorie de la genèse et du développement des institutions.

Pour conclure, une remarque encore. Je crois que la théorie de la connaissance importe non seulement aux sciences considérées une à une, mais aussi à la philosophie, et que le malaise religieux et philosophique de notre temps, auquel tous nous sommes confrontés, est pour une large part un malaise dans la philosophie de la connaissance. Ce que Nietzsche a appelé « nihilisme européen », et Benda la « trahison des clercs ». Et où quant à moi je vois une conséquence de la découverte socratique selon laquelle nous ne savons rien, autrement dit nous ne pouvons jamais rationnellement légitimer nos théories.

Mais cette découverte majeure, et qui, entre autres malaises, a aussi engendré l'existentialisme, n'est qu'une demi-découverte ; et le nihilisme peut être dépassé. En effet, bien que nous ne puissions pas rationnellement légitimer nos théories et même pas les avérer vraisemblables, nous pouvons en faire la critique rationnelle. Et nous pouvons faire la différence entre les meilleures et les moins bonnes.

Ce que savait, avant Socrate déjà, le vieux Xénophane, quand il écrivait :

> Les dieux n'ont pas révélé toutes choses aux mortels dès le
> [commencement ;
> mais, en cherchant, ceux-ci trouvent avec le temps ce qui est
> [le meilleur.

6

CONTRE LES GRANDES PHRASES

*(Une lettre qui initialement
n'était pas destinée à la publication)*

Remarque préliminaire. *Il y a près de quatorze ans, je reçus la lettre d'un certain monsieur Klaus Grossner, jusqu'alors un inconnu pour moi, qui se recommandait de mon ami Hans Albert et sollicitait de s'entretenir avec moi par courrier sur l'état de la philosophie (allemande). Juste sur bien des points, boiteuse sur quelques-uns, sa lettre me parut mériter débat ; en dépit de quelques réticences, je répondis donc à ses questions. Dans un courrier ultérieur, monsieur Grossner me pria de l'autoriser à publier dans un livre à venir les passages de ma lettre que je reproduis ci-dessous. Malgré de nouvelles réticences, je lui donnai mon accord,* mais pour son livre seulement : *je me réservai tous les droits qui sont ceux d'un auteur, et j'insistai sur le fait que ma contribution à son livre ne saurait connaître un nouveau tirage sans mon autorisation expresse. Mais peu après, sous le beau titre « Contre les grandes phrases », un extrait en parut dans l'hebdomadaire* Die Zeit, *sans mon autorisation et sans mention de mes droits. (En Allemagne et en Autriche, on enjambe souvent les droits de création artistique avec assez de prodigalité.) Comme ma lettre avait déjà été imprimée deux fois mais tronquée et bien des fois matière à des citations inexactes, je publie ici la partie qui en est déjà parue, malgré son ton agressif, une fois encore, sans modifications. J'écrivais :*

Et maintenant, j'en viens à vos quatre questions (ou groupes de questions) :

1. J'ai fait mes débuts comme élève, socialiste, d'un collège d'enseignement général et le jugeant peu attrayant je quittai la sixième ; baccalauréat passé comme élève libre. À dix-sept ans (en 1919), j'étais toujours socialiste, mais adversaire de Marx (suite à des expériences avec des communistes). Dès avant le fascisme, d'autres expériences (avec des bureaucrates) me font comprendre que la puissance grandissante de la machine d'État représente le pire des dangers pour la liberté de l'individu et que cette machine, il faut donc la combattre en permanence. Mais tout cela n'était pas simple théorie ; j'appris le métier de menuisier (en opposition à mes amis intellectuels socialistes) et passai l'examen de compagnon ; je travaillai dans des centres d'accueil pour enfants ; je devins instituteur ; avant d'avoir terminé mon premier livre (*Les Deux Problèmes fondamentaux de la théorie de la connaissance,* non publié [paru en 1979 chez Mohr à Tübingen]), je n'avais pas l'intention de devenir professeur de philosophie (*Logik der Forschung* [repris in trad. fr. *Logique de la découverte scientifique*] parut en 1934 ; on me proposa une chaire en Nouvelle-Zélande à Noël 1936).

Du socialisme de mes années de jeunesse j'ai conservé, l'âge venu, bien des idées et des idéaux. En particulier :

Tout intellectuel a une responsabilité bien spécifique. Il a le privilège et le loisir de se consacrer à l'étude. Ce qui en fait l'obligé de ses congénères (ou de « la société ») : il leur doit de leur exposer les résultats de ses études sous la forme la plus simple et la plus claire et la plus modeste. Le pire — le péché contre le Saint-Esprit — c'est quand les intellectuels essayent de poser aux grands prophètes devant leurs congénères et de leur en imposer avec des philosophies oraculaires. Qui ne peut s'exprimer clairement et simplement doit se taire et continuer à travailler jusqu'à ce qu'il puisse parler clairement.

Pendant le Congrès des philosophes, à Vienne (1968), je fus invité à deux débats télévisés entre philosophes, et dans l'un de ces débats j'eus la surprise de tomber aussi sur Bloch. Nous en vînmes à quelques accrochages sans grande importance. (Je déclarai, et c'était pure vérité, que j'étais trop bête pour comprendre sa manière de s'exprimer.) À la fin du débat, l'arbitre de ces entretiens, le Dr Wolfgang Kraus, nous demanda : « Veuillez nous dire en *une* phrase ce qui à votre avis est le plus souvent nécessaire. » Je fus le seul à donner une réponse succincte : « Un peu plus de modestie intellectuelle. »

Je suis un antimarxiste et un libéral. Mais j'en conviens, Marx et Lénine aussi écrivaient simplement et sans fioritures. Qu'auraient-ils dit des boursouflures des néo-dialecticiens ? Ils auraient trouvé des mots plus durs que « *Schwulst* » [boursouflures]. (Le livre de Lénine contre l'empirio-criticisme est, à mon avis, tout à fait remarquable.)

Quant à votre question sur les problèmes sociaux sous-jacents à mes travaux :

Tous mes travaux philosophiques s'articulent à des problèmes non philosophiques. J'ai écrit sur ce sujet en 1952 (cf. *Conjectures et Réfutations,* p. 115) :

« [...] *les problèmes philosophiques authentiques s'enracinent toujours dans des problèmes pressants posés hors de la philosophie et, si ces racines dépérissent, ils disparaissent.* » Et je citai l'exemple de champs où s'enracinent des problèmes : politique, vie en société, religion, cosmologie, mathématiques, sciences de la nature, histoire.

Une description de ces « racines » de ma *Logique de la recherche scientifique* se trouve au chapitre 1 (1957) de *Conjectures et Réfutations* (pp. 95-97). [*Conjectures et Réfutations* n'a pas encore été traduit en allemand parce que je ne peux trouver de traducteur assez compétent. Ci-joint un exemplaire (pour vous) dans le pli.]

Pour la *Misère de l'historicisme,* voir la dédicace de ce livre (« En mémoire des innombrables hommes, femmes et enfants qui succombèrent, victimes de la croyance fasciste et communiste en des lois inexorables de la destinée historique »), la fin de ma préface à l'édition allemande (dernier alinéa p. VIII jusqu'à la fin de la p. IX).

Pour la *Logique de la recherche scientifique,* voir aussi la première page de la préface à la troisième édition allemande (p. XXV).

2. Sur ce point, je reviendrai plus tard.

3. Pour le moment, je travaille sur mes contributions à un volume de la « Library of Living Philosophers », édité par Paul Arthur Schilpp. (Je crois que quelques-uns de ces volumes sont aussi parus en Allemagne, entre autres le volume sur Einstein.) Le volume sur lequel je travaille s'intitule *The Philosophy of Karl R. Popper,* et il contient : a) une « autobiographie intellectuelle », comme on dit, b) des contributions critiques, dues à environ vingt-cinq personnes (des philosophes, mais aussi des gens venus des sciences de la nature) et, c) mes réponses.

Pour la plus grande part, mes travaux actuels sont consacrés à l'irrationalisme et au subjectivisme dans la physique et dans d'autres sciences, tout particulièrement dans les sciences sociales aussi. Comme toujours, mes travaux tentent de formuler des problèmes impérieux de la manière la plus incisive, et de les résoudre. (Mes travaux de logique des sciences, par exemple ceux qui portent sur la physique, sont eux aussi des essais pour résoudre des problèmes en rapport avec nos maladies sociales et politiques.)

Souvent aussi, je reviens sur des problèmes pour lesquels, des années auparavant, j'avais proposé une solution, par exemple pour resserrer cette dernière ou pour travailler les problèmes qui surgissent de mes ébauches de solution — ou pour travailler de nouveaux contextes. Voici une liste de problèmes sur lesquels je ne cesse de revenir :

Un problème de démarcation : science/non-science ; rationalité/irrationalité.

Le problème de l'induction sous toutes ses formes ; entre autres, les propensions, les universaux et les « essences » ; problème de définition (l'impossibilité du postulat de la définition et le peu d'importance de toutes les définitions).

Le problème du réalisme (au regard du positivisme). Méthodologie des sciences de la nature et des sciences humaines.

Le rôle des problèmes et des positions de problème dans les sciences sociales et en histoire. Le problème de la résolution universelle des problèmes.

Les problèmes d'objectivité : la théorie de la vérité de Tarski ; teneur, teneur de vérité, approximation de la vérité. Objectivité en logique (théorie de la déduction), mathématiques, théorie des probabilités. Probabilités en physique. Le problème du temps et la flèche du temps.

Le statut de la théorie darwinienne de la sélection. Améliorations de la théorie de la sélection (explication sélective de tendances de l'évolution). Le langage humain et son évolution. La langue des modèles politiques.

L'indéterminisme et la sélection.

Théorie du « *troisième monde* » et des valeurs logiques et non logiques.

Le problème de l'âme et du corps. Un grand nombre de problèmes historiques, portant en particulier sur l'histoire des théories (de Hésiode et des présocratiques à la théorie des quanta).

Liste longue (et partiellement inintelligible pour celui qui ne connaît pas mes travaux). Mais j'ai laissé bien des choses de côté, et maintenant encore je travaille sur tous ces problèmes, et d'autres aussi. Cf. ma « Bibliographie » ; mais bien des textes ne sont pas publiés.

4. Je n'ai, je crois, jamais écrit le moindre mot sur Marcuse. Il est inutile, à mon avis, de s'arrêter sur ces tirades (cf. alinéa 2, marécage !). Si je me souviens bien, je n'ai rencontré Marcuse qu'en 1966, en Californie (bien que nous fussions tous deux à Harvard en 1950), mais nous n'avons pas discuté. Mon opinion sur Marcuse concorde avec celle de mon collègue et ami Cranston.

Sur l'esthétisme, j'ai déjà écrit, dans le neuvième chapitre du volume I de *La Société ouverte* (mal traduite, hélas, en allemand) [cf.

l'exergue de Roger Martin du Gard[1]]. Pour l'essentiel, Marcuse répète simplement ce que dit Mourlan. On trouvera ma critique à ce propos au chapitre 9 de *La Société ouverte*. Naturellement, cette critique, au chapitre 9, je l'avais écrite longtemps avant que Marcuse n'adoptât le point de vue qui est maintenant le sien (« philosophie négative »), et Martin du Gard avait publié son roman dès 1936-1940[2].

Entre ceux des fascistes qui sont des « idéalistes » et Marcuse, la différence me semble assez secondaire.

J'en viens maintenant à votre point 2.

2. Ce paquet de questions dans votre lettre conduit bien loin. Il faut que je commence par ma théorie de la connaissance.

Vous dites avoir lu mes textes ; pourtant, regardez encore une fois, s'il vous plaît, ma « Deuxième Thèse », p. 103 du livre d'Adorno (*Der Positivismusstreit* [« La Querelle du positivisme »]). Quand je pose que nous ne savons rien, je suis sérieux. Il est important que nous n'oubliions jamais comme nous sommes ignorants. *Nous n'avons donc pas le droit de poser au savant, ni de faire des phrases creuses.*

Ce que, en 1), j'ai appelé le péché contre le Saint-Esprit — la prétention des trois quarts des gens cultivés —, c'est cette manière de mouliner de grandes phrases, d'affecter une sagesse que nous ne possédons pas. La recette : tautologies et trivialités épicées de non-sens paradoxal. Une autre recette : écris dans un style boursouflé bien obscur, en y ajoutant ici et là une pincée d'idées triviales. Le lecteur y prend goût, flatté de trouver dans un livre si « profond » des pensées qui lui étaient déjà venues. (Ainsi que chacun peut le voir aujourd'hui : ils sont à la mode, les nouveaux habits du roi !)

---

1. Popper cite R. Martin du Gard faisant dire à un personnage des *Thibault,* Mourlan, un ami d'exil de Jacques à Genève : « Tout doit être détruit. Toute notre civilisation doit disparaître pour qu'on puisse construire quelque chose de propre » (Bibliothèque de la Pléiade, p. 544).

2. *Les Thibault* parurent en fait entre 1922 et 1936. (*N.d.T.*)

Quand un étudiant entre à l'Université, il ignore les critères qu'il doit appliquer. Il reprend donc à son compte les critères en vigueur. Comme, dans la plupart des courants philosophiques (et tout particulièrement en sociologie), les critères intellectuels font bon ménage avec la boursouflure et l'affectation de savoir (tous ces gens paraissent en savoir beaucoup), on désaxe complètement même des têtes bien faites. Et les étudiants, agacés par les pseudo-prétentions de la philosophie « dominante », deviennent, *à bon droit,* des adversaires de la philosophie. Ils s'imaginent, ensuite, *à tort,* que ces prétentions sont celles de la « classe dominante », et qu'une philosophie sous influence de Marx s'y prendrait mieux. Mais, d'ordinaire, la soupe moderne de la gauche est encore plus suspecte que la soupe moderne de la droite.

Les néo-dialecticiens, qu'ont-ils appris ? Ils n'ont pas appris à quel point il est difficile de résoudre des problèmes et d'approcher la vérité. Ils n'ont appris qu'une chose : comment noyer son prochain dans des torrents de mots.

C'est pourquoi je n'aime guère disputer avec ces gens : ils n'ont pas de critères.

Il vous intéressera peut-être de savoir que, jusqu'à maintenant, dans mon département de la London School of Economics (philosophie, logique et méthodes scientifiques), durant toute la période d'agitation, nous n'avons eu qu'un seul étudiant révolutionnaire. Il avait si souvent l'occasion d'exprimer son opinion qu'il n'avait aucune raison de se plaindre. Mes collègues du département et moi n'avons *jamais* enseigné de manière autoritaire ou dogmatique. Depuis que j'ai pris la direction du département en 1946, nos étudiants furent *toujours* invités à interrompre le cours, soit au cas où quelque chose leur échapperait soit au cas où ils seraient d'un autre avis ; et jamais on ne les traita avec condescendance. Nous n'avons jamais joué aux grands penseurs. Toujours et partout, je fais clairement savoir que je n'entends convertir personne : les tâches que je soumets aux étudiants, ce sont des problèmes et des essais de solution. Naturellement, j'expose clairement où je me situe — ce que je tiens pour l'idée juste et ce que je tiens pour faux.

Je n'expose donc aucune doctrine philosophique, aucune nouvelle révélation (comme le font, Hans Albert excepté, *tous* ceux que vous nommez dans votre lettre), mais des problèmes et des essais de solution ; lesquels font l'objet d'un examen critique.

Voilà qui explique quelque peu la grande différence. Il y a fort peu de philosophes qui résolvent des problèmes. Je ne le déclare pas sans réticence, mais je crois que j'ai résolu toute une série de problèmes philosophiques vraiment fondamentaux, par exemple, le problème de l'induction. (Ces essais de solution ont engendré — il en est toujours ainsi — des problèmes nouveaux et féconds.)

Malgré tous mes succès, immérités, on ignore royalement le fait que j'ai résolu des problèmes. (La grande exception en Allemagne, c'est Hans Albert.) La plupart des philosophes ne reconnaissent ni un problème ni une solution, même s'ils les perçoivent : ces choses sont tout simplement étrangères à leur sphère d'intérêt.

Je n'aime pas m'arrêter à une critique de ces philosophes. Comme disait autrefois mon ami Karl Menger, autant sauter à leur suite, flamberge au vent, dans le marais où de toute façon ils s'enfoncent, pour s'enfoncer avec eux. (Hans Albert s'y est risqué, jusqu'à maintenant il n'a pas encore sombré.) Plutôt que de les critiquer, je cherche, en commentant des solutions de problèmes, à instaurer des critères nouveaux, meilleurs (de nouveaux « standards »). Voilà qui sent un peu son arrogance. Mais je crois que c'est la seule manière juste de procéder. Et cela explique pourquoi je n'ai jamais publié un mot sur Marcuse, ni (jusqu'au 26 mars 1970, dans la lettre au *Times Literary Supplement* jointe au courrier qui vous est destiné) sur Habermas.

Dans la « Querelle du positivisme », la thèse fondamentale d'Adorno et de Habermas, c'est l'*affirmation* (de Mannheim) *selon laquelle, en sociologie, savoir factif et valorisations sont indissociablement articulés*. Point que j'ai déjà traité dans ma critique de Mannheim (*La Société ouverte*, vol. II, *Misère de l'historicisme* ; ainsi que *Positivismusstreit* [« Querelle du positivisme »], particulièrement p. 112, du dernier paragraphe avant la onzième thèse jusqu'à la treizième thèse), où je tente d'établir non la fausseté, mais la trivialité et la non-pertinence de la sociologie du savoir de Mannheim. Au regard de quoi, au lieu de discuter sérieusement, on ressasse la thèse de Mannheim, dans l'ancien langage, ou dans un nouveau. Ce qui, bien sûr, ne répond pas à ma critique.

J'en viens maintenant au nouveau point en rapport, dans votre article, avec votre *Philosophisches Wörterbuch* [« Vocabulaire philosophique »] et où je critique ce Vocabulaire.

5. Je ne dispute jamais sur des mots. Mais les termes « positivisme » et « néo-positivisme » introduits dans le débat par Habermas ont une histoire presque ridicule.

(a) *Positivisme.* Le terme a été introduit par Comte. À l'origine, il désignait la position gnoséologique suivante : il y a un savoir positif, c'est-à-dire non hypothétique. Il faut maintenir ce savoir positif comme point de départ et fondement.

(b) *Positivisme moral et juridique.* Des critiques de Hegel (moi, par exemple, dans *La Société ouverte*) ont exposé que la thèse de Hegel selon laquelle « ce qui est rationnel est réel » est une forme de positivisme : des valeurs morales et juridiques (la justice, par exemple) sont remplacées par des *faits positifs* (les mœurs et le droit en vigueur). [C'est précisément la confusion hégélienne des valeurs et des faits qui rôde encore chez Habermas : ce sont les reliquats de ce positivisme qui l'empêchent de discriminer le normatif et le factif.]

L'amalgame positiviste des valeurs (normes) et des faits est une conséquence de la gnoséologie hégélienne ; s'il est conséquent, un positiviste de la théorie de la connaissance doit aussi être un positiviste du droit. Ce qui signifie, comme je l'ai expliqué dans *La Société ouverte*,

$$\text{droit} = \text{pouvoir}$$

ou :

$$\text{pouvoir d'aujourd'hui} = \text{droit} \; ;$$

une autre position que je combats également, c'est le futurisme moral :

$$\text{pouvoir de demain} = \text{droit}$$

(c) Le positivisme d'Ernst Mach : Mach et, plus tard, Bertrand Russell rendent hommage, dans quelques-unes de leurs œuvres, au sensualisme de Berkeley :

$$esse = percipi,$$

donc, à peu de chose de près : ce qui existe, ce sont seulement les impressions de nos sens, et sinon, rien. Ce qu'ils rattachaient au positivisme de Comte : la science consiste en *descriptions de faits* (*et non pas en explications et en hypothèses*).

(d) *Le « positivisme logique »* du Cercle de Vienne rattachait le positivisme de Mach et de Russell à la philosophie « logistique » des mathématiques de Russell. (Ce que, autrefois et par la suite, on a souvent appelé « néo-positivisme ».)

(e) À mon tour maintenant.

À Vienne, entre 1930 et 1937, et en Angleterre, en 1935-1936, j'ai combattu toutes les formes de positivisme.

En 1934, je publiai ma *Logique de la découverte scientifique*. C'était une critique du positivisme. Mais Schlick et Frank, les animateurs du Cercle de Vienne, étaient si tolérants, qu'ils accueillirent mon livre dans la collection qu'ils éditaient.

Avec cet effet : *tous ceux qui n'en voyaient que la couverture me tenaient pour un positiviste.*

Ainsi naquit le mythe partout répandu de Popper le positiviste. Mythe qui se propagea dans d'innombrables traités, appels de note et incidentes. Prenez quelqu'un ayant un jour ainsi « appris » que je suis un positiviste, qui l'affirme mordicus, en public :

d'ordinaire, il cherchera, par la suite, à retailler le concept de positivisme à ma pointure. La chose s'est déjà produite assez souvent, en particulier chez des gens qui n'ont pas lu mes livres, ou de manière très superficielle. *Toutes choses assez secondaires,* puisqu'elles ne concernent que des mots (« positivisme ») ; et, sur des mots, je ne dispute pas.

Mais, du positivisme, je suis aussi loin qu'il se peut. (Seule similitude : je m'intéresse beaucoup à la physique et à la biologie, alors que les sciences de la nature laissent les herméneuticiens de glace.)

En particulier je suis :

un anti-inductiviste ;

un antisensualiste ;

un champion du primat de la théorie et de l'hypothèse ;

un *réaliste* ;

ma théorie de la connaissance énonce que les sciences de la nature ne trouvent pas leur départ dans des « mesures », mais dans de grandes idées ; et que le progrès des sciences ne consiste pas à accumuler et à expliquer des faits, mais en des idées audacieuses, révolutionnaires, qui, ensuite, seront critiquées et contrôlées avec rigueur.

Dans le domaine du social, j'insiste sur la dimension pratique : la lutte à mener contre les calamités, contre la souffrance évitable et contre la non-liberté évitable (à l'opposé des promesses d'établir le royaume des cieux ici-bas), et dans les sciences sociales, je lutte contre les faux-monnayeurs.

En vérité, je suis aussi éloigné du positivisme que, par exemple, Gadamer.

J'ai découvert, en effet — et c'est là le fondement de ma critique du positivisme —, que les sciences de la nature *ne* procèdent *pas* dans l'esprit du positivisme, mais que, pour l'essentiel, elles appliquent une méthode progressant par « préjugés » ; simplement, elles appliquent autant que faire se peut de nouveaux préjugés et des *préjugés se prêtant à la critique,* les soumettant à une critique rigoureuse. (Toutes choses que vous trouverez dans ma *Logique de la découverte scientifique*.) J'ai même utilisé le terme « préjugé » (*prejudice*) dans ce sens, et montré que Bacon, le pourfendeur des préjugés, a mal compris la méthode des sciences de la nature ; cf. mon opuscule *Sur les sources de la connaissance et de l'ignorance*, 1960, réimprimé dans le recueil intitulé *Conjectures et Réfutations*, en particulier p. 12 sq.

Donc : ce qui me sépare de Gadamer, c'est une meilleure compréhension de la « méthode » des sciences de la nature, une théorie logique de la vérité, et un tour d'esprit *critique*. Mais ma théorie est aussi antipositiviste que la sienne, et j'ai fait voir que l'interprétation des textes (herméneutique) travaille avec des méthodes authentiquement scientifiques, celles des sciences de la nature. En outre, ma critique du positivisme a eu étonnamment de succès. Au bout de bien des années, elle fut largement admise par les membres encore en vie du Cercle de Vienne, si bien que John Passmore, l'historien de la philosophie, a pu écrire : « Le positivisme est aussi mort qu'il est possible de l'être, dans l'absolu, à un courant philosophique. »

Les mots et les noms n'ont pour moi aucune valeur. Je dis pourtant : le nom de « (néo-)positivisme » est simplement un symptôme de l'habitude bien répandue qui consiste à critiquer avant de lire. Ce que je dois dire clairement, à cause de votre « Vocabulaire philosophique ». Je ne discute pas avec des gens qui débattent à coups de slogans de ce genre. Cf. *supra* la remarque de Karl Menger. C'est la manière de déboucher dans les marécages informes des querelles de mots de la scolastique. J'espère pouvoir mieux employer mon temps : à l'étude de problèmes urgents.

(M. Wellmer s'était chargé de lire la *Logique de la découverte scientifique* — ses collègues de l'École de Francfort n'en ayant pas le temps — et de donner la réplique. Sous sa plume, le *Vérité et Méthode* de Gadamer devient l'antithèse de la théorie de la connaissance et de la méthodologie. Mais ça ne marche pas.)

Adorno et Habermas sont tout sauf clairs dans leur critique de ma position. Pour le dire brièvement : ils croient que ma théorie de la connaissance, puisque, croient-ils, positiviste, me contraint à défendre le *statu quo* social. Ou encore : mon prétendu positivisme gnoséologique m'impose un positivisme juridico-moral (ce qui était ma critique de Hegel). Ce qui malheureusement leur a échappé, c'est que, certes, je suis un libéral (non révolutionnaire), mais que ma théorie de la connaissance *est une théorie de la croissance de la connaissance à travers des révolutions intellectuelles et scientifiques* (à travers de grandes idées nouvelles).

Adorno et Habermas ignorent ce qu'ils critiquent ; et ils ne savent pas que leur propre thèse d'une articulation analytiquement indissoluble des valeurs et des faits est un positivisme juridico-moral de provenance hégélienne.

Note de synthèse sur le livre consacré à la prétendue « Querelle du positivisme » [*Der Positivismusstreit*]. Ce livre fait voile sous un faux pavillon. En outre : ma contribution, qui, dans l'ordre chronologique comme du point de vue logique, venait la *première* et a alors ouvert la brèche aux autres, était prévue pour servir de base de discussion. Elle tenait en vingt-sept thèses claires et bien tranchées que l'on aurait dû et pu discuter. Or, dans l'épais volume, elles sont à peine évoquées et, au beau milieu du volume, noyées dans un déluge de mots. Aucun des auteurs de recension n'a remarqué que mes thèses et arguments ne trouvent nulle part réponse. Procédure efficace (là où manquent les arguments, on les a remplacés par des nuages de phrases) : après noyade, mes thèses et arguments sont oubliés.

Tout cela (toute la « Querelle du positivisme ») *n'est que creuses contorsions — une insignifiance qui touche au ridicule.*

Synthèse de l'ensemble : bien que je travaille presque toujours sur des problèmes scientifiques rigoureusement déterminés, un fil rouge traverse tous mes chantiers : *pour* des arguments critiques — *contre* les grandes phrases et contre l'immodestie et la prétention intellectuelle — contre la *trahison* des clercs, comme disait Julien

Benda (cf. les 4ᵉ et 5ᵉ tirages de l'édition anglaise de *La Société ouverte,* II, p. 393). Je suis convaincu (cf. *La Société ouverte*) que, nous autres, les intellectuels, sommes responsables de presque tout le malheur, car nous luttons bien trop peu pour la probité intellectuelle. (Et, au bout du compte, l'anti-intellectualisme le plus borné en recueillera les fruits.) Dans *La Société ouverte,* où je harcèle les faux prophètes, c'est ce que je dis, et je ne prends pas de gants. À Jaspers et Heidegger, par exemple, j'ai consacré quelques brèves remarques *fort tranchantes* (cf. l'index des noms de personnes, dans *La Société ouverte*).

Vous voulez savoir, semble-t-il, les raisons que j'ai de refuser de débattre avec le professeur Habermas.

Voici quelles sont mes raisons. Elles consistent (1) en citations tirées de la « Querelle du positivisme » [*Der Positivismusstreit*], du professeur Habermas, le début de sa postface à la controverse entre Popper et Adorno (N.B. : je n'ai, jusqu'au 26 mars 1970, jamais publié un seul mot sur Adorno ou sur Habermas), et (2) dans la traduction que j'en donne. Maints lecteurs jugeront que je n'ai pas réussi à traduire convenablement le texte-source. C'est possible. J'ai une expérience certaine de la traduction, mais peut-être suis-je trop ganache pour ce travail. Quoi qu'il en soit, j'ai fait de mon mieux :

> Il me presse d'ouvrir les pages du texte-source,
> Et en bonne et vraie probité
> Du saint original
> De donner traduction en l'allemand cher à mon cœur[3]

Je ne cherche pas, dans ma traduction, à éviter les mots d'origine étrangère quand leur sens est clair (*Kooperation* = *Zusammenarbeit ; Antagonismus* = *Gegnerschaft*), je *ne* tiens *qu'*à rendre le plus distinctement possible la teneur assez sommaire

---

3. *Faust* I, Faust dans la scène du barbet.

de chaque phrase en informations, même si, ce faisant, la longueur de la traduction excède celle du texte-source.

Habermas commence par une citation d'Adorno, qu'il approuve :

[*Citations tirées de l'essai de Habermas*]	[*Ma « traduction »*]
La totalité sociale n'a pas de vie propre par dessus l'ensemble qu'elle soude et en quoi elle-même consiste.	La société consiste en rapports sociaux.
Elle se produit et se reproduit par l'intermédiaire de ses moments, un à un.	*D'une manière ou d'une autre* les diverses relations produisent la société.
Aussi peu cette totalité est-elle séparable de la vie, de la coopération et l'antagonisme entre individus,	Parmi ces relations, il y a la coopération et l'antagonisme ; et la société consistant, comme nous l'avons déjà dit, en ces relations, elle ne peut en être isolée,
aussi peu un élément quelconque peut-il être compris serait-ce dans son simple fonctionnement sans que l'on perce le tout dont le principe participe du mouvement de l'individu.	mais l'inverse est vrai aussi : aucune des relations ne peut être comprise sans les autres.
Système et unité sont réciproques et ne sont intelligibles que dans la réciprocité.	(Répétition de l'idée précédente.)

(*Remarque : la théorie de la totalité ici exposée l'a déjà été un nombre incalculable de fois, et très souvent de meilleure manière ; mais les mots en imposent chaque fois un peu plus.*)

Le professeur Habermas s'exprime maintenant lui-même :

Adorno comprend la société en des catégories qui ne nient pas trouver leur origine dans la logique de Hegel.	Adorno s'exprime d'une manière qui rappelle Hegel.

Il comprend la société comme totalité dans un sens strictement dialectique, lequel interdit de concevoir le tout sur le mode organique, conformément à l'axiome : il est plus que la somme de ses parties ;

Il ne dit donc [*sic,* K.P.] pas que le tout soit plus que la somme de ses parties ;

mais tout aussi peu la totalité est-elle une classe qu'on pourrait déterminer dans son extension logique par la somme de tous les éléments qu'elle intègre.

tout aussi peu [*sic,* K.P.] le tout est-il une classe d'éléments.

Et ainsi de suite. Plus loin, par exemple, à la même page :

la totalité des structures sociales d'existence…

tous, nous avons d'une manière ou d'une autre des relations les uns avec les autres…

ou, p. 157

Les théories sont des schémas organisateurs que nous construisons à notre guise dans un cadre syntactique contraignant.

On ne devrait pas formuler les théories hors les règles de la grammaire ; et sinon, tu peux dire ce qui te chante.

Et elles s'avèrent utilisables pour un domaine d'objets précis quand la multiplicité du réel se plie à elles.

Et elles sont applicables dans un champ tel ou tel quand elles sont applicables.

Exprimer de manière compliquée ce qui est simple, le trivial, le rendre difficile, voilà malheureusement le jeu consternant où, de tradition, bien des sociologues, des philosophes, etc., voient leur tâche légitime. Ainsi l'ont-ils appris, ainsi l'enseignent-ils. On n'y peut rien. Même Faust ne put rien y changer. Les oreilles même ont dégénéré : elles ne peuvent plus percevoir que les grandes phrases.

> L'homme croit, en effet, lorsqu'il entend un mot
> Qu'une pensée est là pour le suivre aussitôt

C'est pourquoi Goethe dit de l'éminente puissance cachée de cette sorcellerie :

> Tel qui n'y pense,
> En récompense,
> L'a sans l'avoir cherchée[4]

« Ébahi, le chef concerné en prend connaissance », lit-on dans *Palmström* de Morgenstern (« L'autorité »)[5].

Vous le savez, je suis un adversaire de Marx ; mais parmi celles de ses nombreuses observations qui forcent mon admiration, il y a celle-ci : « Sous sa forme mystifiée, la dialectique devint une mode allemande… »

Elle l'est encore.

Ce qui excuse que je ne rentre pas dans cette discussion, mais préfère travailler à formuler mes idées le plus simplement possible. Souvent, ce n'est pas facile.

Note (1984).

La citation de Marx (à la fin de ma lettre) est tirée du *Capital,* 2ᵉ édition, 1872, p. 822. À la même page, un peu avant, Marx écrit : « L'aspect mystificateur ["mystificirende", (*sic*), K.P.] de la dialectique hégélienne, je l'ai critiqué il y a près de trente ans, à une époque où elle était encore à la mode. »

Marx ne pressentait pas qu'elle pourrait le rester, pour toujours peut-être.

---

4. *Faust* I, trad. J. Malaplate, Paris, Flammarion, p. 116, I, 14.
5. Dans le second volume des *Chansons du gibet,* paru en 1987 aux Éd. Obsidiane dans la traduction de J. Busse (ici, trad. modifiée).

II

Sur l'histoire

7

DES LIVRES ET DES PENSÉES

Le premier livre en Europe

En me faisant l'honneur de m'inviter à prononcer aujourd'hui cette allocution d'ouverture[1], vous m'avez réservé une grande joie. Non seulement parce que je tiens le livre pour le plus précieux trésor culturel que possède l'Europe et peut-être l'humanité, mais aussi parce que les livres ont bouleversé ma vie, et le font encore, au bout de soixante-quinze ans : j'en ai plus de quatre-vingts. Dès avant ma cinquième année, en effet, les livres ont tenu une très grande place dans ma vie. À cinq ans, je découvris le premier tome du *Merveilleux Voyage de Nils Holgersson à travers la Suède*[2], une œuvre qui venait de paraître en trois volumes verts. C'était un livre qui entra de façon décisive dans la formation de mon caractère, comme pour mon ami de jeunesse, Konrad Lorenz. Konrad s'éprit des oies sauvages, moi, de Selma Lagerlöf et de ses livres. Comme elle, je devins instituteur. Konrad et moi sommes restés tous deux fidèles à nos amours.

Depuis, les livres ont joué un plus grand rôle encore dans ma vie que la musique, bien que nul ouvrage humain, pas

1. Conférence donnée en novembre 1982 à la Hofburg, à Vienne, à l'occasion de l'ouverture d'une Semaine du Livre par le président de la République autrichienne.
2. Paru en Suède en 1906-1907. (*N.d.T.*)

même les sommets de la littérature et des beaux-arts, ne me paraisse aussi admirable et dépasser l'homme autant que les grandes œuvres de la musique classique, qui, en même temps, me touchent de très près. Mais pour la culture, les livres ont autrement d'importance.

Je n'entends pas parler maintenant de la grande révolution européenne dont nous sommes redevables à Jean Gutenberg (ou peut-être à Laurens Janszoon Coster), dont l'invention du livre imprimé fut le grand moteur du courant humaniste, de la Réforme, de l'essor des sciences de la nature et, en fin de compte, de la démocratie moderne. Je veux plutôt parler d'une évolution tout à fait semblable, entamée deux mille ans avant Gutenberg, en Grèce, et qui donna ses fondements, je conjecture, à la culture européenne.

C'était une époque nommée à juste titre le miracle grec ; et surtout le miracle athénien, au VIe et au Ve siècle av. J.-C., époque de la résistance aux Perses, de la liberté révélée à ses défenseurs, l'époque de Périclès et de l'édification du Parthénon.

On ne pourra jamais expliquer complètement un miracle pareil au miracle athénien. J'y ai beaucoup réfléchi, en écrivant aussi ; une partie de l'explication —à coup sûr, une part modeste —, c'est le choc de la culture grecque et des cultures orientales, ce qu'en anglais on appelle « *culture clash* ». En tout cas, les épopées d'Homère et presque toutes les grandes idées nouvelles ont vu le jour dans les colonies grecques, sur la côte d'Asie Mineure où le « *culture clash* » était le plus palpable. Et pour une part au moins, des réfugiés politiques et d'autres encore, fuyant devant les Perses, les amenèrent avec eux à l'Ouest. Parmi ces réfugiés, il y avait Pythagore, Xénophane et Anaxagore.

Il y a quelque temps, pourtant, l'idée m'est venue que le miracle grec et en particulier le miracle athénien s'expliquent peut-être en partie — à coup sûr, de manière très partielle — par l'invention du livre des copistes et du commerce du livre.

L'écriture existait depuis longtemps déjà ; et, ici et là, quelque chose d'approchant le livre, en particulier au Moyen-Orient (je ne parlerai pas de la Chine), quoique la cire, les tablettes d'argile et semblables matériaux ne se prêtassent pas bien à la main des rédacteurs. Il y avait aussi des textes sacrés. Mais, pendant longtemps, les signes d'écriture furent principalement utilisés pour les documents officiels, les textes religieux et par les commerçants, pour leurs mémoires, comme en témoignent les états de marchandises et autres biens, à Pylos et Cnossos ; et aussi, parfois, pour tenir registre des hauts faits d'armes des rois.

Mon hypothèse, je m'en ouvre pour la première fois aujourd'hui, est que la culture européenne proprement dite fit ses débuts avec la première *publication, sous forme de livre,* des œuvres d'Homère ; elles existaient depuis près de trois cents ans, mais, comme ensemble, elles n'étaient connues que des aèdes, les homérides, les rhapsodes de cette école.

Les épopées d'Homère furent colligées, couchées par écrit et pour la première fois publiées sous forme de livre en 550 av. J.-C., sur les instances de l'État. La chose se produisit à Athènes, à l'initiative du maître d'Athènes, le tyran Pisistrate.

Le premier métier de Pisistrate, c'était la domination qu'il exerçait sur Athènes — une lourde tâche, et source de bien des tracas. Accessoirement, c'est bel et bien lui qui fut le premier éditeur en Europe : fondateur et directeur d'une entreprise à laquelle, si l'on me permet de faire une allusion, correspondrait, disons, notre Bundesverlag[3], ou bien, puisque Athènes était un État-cité, les éditions Verlag für Jugend und Volk[4]. Fondation qui ne survécut pas à son fondateur. Mais les conséquences pour la culture en furent incalculables, et elles le sont toujours.

---

3. C'est-à-dire la maison d'édition de la République fédérale autrichienne. (*N.d.T.*)

4. Mot à mot : « Éditions pour la jeunesse et le peuple ». Par humour et respect de l'échelle de grandeur, Popper évoque une entreprise d'enseigne moins officielle et de mission plus pédagogique. (*N.d.T.*)

Le premier marché du livre d'Europe vit le jour à Athènes. Tout un chacun y lisait Homère. Dont les textes furent le premier abécédaire et la première Bible[5] de l'Europe. Puis vinrent Hésiode, Pindare, Eschyle et d'autres poètes. Athènes apprit à lire et à écrire. Et Athènes devint une démocratie.

On commença à y écrire et à y vendre des livres. En 466 av. J.-C. déjà parut, à raison d'un gros tirage apparemment, le premier ouvrage traitant de questions de sciences de la nature, le *De la Nature* d'Anaxagore. (L'ouvrage d'Anaximandre ne fut sans doute jamais « publié », bien que, semble-t-il, le Lycée en ait possédé une copie ou un résumé et que, plus tard, Apollodore en ait découvert un exemplaire dans une bibliothèque — peut-être le même que celui du Lycée. Héraclite ne publia pas ses œuvres, il les déposa au temple d'Artémis.) Anaxagore était un réfugié politique originaire de Clazomènes, en Ionie. Il avait rédigé son ouvrage à Athènes. Bien que ce livre y ait été bradé au bout de soixante-sept ans, mille ans après on en parlait encore. Ce fut sans doute le premier livre écrit à des fins de publication.

Trente-sept ans environ après la parution de l'œuvre d'Anaxagore, on publia à Athènes le grand ouvrage historique d'Hérodote, au cours d'une assemblée où il fut lu ou déclamé solennellement. C'est à bon droit que, deux ans auparavant, Périclès avait déclaré qu'Athènes était l'école de la Grèce.

Bien entendu, il n'est pas possible de vérifier mon hypothèse, selon laquelle Pisistrate, à Athènes, en commercialisant le livre, ouvrit la voie à une révolution culturelle semblable à celle de Gutenberg, deux mille ans plus tard, dans toute l'Europe de l'Ouest. On ne devrait jamais accorder trop d'importance aux parallèles historiques. Ils réservent pourtant parfois des surprises. Ainsi, après la publication de son livre, Anaxagore fut accusé d'impiété, comme Galilée deux mille ans plus tard. Grâce à Périclès, autrefois son élève, qui avait pris la parole en

---

5. Popper joue ici sur les assonances : *die erste Fidel und die erste Bibel*. (*N.d.T.*)

sa faveur, Anaxagore ne fut pas mis à mort, mais seulement banni d'Athènes après qu'on l'eut taxé d'une lourde amende. Un autre exilé athénien, Thémistocle, lui aussi un ancien élève d'Anaxagore, l'accueillit à Lampsaque où il mourut au bout de quelques années.

À personne l'idée n'était venue d'interdire son livre ni même de le brûler. Apparemment, les livres étaient chose trop nouvelle pour donner matière à sentence judiciaire. Ainsi, le livre d'Anaxagore, grâce au procès retentissant intenté à son auteur, devint un best-seller local ; les passages qui n'en présentaient pas de difficultés excessives défrayaient toutes les conversations en ville. En 399, on pouvait pourtant se le procurer pour un prix dérisoire, tandis que le livre de Galilée, qui sera interdit, coûtera une fortune tant il était rare.

Le premier à reconnaître le pouvoir du livre et sa signification politique — et singulièrement l'influence d'Homère —, ce fut Platon. Et il proposa d'interdire Homère, qu'il admirait comme poète, [et d'autres poètes] à cause des effets politiques de son [leur][6] influence.

Ce que je sais du destin du livre d'Anaxagore provient pour l'essentiel de Platon, et d'abord de son *Apologie de Socrate,* le plus beau livre de philosophie que je connaisse. Nous y lisons que seuls des gens incultes (il faudrait dire : « *Analphabeten* », des analphabètes) ne savent rien de la teneur de l'ouvrage d'Anaxagore et que les jeunes gens avides de savoir « peuvent parfois acheter ces livres au marché au livre, pour une drachme tout au plus ». Otto Kiefer, un bon traducteur, a traduit « chez le libraire » au lieu de « au marché au livre », comme je le fais[7]. Mais je ne peux trancher si, à l'endroit qu'indique Platon — « l'orchestre », *ek tès orchestras* —, il y avait des libraires ès qualité, ou simplement des

---

6. Entre crochets, variantes présentées par le texte du 9e tirage (1997).
7. *Apologie de Socrate,* trad. E. Chambry, Paris, Garnier-Flammarion, 1965, p. 38 : « à l'orchestre ». L'orchestre désigne la partie de l'agora où avait lieu, semble-t-il, le négoce des livres.

commerçants vendant des livres, entre autres marchandises (disons, des casse-croûte). Des historiens de la génération antérieure à la Première Guerre mondiale estimaient qu'une drachme valait alors un peu moins de quatre-vingt-dix heller autrichiens — disons entre vingt et quarante de nos schillings[8].

L'œuvre d'Anaxagore se composait de deux ou trois livres manuscrits. Platon laisse entendre qu'il était possible de les acquérir à un prix étonnamment bas, bien qu'ils fussent très connus.

Peut-être faut-il en chercher la raison dans l'histoire locale. Après une guerre avec Sparte qui avait duré vingt-sept ans, Athènes était tombée sous la coupe des Trente Tyrans, ainsi qu'on les appelait, qui mirent en place un régime sanguinaire, firent exécuter en huit mois huit pour cent des citoyens athéniens de plein droit et en séquestrèrent les biens. De nombreux Athéniens prirent la fuite. Ils revinrent, vainquirent les Trente Tyrans, au cours d'un combat livré au Pirée. Ainsi la démocratie fut-elle restaurée. L'*Apologie* écrite par Platon décrit la situation peu après ces événements. On peut s'expliquer que, suite à ces circonstances, des familles ruinées aient vendu quantité de livres.

Mais on continua d'en écrire et de les proposer à l'étal. En témoignent la grande œuvre de Thucydide, décrivant en huit livres vingt et une années de guerre, et l'œuvre monumentale de Platon, et bien d'autres livres encore.

On continua de lire le livre d'Anaxagore. On le trouvait encore à Athènes en 529 ap. J.-C., mille ans ou presque après sa parution. En cette année, sur un rescrit impérial, les écoles de philosophie païenne à Athènes furent fermées. Et depuis, le livre d'Anaxagore a disparu.

Mais les érudits de notre époque ont tâché d'en restituer le contenu. Bien des passages, cités ou commentés dans d'autres livres, purent être reconstitués et référés les uns aux autres. Il vous intéressera peut-être d'apprendre que le professeur Felix

8. À la parité actuelle : entre 10 et 20 F.

M. Cleve, le meilleur connaisseur, que je sache, du cheminement de la pensée d'Anaxagore, celui qui en a le mieux retrouvé le fil, est un Viennois qui, en 1940, tout comme jadis Anaxagore en 492 av. J.-C., dut fuir vers l'Ouest par la mer : vers New York. Comme Anaxagore, il essuya bien des attaques, mais, d'ordinaire, rien que du fait d'autres érudits. Seulement, il ne fut pas chassé de New York.

Voici donc comment un livre peut survivre à son auteur, mille ans. Mais les pensées qui en faisaient la teneur lui ont survécu quinze cents ans encore.

C'est là justement que pour une part le livre trouve son importance phénoménale pour la culture. Les pensées qui ont été reconstituées de nos jours sont quelque chose d'objectif. Il faut clairement les distinguer du cheminement des pensées tel que dans le for intérieur d'Anaxagore — et dans celui de tout auteur.

Objectif, le patrimoine de pensées que renferme un livre est ce qui en fait toute la valeur. Contrairement à ce que l'on croit souvent, il n'est pas l'expression des pensées dans la subjectivité de l'auteur, ni de ses cheminements mentaux. On pourrait bien mieux le définir comme le résultat objectif du labeur mental subjectif, labeur qui consiste souvent en ceci qu'est sans cesse mis au rebut et amélioré le texte couché sur le papier. Dans ce cas, on peut observer une sorte de rétroaction entre, d'une part, les processus mentaux subjectifs, le travail mental et, d'autre part, les pensées couchées sur le papier, objectives. L'auteur crée l'œuvre, mais il est à son école, il tire parti du résultat objectif de son travail et en particulier des essais qui ont tourné court.

Il y a bien entendu des auteurs qui procèdent tout autrement, mais chez beaucoup d'entre eux on peut observer que le travail intellectuel a les meilleures chances d'être critiqué et amélioré quand ils essayent de rédiger à des fins de publication.

La théorie superficielle et mystificatrice selon laquelle, dite ou rédigée, une thèse est l'*expression* (*Ausdruck*) d'une idée subjective, a exercé un funeste empire. En latin, expression signifie *expressio,* et cette funeste théorie a mené à l'expressionnisme. Admise aujourd'hui encore presque universellement comme une évidence, cette théorie pose qu'une œuvre d'art est l'expression de la personnalité de l'artiste. Presque chaque artiste y adhère, l'art en a été ravagé.

En vérité, le grand artiste est un poulain, esprit tout frémissant qui se laisse enseigner non seulement par les autres œuvres, mais aussi par la sienne propre, et tout particulièrement par les erreurs que, comme tout un chacun, il a commises, ainsi que par l'œuvre à laquelle il s'ingénie. Ce qui est vrai au premier chef de l'auteur d'un livre ou d'une œuvre musicale. C'est ainsi qu'il s'excède lui-même. On sait trop peu que Haydn, entendant la première de sa *Création* dans l'aula de l'ancienne université de Vienne, fondit en larmes, et dit : « Ce n'est pas moi qui ai écrit cela. »

Monsieur le Président de la République, mesdames et messieurs, je viens d'aborder, vous l'aurez compris, un thème inépuisable. Il se conjoint aussi très étroitement à la floraison des beaux-arts en Grèce, subissant longtemps avant Pisistrate l'influence d'Homère mais qui, à Athènes précisément, après la publication de ses œuvres, ont connu un tournant, virant nettement vers le genre descriptif et illustratif, puis vers le naturalisme.

Toutes choses qui font clairement voir l'importance phénoménale des pensées, au sens objectif du terme. Elles constituent un monde, celui que j'ai appelé le monde 3.

J'appelle monde 1 le monde des corps au sens physique, celui donc que décrivent la physique et l'astronomie, la chimie, la biologie. J'appelle monde 2 celui du vécu personnel, subjectif, et de nos attentes, des fins que nous nous donnons, de nos souffrances et de nos joies, de nos pensées, au sens subjectif. J'appelle monde 3 celui des résultats de notre travail mental, le monde, avant tout, des pensées formulées par le langage ou l'écriture et le monde de la technique et de l'art.

Le monde 3 est donc celui des produits de l'esprit humain.

Ce n'est là qu'une terminologie de mon cru, elle n'est même pas nouvelle. Mais la thèse, elle, est nouvelle selon laquelle notre psyché, notre pensée, nos émotions, notre monde 2, donc, notre monde psychique se développe en interaction avec les deux autres mondes, donc et tout particulièrement en interaction avec le monde 3 qui est notre propre création, le monde du langage, de l'écriture, le monde, surtout, des contenus de pensée ; celui du livre, mais celui aussi de l'art, le monde de la culture.

La thèse de la rétroaction, et tout d'abord de la rétroaction des contenus propres à l'univers des livres avec le monde du vécu, a des conséquences remarquables. Qu'il y ait de tels contenus, nous le devons à l'invention du langage humain qui, pour la première fois dans l'histoire de l'évolution de la vie sur notre merveilleuse planète, a permis qu'il y ait des contenus de pensée objectifs.

L'étape suivante, ce fut l'invention de l'écriture. Mais l'étape la plus grosse de conséquences a bel et bien été l'invention du livre et de l'émulation entre les livres.

Il n'est pas invraisemblable que Pisistrate ait compté sur une espèce de monopole pour son Homère et pour sa maison d'édition, sans toutefois dominer la situation et sans s'attendre à la concurrence que lui feraient d'autres éditeurs. Il est parfaitement possible qu'il faille largement imputer à ce manque de prévoyance l'histoire spécifique de la science et de la culture européenne.

Références bibliographiques

Sur mes allusions personnelles à des livres et à la musique, cf. mon autobiographie *La Quête inachevée, autobiographie intellectuelle,* trad. fr. R. Bouveresse avec coll. de M. Bouin-Naudin, Paris, Calmann-Lévy, 1981. Sur la question controversée des dates de naissance et de mort et de la parution du livre d'Anaxagore, cf. Felix M. Cleve, *The Giants of Pre-Sophistic Greek Philosophy,* La Haye, Martinus Nijhoff, 1969[2], en part. pp. 170 sq ; on y trouve aussi d'autres références bibliographiques (Diels & Kranz, etc.).

Sur la question de là datation, cf. aussi D. O'Brien, *Journal of Hellenic Studies,* 1968, pp. 93-113 ; cf. aussi Charles H. Kahn, *Anaximander,* New York, Columbia University Press, 1964², en part. pp. 164 sq. Sur le livre d'Anaximandre, cf. Kahn, *op. cit.,* et Olof Gigon, *Der Ursprung der griechischen Philosophie,* Bâle, 1945. Sur le livre d'Anaxagore, cf. les diverses observations de Platon colligées par Diels & Kranz, en part. *Apologie* 26 d-e. Sur la proposition de Platon de censurer Homère et d'autres poètes, cf. mon livre, *La Société ouverte et ses ennemis,* I, « L'ascendant de Platon ». Sur l'influence exercée par Homère sur les arts plastiques, cf. Ernst H. Gombrich, *L'Art et l'Illusion : psychologie de la représentation picturale,* trad. de l'anglais par G. Durand, Paris, Gallimard, 1971, nouvelle éd. révisée 1996, IV, 4, pp. 107 sq. Sur la théorie des mondes 1, 2 et 3, cf. *La Quête inachevée* (cf. *supra*) et mon livre *La Connaissance objective,* en part. chap. 3 et 4. Cf. aussi Bernard Bolzano, *Wissenschaftslehre,* Sulzbach 1837 ; H. Gomperz, *Weltanschauungslehre* II/1, Iéna et Leipzig, Eugen Diederichs, 1980 ; Karl Bühler, *Sprachtheorie,* Iéna, Gustav Fischer, 1934 ; Gottlob Frege, « Der Gedanke », *Beiträge zur Philosophie des deutschen Idealismus,* vol. I, 1918. Et, de K.R. Popper et John C. Eccles, *The Self and Its Brain,* New York, Springer Verlag, 1977.

Quelques remarques encore (1984)

(1) À Athènes, vers 550 av. J.-C., sous le régime de Pisistrate et à l'époque où l'on publiait Homère pour la première fois, du papyrus venant d'Égypte fit son apparition, en grande quantité.

(2) « *Biblos* » ou « *byblos* » a longtemps été un synonyme de « papyrus ». Hérodote emploie quelquefois le terme pour désigner le rouleau de papyrus inséré parmi d'autres écritures, mais cette acception ne semble avoir été assimilée que très lentement. Bien qu'on achetât des livres, la *notion* de livre (achetable) ne s'est apparemment imposée que très lentement.

Longtemps, on n'a lu les signes d'écriture qu'à haute voix :
apparemment, il a fallu des siècles pour que se répandît la
lecture muette. Il suffit de se reporter, dans les *Confessions*
d'Augustin, au passage évoquant saint Ambroise absorbé dans
sa lecture[9]. Les lettres, les discours, les drames (ou dialogues)
ou les poèmes relevaient de l'écrit. (D'où ma conjecture que le
livre d'Anaxagore a été le premier qui fut composé à des fins de
publication.) La communication écrite (lettre, livre…) passait
souvent, même chez Platon, pour inférieure à la communication
orale. Et même Platon tient que la meilleure part de son
propos n'est pas écrite (voire qu'elle n'est pas communicable
par l'écrit) ; un jugement qui a longtemps prévalu. Le fait
que s'impose l'usage, mais non pas, au début, l'idée du livre,
explique que même Platon, qui souhaite proscrire (du moins
censurer) les poésies d'Homère, ne parle pas de les brûler, et
que le livre d'Anaxagore n'ait pas été brûlé.

   (3) On ne peut donc pas prêter foi au témoignage de Diogène
Laërce, lorsqu'il écrit (au moins cinq cents ans plus tard) que
« les Athéniens brûlèrent les livres de Protagoras sur l'agora
après avoir chargé un héraut de les collecter chez tous ceux qui
en possédaient des copies ». (Épisode qui devrait dater de 411,
Platon ayant alors seize ans.)

   (4) Du vil prix d'une drachme, quelques érudits ont voulu
conclure que le livre d'Anaxagore (qui avait certainement été

   9. « Quand il lisait, ses yeux couraient sur les pages dont son esprit perçait le sens ;
sa voix et sa langue se reposaient. Souvent en franchissant le seuil de sa porte, dont
l'accès n'était jamais défendu, où l'on entrait sans être annoncé, je le trouvai lisant tout
bas et jamais autrement. Je m'asseyais, et après être demeuré dans un long silence (qui
eût osé troubler une attention si profonde ?), je me retirais, présumant qu'il lui serait
importun d'être interrompu dans ces rapides instants permis au délassement de son
esprit fatigué du tumulte de tant d'affaires. Peut-être évitait-il une lecture à haute voix,
de peur d'être surpris par un auditeur attentif en quelque passage obscur ou difficile,
qui le contraignît à dépenser en éclaircissements ou en disputes le temps destiné aux
ouvrages dont il s'était proposé l'examen ; et puis la nécessité de ménager sa voix,
qui se brisait aisément, pouvait être encore une juste raison de lecture muette. Enfin,
quelle que fût l'intention de cette habitude, elle ne pouvait être que bonne en un tel
homme » (VI, 3, trad. L. Moreau, Paris, Flammarion, pp. 140-141). (*N.d.T.*)

publié bien plus de trente ans avant) était un ouvrage *bref*. Mais en matière de livres anciens, c'est là un raisonnement illicite ; et ce que nous savons de son contenu n'est pas compatible avec cette représentation. Il comprenait entre autres une astronomie et une météorologie ; une théorie de la genèse du monde, de la genèse et de la structure de la matière ; et surtout, une théorie non atomiste de la molécule et de la divisibilité à l'infini de la matière ; des divers genres plus ou moins homogènes de substances (eau, métaux ; substances chez les êtres vivants, telles que les poils, la chair, les os, etc.). La théorie de la divisibilité à l'infini, qui était tout à fait subtile, comprenait des observations (probablement incomprises jusqu'à aujourd'hui) sur les nombres infinis (produits d'une division, « dénombrables », comme nous disons aujourd'hui) et sur leur similarité ; un résultat que l'on ne retrouvera qu'au XIXe siècle (Bolzano, Cantor). Il s'agissait manifestement d'un livre épais et, comme le suggère Platon, d'un prix dérisoire. Il faut donc qu'à l'origine il ait été publié à raison d'un fort tirage.

[C'est chez Cicéron, cinq cents ans après Pisistrate, que l'on trouve mentionnée l'édition des œuvres d'Homère réalisée à cette époque. Bien entendu, de nombreux érudits n'accordent pas créance à Cicéron ; d'autres, tel M.I. Finlay, le suivent sur ce point. Une autre possibilité, ce serait Solon, mais, par rapport à l'exportation de papyrus égyptien vers Athènes, l'époque est trop reculée ; un argument que je n'ai pas trouvé dans le débat[10].]

---

10. Entre crochets, variante présentée par le 9e tirage de l'édition allemande (cf. p. 81).

8

SUR LE CHOC DES CULTURES

Ma joie a été grande d'être invité à Vienne pour y revoir des amis de longue date et y lier de nouvelles amitiés ; et le président de l'*Auslandsösterreicherwerk* [« Œuvres des Autrichiens à l'étranger »] m'a fait un grand honneur en m'invitant à prononcer ici, aujourd'hui, une brève conférence. J'aurais, comme il le soulignait, toute liberté de choisir mon thème. Sa délicatesse me réservait ainsi les tourments du parti à prendre.

Puissants tourments. Manifestement, on attendait de moi que je choisisse un thème qui rentrerait dans la sphère de mes centres d'intérêt. D'un autre côté, il devait un tant soit peu convenir aux circonstances du moment — l'assemblée, à Vienne, des Autrichiens à l'étranger, à l'occasion du jubilé d'argent d'une convention d'État unique en son genre[1].

Je ne suis pas certain que le thème pour lequel j'ai opté réponde à cette attente. Pour faire mémoire de la Convention

---

1. Conférence rédigée pour les cérémonies du vingt-cinquième anniversaire du *Staatsvertrag* [dit « traité d'État », le traité de paix conclu le 15 mai 1955 entre l'URSS et l'Autriche prévoyait des garanties de neutralité et de formes de régime ; en novembre de la même année, les dernières troupes alliées quittaient le territoire autrichien (*N.d.T.*)]. En présence du président de la République autrichienne, la conférence fut prononcée par madame le Dr Elisabeth Herz, et publiée en 1981 in *25 Jahre Staatsvertrag,* Vienne, Österreichischer Bundesverlag.

d'État et des événements qui y préludèrent, je me pencherai sur le choc des cultures[2]. Termes par où je tente de traduire en allemand l'expression anglaise : *culture clash*.

Mon intérêt pour le choc des cultures va de pair avec mon intérêt pour un vaste problème : celui de la spécificité et de l'origine de notre civilisation européenne. Pour une part, la réponse à cette question me semble tenir à ceci que notre civilisation occidentale procède de la civilisation grecque. Et la civilisation grecque — un phénomène qui n'a pas son pareil — est née du choc des cultures, les cultures de la Méditerranée orientale. Ce fut le premier choc significatif entre cultures occidentales et orientales, et il fut ressenti comme tel. Homère en fit un leitmotiv de la littérature grecque et de la littérature du monde occidental.

L'intitulé de ma conférence, « Le choc des cultures », renvoie à une hypothèse, à une conjecture historique : un heurt de cette nature ne doit pas nécessairement toujours conduire à de sanglants combats ni à des guerres dévastatrices, il peut aussi être l'occasion d'une évolution féconde, source de vie. Il peut même mener à l'épanouissement d'une culture unique en son genre, comme celle des Grecs, qui se heurta aux Romains, lesquels l'adoptèrent. Après bien d'autres heurts, avec la culture arabe en particulier, elle fut consciemment revivifiée sous la Renaissance ; ainsi devint-elle la culture occidentale, la civilisation de l'Europe et de l'Amérique qui, finalement, non sans d'autres chocs, a transformé toutes les autres cultures de la planète.

Mais cette civilisation occidentale est-elle quelque chose de bon, qui mérite révérence ? Sans cesse relancée depuis Rousseau au moins, surtout par les jeunes générations toujours en quête, et à juste titre, d'une vie meilleure, cette question est typique de l'actuelle civilisation occidentale, de toutes les civilisations celle qui est la plus éprise d'autocritique et de réforme. Avant de

2. En allemand : *Zusammenprall von Kulturen*. (*N.d.T.*)

traiter plus avant de mon thème, le choc des cultures, j'aimerais donner réponse à cette question.

Je crois que, malgré tout ce qu'on peut lui objecter avec bien des bonnes raisons, notre civilisation occidentale est la plus libre, la plus juste, la plus humaine, la meilleure que nous ayons pu connaître dans l'histoire de l'humanité. Elle est la meilleure, parce que la plus apte à s'amender.

Partout sur la terre, les hommes ont créé des mondes culturels nouveaux et, souvent, très divers : les mondes du mythe, de la poésie, de l'art, de la musique ; les mondes des moyens de production, des outils, de la technique, de l'économie ; les mondes de la morale, du droit, de la protection et de l'aide aux enfants, aux malades, aux faibles et autres créatures en détresse. Mais il n'y a que dans notre civilisation occidentale qu'est amplement reconnue, voire largement réalisée, l'exigence morale de liberté des personnes ; et avec elle celle d'égalité devant la loi, de paix, en évitant autant que faire se peut le recours à la violence.

Telle est la raison pour laquelle je tiens notre civilisation occidentale pour la meilleure qu'il y ait jamais eu jusqu'à aujourd'hui. Assurément, elle demande d'être améliorée. Mais, en fin de compte, c'est la seule civilisation où presque tous les hommes collaborent afin de l'améliorer, autant que nous nous y entendons.

Qu'elle aussi notre civilisation soit très imparfaite, il faut en convenir. Mais cela va presque de soi. Une société parfaite est chose impossible, ainsi qu'on peut aisément le comprendre. Pour presque toutes les valeurs que devrait réaliser une société, il y en a d'autres qui se télescopent avec elles. Même la liberté, la plus éminente peut-être de toutes les valeurs sociales et personnelles, doit être limitée, ma liberté n'ayant que trop tendance à heurter celle de mon voisin. Comme le disait un juge américain à tel prévenu qui se réclamait de sa liberté : « Votre liberté de jouer du poing est limitée par le nez de votre voisin. » Ainsi en arrivons-nous à la formule d'Emmanuel Kant : c'est la tâche du législateur que de faire coexister le plus de liberté possible pour tout un chacun avec le plus de liberté possible pour tous les autres. En d'autres termes, il faut malheureusement que la liberté soit limitée par la loi, c'est-à-dire par l'ordre. L'ordre est une contre-valeur nécessaire de la liberté — une contre-valeur presque logiquement nécessaire. Ainsi en va-t-il de toutes, ou en tout cas de presque toutes les valeurs que nous aimerions savoir réalisées.

Ainsi découvrons-nous tout juste maintenant que la grande idée de l'État providence a ses limites. Il s'avère périlleux de confisquer à un homme la responsabilité qui est la sienne vis-à-vis de lui-même et des siens ; et sans doute est-il même discutable dans bien des cas de par trop aplanir toutes les difficultés qui attendent les jeunes gens dans leur lutte pour l'existence. Quand vient à manquer le sens de la responsabilité personnelle immédiate, la vie, semble-t-il, pour bien des gens, peut perdre son sens.

Un autre exemple, c'est celui de la paix, que tous nous voulons aujourd'hui plus instamment que jamais. Nous voulons, que dis-je, nous devons tout faire pour éviter, ou du moins pour limiter les conflits. Par ailleurs, une société sans conflits serait inhumaine. Société non pas humaine, mais État-termitière. Et nous ne saurions ignorer que les grands pacifistes étaient aussi de grands combattants. Même le Mahatma Gandhi était un combattant : un combattant de la non-violence.

La société humaine a besoin de la paix, mais elle a aussi besoin de véritables conflits d'idées : valeurs, idées pour lesquelles nous puissions combattre. Dans notre société occidentale, nous avons appris — nous l'avons appris des Grecs — que nous pouvons lutter non tant par le glaive que par le verbe, tellement mieux et de manière tellement plus efficace ; et, la meilleure des armes, par les arguments rationnels.

Une société parfaite est donc impossible. Mais, des formes d'organisation sociale, il y en a de meilleures et de pires. Notre civilisation occidentale a opté pour la démocratie en tant

que forme de société qui peut être modifiée par le verbe et
même, ici ou là, même si la chose est rare, par des arguments
raisonnables ; par une critique raisonnable, dont la teneur,
autrement dit, est objective ; par des réflexions critiques sans
caractère personnel, telles qu'elles caractérisent aussi la science,
en particulier les sciences de la nature depuis les Grecs. Je
professe ainsi mon adhésion à la civilisation occidentale, à la
science et à la démocratie. Elles nous fournissent l'occasion
de prévenir ce qui des coups du sort est évitable et de tester
des réformes comme l'État providence, de les soumettre au
jugement critique et, si nécessaire, de les perfectionner plus
avant. Et je professe aussi mon adhésion à la science aujourd'hui
tellement vilipendée, elle qui recherche la vérité par la voie
de l'autocritique et qui, avec chaque nouvelle découverte,
redécouvre combien peu nous en savons : combien notre
ignorance est infiniment grande. Tous les grands esprits des
sciences de la nature étaient conscients de leur ignorance infinie
et de leur faillibilité. Intellectuellement, c'étaient des modestes.
Goethe disait : « Seule la racaille est modeste » ; volontiers je lui
réplique : « Seule la racaille intellectuelle est immodeste. »

Après cette profession de foi en la civilisation occidentale
et la science, les sciences de la nature les premières, et avant
d'en revenir à mon propos, le choc des cultures, je veux encore
mentionner, très brièvement, une effroyable superstition qui
malheureusement compte encore pour beaucoup dans notre
civilisation occidentale. Je veux parler de l'effroyable superstition
du nationalisme — ou, plus précisément, de l'idéologie de
l'État national : la doctrine, de nos jours encore si souvent
soutenue et, soi-disant, comme une exigence morale, selon
laquelle les frontières de l'État doivent coïncider avec celles du
territoire peuplé par la nation. L'élément foncièrement faux de
cette doctrine, ou de cette exigence, c'est l'hypothèse que les
peuples ou les nations préexistent à l'État — telles les tribus, par
exemple — comme autant de corps naturels auxquels l'État doit

servir de vêtement sur mesure. Alors qu'en vérité les peuples et les nations sont les produits de l'État.

À cette revendication parfaitement irréalisable on doit opposer celle, moralement importante, de la protection des minorités : il faut exiger que les minorités linguistiques, religieuses, culturelles de tout État soient protégées contre les sévices que pourrait lui infliger la majorité ; et aussi, cela va de soi, les minorités que distingue de la majorité la couleur de leur peau, de leurs yeux ou de leurs cheveux.

À l'opposé du principe de l'État national, parfaitement irréalisable, le principe de la protection des minorités, s'il n'est pas, assurément, de pratique aisée, semble néanmoins se prêter à une mise en œuvre progressive. En ce sens, les progrès auxquels j'ai assisté dans ce domaine au cours de mes nombreux séjours aux États-Unis depuis 1950 sont bien plus considérables que je ne l'avais escompté. Et à l'opposé du principe de l'État national, celui de la protection des minorités est très manifestement un principe moral, tout comme, par exemple, celui de la protection de l'enfance.

Pourquoi le principe de l'État national est-il irréalisable, voire tout bonnement aberrant, sur notre Terre, et tout particulièrement en Europe ? Cette question me ramène à mon propos, le choc des cultures. La population européenne, comme chacun le sait, est le produit de migrations. Venant des steppes de l'Asie centrale, les vagues humaines se sont succédé dès le passé le plus immémorial pour s'échouer et se disperser parmi des migrants plus anciens, au sud, au sud-est et d'abord sur les échancrures occidentales de la presqu'île d'Asie que nous appelons l'Europe. Il en est résulté une mosaïque de langues, d'ethnies et de cultures : un capharnaüm, un fouillis qu'il est impossible de démêler.

Toute proportion gardée, dans ce pêle-mêle, les langues sont encore les meilleures des balises. Mais on y trouve des dialectes plus ou moins vernaculaires ou naturels, et des langues écrites de plus large extension qui, à s'en tenir aux conditions dans lesquelles elles sont apparues, sont des dialectes rehaussés d'un plus haut prestige, comme le montre très clairement, par exemple, le cas du hollandais. D'autres langues, tels le français, l'espagnol, le portugais et le roumain, sont des produits de la conquête des Romains, qui se fit par la violence. L'imbroglio des langues, voilà donc qui est clair comme de l'eau de roche, ne peut servir de guide vraiment fiable dans l'imbroglio ethnique. Ce qui apparaît d'ailleurs clairement quand on se penche sur les patronymes. Bien qu'en Autriche et en Allemagne beaucoup de patronymes slaves aient été remplacés par des patronymes allemands et qu'ainsi bien des traces aient été effacées — ainsi, j'ai connu un Bohuschalek métamorphosé, si ma mémoire est bonne, en un Bollinger —, partout on trouve encore les traces de l'assimilation germano-slave. En particulier, les nombreuses familles nobles, en Allemagne, dont le patronyme a pour désinence un *-auf* ou un *-ow*, ont bien sûr, d'une manière ou d'une autre, des ancêtres slaves, ce qui pourtant ne permet pas d'en savoir plus sur leur origine ethnique, et moins encore s'agissant de familles nobles, dont, comme on sait, l'éloignement géographique ne gênait pas la politique matrimoniale — à la différence, par exemple, des serfs de la paysannerie.

C'est pourtant au beau milieu de ce pêle-mêle européen qu'est née l'idée aberrante du principe des nationalités, tout particulièrement sous l'influence des philosophes Rousseau, Fichte et Hegel, et aussi, assurément, dans le sillage des guerres napoléoniennes.

Le nationalisme a eu, bien sûr, des précurseurs. Mais ni la culture romaine ni celle de la Grèce antique n'étaient nationalistes. Elles étaient nées du choc des diverses cultures méditerranéennes et proche-orientales. Ce qui vaut aussi de la culture grecque, l'inspiratrice majeure de la culture occidentale qui est la nôtre aujourd'hui : je pense à l'idée de liberté, à la découverte de la démocratie et au tour d'esprit critique, rationnel qui a fini par déboucher sur les sciences modernes de la nature.

Les productions littéraires les plus anciennes que les Grecs nous aient transmises, l'*Iliade* et l'*Odyssée,* sont déjà des témoignages éloquents du choc des cultures ; et même, ce choc est leur thème authentique. Mais elles sont aussi en même temps témoignages d'un tour d'esprit soucieux d'explication rationnelle. Car c'est justement la fonction des dieux homériques que d'expliquer ce qui est sinon inintelligible, irrationnel (telle la querelle d'Achille et d'Agamemnon) par recours à une théorie psychologique intelligible : les conflits d'intérêts et les ressentiments jaloux de ces divinités combien trop humaines — figures divines dont les humaines faiblesses sont manifestes et font d'ailleurs parfois l'objet d'un jugement critique. Arès, en particulier, le dieu de la guerre, s'en tire mal. L'*Iliade* et l'*Odyssée* traitent, voilà aussi qui importe, avec au moins autant de bienveillance les Grecs, les Achéens, que les non-Grecs.

Ce tour d'esprit éclairé, critique, on le retrouve ensuite dans les œuvres où les Grecs en lutte pour leur liberté contre les offensives perses glorifient l'idée de liberté — ainsi, en particulier, des œuvres d'Eschyle et d'Hérodote. Liberté non pas d'une nation, mais liberté de l'homme, à commencer par la liberté de la démocratie attique, face à la non-liberté des sujets du grand roi des Perses. La liberté n'est pas là idéologie, mais forme d'existence qui donne à la vie plus de qualité et de valeur, ainsi que nous le lisons en toutes lettres chez Eschyle comme chez Hérodote. Tous deux écrivent en témoins du choc de ces cultures occidentale et orientale, des cultures de la liberté et du despotisme ; et tous deux témoignent des lumières qu'il a répandues : aux Grecs il a permis de porter un jugement fondé en conscience, à distance critique, sur leur propre culture, et par là un jugement rationnel et critique sur les mythes de leur tradition. Ce qui, dans l'Ionie d'Asie Mineure, a mené à la cosmologie critique, à des théories spéculatives et critiques sur l'architecture de l'univers, et par là aux sciences de la nature, à la recherche de l'explication véritable des phénomènes naturels. Les sciences de la nature, peut-on dire, émergent sous l'influence d'une réception rationnelle et critique de l'explication mythique de la nature. Par critique rationnelle, j'entends celle œuvrant du point de vue de la vérité, du point de vue de qui demande : « Est-ce vrai ? » et : « Cela peut-il être vrai ? »

En abordant les explications mythiques des phénomènes naturels à travers la question de la vérité, les Grecs ont forgé les théories préliminaires aux sciences de la nature. Et en abordant les récits mythiques de la nuit des temps à travers la question de la vérité, les Grecs ont posé la première pierre de la science historique.

Mais Hérodote, nommé à juste titre le père de l'écriture de l'histoire, fut plus qu'un précurseur des sciences historiques. C'est lui qui, pour tout dire, a découvert la valeur d'enseignement critique du choc des cultures, en particulier des cultures grecque, égyptienne et perse (médique).

J'aimerais emprunter ici une anecdote à l'œuvre historique d'Hérodote ; celle-ci est très authentiquement l'histoire du choc guerrier et culturel connu par les Grecs au contact des habitants du Proche-Orient, des Perses en particulier. S'appuyant sur un cas extrême et assez terrifiant, Hérodote y montre qu'un homme raisonnable doit apprendre ceci : ce qui lui semble tout d'abord aller parfaitement de soi peut être remis en cause.

Il écrit (III, 38) : « Darius, du temps qu'il régnait, appela les Grecs qui étaient près de lui et leur demanda à quel prix ils consentiraient à manger leurs pères morts ; ils déclarèrent qu'ils ne le feraient à aucun prix. Ensuite, Darius appela les Indiens qu'on appelle Callaties, lesquels mangent leurs parents ; et, en présence des Grecs, qui par le canal d'un interprète comprenaient ce qui se disait, il leur demanda à quel prix ils accepteraient de brûler leurs pères décédés ; ils se récrièrent fort, et prièrent Darius de ne pas prononcer des paroles de mauvais augure. Telle est, dans ce cas, la force de la coutume [...][3]. »

---

3. Trad. fr. Ph.-E. Legrand, Paris, Les Belles Lettres, 1939.

À ses contemporains grecs, Hérodote rapporte cette anecdote non pas seulement dans l'intention de leur inculquer le respect de coutumes qui leur sont étrangères, mais aussi dans celle de développer leur sens critique vis-à-vis de tout ce qui pour eux a valeur d'évidence. Il est clair que, pour lui-même, de tels contrastes avaient été une bonne école, et qu'il voulait en faire profiter ses lecteurs.

La similitude des coutumes et des mythes enseignés par la tradition le fascinait, ainsi que leurs antithèses. C'est ce qui me fait présumer que ces antithèses ont frayé la voie au tour d'esprit critique-rationnel auquel sa propre génération et les suivantes attachèrent tant de prix et qui, je le présume aussi, a fini par exercer une influence si décisive sur la culture européenne — de concert, on le conçoit bien, avec bien d'autres influences déterminantes.

En Grande-Bretagne et en Amérique, on me demande toujours comment expliquer les singulières ressources créatrices et culturelles de l'Autriche, et de Vienne en particulier : les sommets sans pareil atteints par les grands compositeurs autrichiens, notre architecture baroque, nos prouesses en matière de sciences et de philosophie de la nature.

Ludwig Boltzmann, Ernst Mach n'ont pas été seulement de grands physiciens, mais en philosophie de la nature aussi ils firent œuvre pionnière. Ils furent les précurseurs du Cercle de Vienne. Vivait aussi là-bas Josef Popper-Lynkeus, un expert en philosophie sociale que l'on pourrait définir comme un des philosophes fondateurs de l'État providence moderne. Au point de vue social, on ne se contentait pas de philosopher, mais sur le plan pratique aussi, sous la monarchie, on a réalisé des prouesses. Ainsi des écoles primaires, vraiment fantastiques, ainsi de l'association « Freie Schule » (« l'École Libre »), devenue un des noyaux les plus actifs du mouvement de réforme de l'instruction, ainsi des organisations caritatives, tels « Kinderschutz- und rettungsgesellschaft » (« Société pour la protection de l'enfance

en détresse »), « Bereitschaft » (« Alerte »), « Asyl für Obdachlose »
(« Foyer des sans-logis ») et bien d'autres.

Il n'y a pas vraiment d'explication à de tels trésors d'énergie
et d'initiative dans le domaine culturel et social. Je voudrais
pourtant risquer ici une hypothèse. Peut-être cette fécondité
de la culture autrichienne a-t-elle à voir avec le thème de mon
propos, le choc des cultures. À l'image de l'Europe, l'Autriche
d'antan abritait une foule quasi innombrable de minorités
linguistiques et culturelles. Nombreux ceux que décourageait
l'idée de végéter en province et qui montaient à Vienne où,
pour beaucoup, avec les moyens du bord, il fallait apprendre
l'allemand. Nombreux ceux qu'attirait une grande tradition
culturelle, quelques-uns purent y apporter leur contribution,
en novateurs. Nous le savons, Haydn et Mozart furent marqués
par des maîtres allemands, italiens et français, mais aussi par la
musique populaire hongroise et même par la musique turque.
Gluck, Haydn et Mozart étaient des nouveaux venus à Vienne,
et Beethoven, Brahms, Bruckner et Mahler aussi avaient rallié
la capitale. Le génie de ces musiciens résiste à l'explication, tout
comme l'« étincelle divine » que Beethoven déjà avait reconnue
chez Schubert, le plus considérable des Viennois de naissance.

Qui songe à la musique viennoise pourrait même comparer
la Vienne de Haydn à Bruckner à l'Athènes de Périclès. Et
il se peut qu'il y ait plus de points de comparaison que l'on
n'est d'abord enclin à l'admettre. L'une et l'autre en position
critique entre l'Est et l'Ouest, le choc des cultures les a, dirait-on,
immensément enrichies.

9

EMMANUEL KANT :
LE PHILOSOPHE DE L'*AUFKLÄRUNG*

*(Allocution pour le cent cinquantième
anniversaire de sa mort)*

Cent cinquante ans se sont écoulés depuis la mort d'Emmanuel Kant, à Königsberg, la ville de province prussienne où il avait passé les quatre-vingts années de sa vie[1]. Il y vivait depuis longtemps dans une retraite complète, et ses amis songèrent à des funérailles sans pompe. Mais ce fils d'un pauvre artisan reçut la sépulture d'un roi. Lorsque se répandit la nouvelle de sa mort, une foule afflua chez lui. Presse qui dura des jours. Au jour de l'enterrement, plus rien ne bougeait dans Königsberg. La ville entière donnant de toutes ses cloches, un cortège innombrable suivait la bière. Jamais, disent les récits de l'époque, les habitants de Königsberg n'avaient vu un tel cortège funéraire.

De cette émotion surprenante, spontanée, quel pouvait bien être le sens ? La réputation de Kant, le grand philosophe et l'homme bon, ne suffit pas à l'expliquer. Il faut chercher plus loin, me semble-t-il, ce qu'a signifié l'événement. J'aimerais risquer

---

1. Discours de commémoration, prononcé en anglais à la radio anglaise (British Broadcasting Corporation) le 12 février 1954.

une hypothèse : jadis, en 1804, sous la monarchie absolue de Frédéric-Guillaume III, ce concert de cloches en l'honneur de Kant faisait écho aux révolutions américaine et française : un écho aux idées de 1776 et de 1789. Pour ses concitoyens, Kant était devenu un symbole de ces idées, ils assistèrent à ses funérailles pour exprimer leur gratitude au maître, au héraut des droits de l'homme, de l'égalité de tous devant la loi, de la république universelle, de l'auto-émancipation par la connaissance et — ce qui peut-être compte plus encore — de la paix perpétuelle sur terre.

Les prémisses de toutes ces idées avaient été apportées d'Angleterre sur le continent européen, et ce dans un livre paru en 1732[2] : les *Lettres philosophiques,* de Voltaire. Voltaire y avait entrepris de mettre en regard la forme anglaise de gouvernement constitutionnel et la monarchie absolue établie sur le continent. Il comparait la tolérance religieuse des Anglais avec l'intolérance de l'Église romaine, la puissance d'élucidation du système du monde newtonien et de l'empirisme analytique de John Locke avec le dogmatisme de René Descartes.

Le livre de Voltaire subit l'autodafé ; mais sa publication marqua les débuts d'un mouvement philosophique d'ampleur universelle — un mouvement dont la pugnacité singulière se heurta à l'incompréhension quasi générale en Angleterre, l'état des choses ne s'y prêtant pas.

Habituellement, en français, on nomme ce courant « éclaircissement[3] » ; en allemand, « *Aufklärung* ». Directement ou indirectement, presque tous les courants philosophiques et politiques modernes peuvent lui être rattachés. Ou bien, en effet, ils sont issus en droite ligne de l'*Aufklärung,* ou bien ils sont apparus en réaction romantique contre l'*Aufklärung,*

---

2. En fait, 1733 pour la parution en traduction anglaise, 1734 pour le texte original circulant sous le manteau à Paris. (*N.d.T.*)

3. Les lumières, bien sûr. Manifestement, un anglicisme de la part de Popper (*enlightment*). (*N.d.T.*)

que les romantiques appelaient volontiers « *Aufklärerei* » ou « *Aufkläricht*[4] ».

Soixante ans après la mort de Kant, ces idées, anglaises à l'origine, furent représentées aux Anglais comme un « intellectualisme superficiel et infatué » ; aujourd'hui encore, même au lecteur anglais, « *enlightment* », le terme qui apparaissait alors pour la première fois afin de rendre « *Aufklärung* », suggère une nuance d'« *Aufkärerei* » superficielle et immodeste.

Kant avait foi en l'*Aufklärung* ; il fut son ultime grand champion. Je sais bien : de nos jours, ce n'est pas là le point de vue courant. Tandis que je vois en lui le dernier champion de l'*Aufklärung,* on le considère assez souvent comme le fondateur de l'école qui la réduisit à néant — l'école romantique de l'« idéalisme allemand », celle de Fichte, de Schelling et de Hegel. Je soutiens que ces deux conceptions sont incompatibles.

Fichte et Hegel à sa suite essayèrent d'exploiter la renommée de Kant pour leur propre compte ; ils le firent passer pour le fondateur de leur école. Mais Kant vécut assez longtemps pour repousser les tentatives de copinage insistant de Fichte, Fichte qui posait au successeur et à l'héritier de Kant. Dans une *Déclaration à l'égard de la doctrine de la science de Fichte* (7 août 1799), un texte vraiment trop peu connu, Kant allait jusqu'à écrire : « Que Dieu nous protège seulement de nos amis [...]. C'est qu'il y a de soi-disant bons amis, bien intentionnés à notre égard, mais qui dans le choix des moyens propres à favoriser nos desseins se comportent de travers (maladroitement), et même par moment malhonnêtement et perfidement, méditant notre perte tout en tenant des propos malveillants [...], et vis-à-vis desquels, et des pièges qu'ils tendent, l'on ne peut être assez sur ses gardes[5]. » Mais après la mort de Kant, une fois qu'il ne pouvait plus se défendre,

---

4. Dans les deux cas, par quolibet, des déformations sciemment péjoratives. (*N.d.T.*)

5. Trad. J. Rivelaygue, in *Œuvres* III, Paris, La Pléiade, 1986, p. 1212.

ce citoyen d'une république universelle fut récupéré au service de l'école romantique nationaliste — avec succès d'ailleurs, en dépit de tout ce qu'il avait dit et écrit contre l'esprit romantique, l'enthousiasme sentimental et autres exaltations.

Écoutons-le plutôt s'exprimer lui-même sur l'idée d'*Aufkänung* : « Les lumières se définissent comme la sortie de l'homme hors de l'état de minorité, où il se maintient par sa propre faute. La minorité est l'incapacité de se servir de son entendement sans être dirigé par un autre. Elle est due à notre propre faute quand elle résulte non pas d'un manque d'entendement, mais d'un manque de résolution et de courage pour s'en servir sans être dirigé par un autre. *Sapere aude !* Aie le courage de te servir de ton *propre* entendement ! Voilà la devise des lumières[6]. »

Nul doute, Kant fait ici profession de foi personnelle ; nous avons là un condensé de sa propre histoire. Grandi dans l'indigence et sous l'horizon borné du piétisme, il progressa courageusement sur la voie de l'auto-émancipation par la connaissance. Dans les années de sa maturité, relate Hippel, il se retournait parfois, épouvanté, sur l'« esclavage de [ma] jeunesse », sur l'époque de sa minorité intellectuelle. L'idée de l'auto-émancipation, pourrait-on dire, fut, sa vie durant, son point cardinal, le combat pour la réalisation et la diffusion de cette idée occupant toute sa vie.

La mécanique céleste de Newton et la cosmologie

Dans ce combat, la physique et la mécanique céleste de Newton, elles aussi révélées au continent par Voltaire, jouèrent un rôle déterminant. Les systèmes du monde de Copernic et de Newton exercèrent sur l'épanouissement intellectuel de Kant une influence des plus massives. Le sous-titre de l'*Histoire générale de la nature et théorie du ciel,* son premier livre important,

---

6. *Réponse à la question : Qu'est-ce que les lumières ?* Trad. de Heinz Wismann, in *Œuvres* II, Paris, La Pléiade, 1985, II, p. 209.

retient l'attention : *Essai sur la constitution et l'origine mécanique de l'univers dans sa totalité traité d'après les principes de Newton.* Aucune cosmologie ni aucune cosmogonie n'avaient encore fait montre d'une telle audace. L'ouvrage contient non seulement la première formulation de la théorie qu'on a coutume aujourd'hui d'appeler « l'hypothèse de Kant et Laplace de l'origine du système solaire », mais aussi une application de cette théorie à toute la Voie lactée (où, cinq ans plus tôt, Thomas Wright avait reconnu une galaxie). Kant anticipait ainsi une idée de Jeans[7]. Prouesse qu'éclipse pourtant la thèse de Kant quand il reconnaît dans les nébuleuses autant de voies lactées, de lointaines galaxies analogues à la nôtre.

Ainsi que Kant le déclare dans une de ses lettres, ce fut le problème cosmologique qui le mena à la théorie de la connaissance et à sa *Critique de la raison pure.* Le problème qu'il cherchait à résoudre — aucun cosmologue ne peut l'esquiver —, c'était celui, fort embrouillé, du caractère fini ou infini du monde, tant sous l'angle de l'espace que sous celui du temps. Pour ce qui est de l'espace, la solution que l'on se propose depuis Einstein est superbe : un monde fini, mais sans frontières. Einstein trancha ainsi, pourrait-on dire, le nœud gordien ; mais il disposait pour ce faire d'armes autrement mieux fourbies que celles de Kant et de ses contemporains. Pour ce qui est, en revanche, de la finitude ou de l'infinitude du monde dans le temps, aucune solution aussi claire n'a encore été proposée.

Dans la même lettre, Kant relate qu'il reconnut le problème central de la *Critique de la raison pure* quand il chercha à trancher *si le monde a ou non un commencement temporel.* Il fut étonné de découvrir que l'on pouvait échafauder des démonstrations apparemment valides pour les deux possibilités. L'une et l'autre démonstrations sont intéressantes : les suivre requiert certes de l'attention, mais elles ne sont ni longues ni difficiles à comprendre.

7. Sir James Hopwood Jeans (1877-1946). (*N.d.T.*)

Pour introduire à la première démonstration, nous commencerons par analyser la notion d'une série infinie d'années (ou de jours, ou de quelconques intervalles de temps finis et de durée identique). Une telle série infinie d'années est une série qui se prolonge sans jamais toucher à son terme. Elle ne peut jamais se donner comme close : une série infinie d'années qui serait close ou achevée est (pour Kant) une aberration, une contradiction en soi. La première démonstration de Kant suit donc l'argumentation suivante : il faut que le monde ait un commencement dans le temps, faute de quoi, dans l'instant présent, une série infinie d'années se serait écoulée et devrait donc se donner comme close et achevée. Ce qui, nous l'avons vu, est impossible. Ainsi Kant mène-t-il sa première démonstration.

Pour introduire à la seconde démonstration, nous commencerons par analyser la notion d'un temps parfaitement vide — le temps d'avant le surgissement du monde. Un temps vide de cette sorte, dans lequel il n'y a absolument rien, doit nécessairement être un temps où aucun intervalle de temps ne se distingue d'un autre de par ses relations temporelles à des choses ou des processus ; lesquels, en effet, n'existent pas du tout. Considérons maintenant le dernier intervalle de temps d'un tel temps vide — celui immédiatement antérieur au commencement du monde : manifestement, cet intervalle se distingue de tous les précédents en ce qu'il est en relation temporelle — une relation étroite et directe — avec un processus déterminé, savoir le surgissement du monde ; par ailleurs, nous l'avons vu, le même intervalle de temps est vide, autrement dit, il ne peut entretenir aucune relation temporelle avec un processus. Ledit ultime intervalle vide est donc une aberration, une contradiction en soi. La seconde démonstration de Kant suit donc l'argumentation suivante : le monde ne peut avoir de commencement dans le temps, puisque, autrement, il faudrait qu'il y ait un intervalle de temps — celui juste avant le surgissement du monde — qui soit tout à la fois vide et caractérisé par la relation temporelle étroite où il entrerait avec un processus du monde. Ce qui, nous l'avons vu, est impossible. Ainsi Kant mène-t-il sa seconde démonstration.

Nous tombons là sur un différend entre deux démonstrations. Différend auquel Kant a donné le nom d'« antinomie » ; il se retrouva empêtré de la même manière dans d'autres antinomies, s'agissant par exemple des bornes du monde dans l'espace. Sur ces autres antinomies, toutefois, je ne m'étendrai pas.

Espace et temps

Que pouvons-nous apprendre, demande Kant, de ces antinomies confondantes ? Nos représentations de l'espace et du temps, répond-il, sont inapplicables au monde comme totalité. Bien sûr, elles s'appliquent à des choses et à des processus physiques ordinaires. En revanche, l'espace et le temps eux-mêmes ne sont ni des choses ni des processus. On ne peut même pas les observer, leur nature est tout autre. Ils figurent plutôt une sorte de cadre pour des choses et des processus ; on pourrait les comparer à un système de cases, ou de catalogage, permettant de classer des relevés d'observations. L'espace et le temps n'appartiennent pas à la réalité empirique des choses et des processus, mais à notre panoplie intellectuelle propre, à l'outillage avec lequel nous appréhendons le monde. Ils fonctionnent comme des instruments d'observation. Lorsque nous observons un processus, nous le localisons, en règle générale, immédiatement et intuitivement, au sein d'un ordre spatio-temporel. Nous pouvons donc définir l'espace et le temps comme un système d'ordre qui assurément ne se fonde pas sur l'expérience mais qui est exploité dans toute expérience et applicable à toutes les expériences. Et c'est là la raison de notre embarras quand nous essayons d'appliquer les représentations d'espace et de temps à un domaine qui excède toute expérience possible ; ce qui était le cas, justement, dans nos deux démonstrations à propos du commencement du monde.

Kant baptisa « idéalisme transcendantal » la théorie que je viens de brosser à grands traits — un nom sans élégance et doublement trompeur. Choix qu'il eut bientôt matière à regretter, car ce nom conduisit maints lecteurs à tenir Kant pour un idéaliste et à croire qu'il contestait la réalité du monde physique et faisait passer les choses physiques pour de simples représentations ou idées. En vain se démena-t-il pour bien montrer qu'il avait seulement contesté la nature empirique et la réalité de l'espace et du temps — nature et réalité du genre de celles que nous attribuons aux choses physiques et aux événements. Il eut beau s'efforcer de faire entendre sa position, ce fut peine perdue. Le tour ardu de son style scella son destin : il était condamné à entrer dans l'histoire comme père de l'« idéalisme allemand ». Jugement qu'il est largement temps de réviser. Kant avait toujours insisté sur ce point, les choses physiques dans l'espace et le temps sont *effectives* (*wirklich*) — réelles (*real*), non pas idéelles (*ideal*). Pour ce qui est des spéculations métaphysiques débridées de l'école de l'« idéalisme allemand », le titre, *Critique de la raison pure,* fut choisi par Kant dans l'intention de déclarer une offensive critique contre de telles ratiocinations spéculatives. Ce que la « *Critique* » critique, en effet, c'est, précisément, la raison pure : elle critique des syllogismes de la raison à propos du monde, syllogismes qui méritent le prédicat de « pur » au sens où, vierges de tout contact avec l'expérience sensible, ils ne sont contrôlés par aucune observation. Kant critiqua la « raison pure » en montrant que l'argumentation à propos du monde, si elle est *purement* spéculative, échappant au contrôle de toute observation, doit toujours nous empêtrer dans des antinomies. Il écrivit sa critique sous l'influence de Hume, prévoyant de montrer que les limites d'une possible expérience sensible et celles d'une théorisation raisonnable du monde sont identiques.

Kant crut trouver la confirmation de la justesse de cette théorie quand il découvrit qu'elle contenait la clef d'un autre problème important — celui de la validité de la physique newtonienne. Comme tous les physiciens de son temps, Kant était parfaitement convaincu que la théorie de Newton était vraie et inattaquable. Il en déduisit qu'elle ne pouvait être le seul résultat de la somme des observations recueillies. Mais quel pouvait être alors son principe de vérité ? Il s'attaqua à ce problème en commençant par tirer au clair le principe de vérité de la géométrie. La géométrie euclidienne, dit-il, n'est pas fondée sur des observations, mais sur notre intuition de l'espace, sur notre compréhension intuitive des relations spatiales (l'« intuition pure » de l'espace) : la physique newtonienne se trouve dans une position semblable. Quoiqu'elle fasse ses preuves sur le terrain de l'observation, elle n'est pourtant pas le résultat d'observations, mais de nos propres méthodes de pensée : des méthodes que nous appliquons pour organiser nos sensations, les corréler, les enregistrer, les comprendre. Répondant des théories des sciences de la nature, il y a non pas les données sensorielles, mais notre propre entendement — l'organisation et la constitution de notre système d'assimilation intellectuel. La nature, telle que nous la connaissons selon son ordre et ses lois, est le résultat de l'activité classificatrice et assimilatrice de notre esprit. La formulation donnée par Kant à cette idée est lumineuse : « *L'entendement ne tire pas ses lois* […] *de la nature, mais il les lui prescrit.* »

Le « *tournant copernicien* » de Kant

Cette formule exprime en même temps une idée que Kant nommait lui-même avec fierté son « tournant copernicien ». « Copernic », écrit-il, « voyant qu'il ne pouvait pas réussir à expliquer les mouvements du ciel en admettant que toute l'armée des étoiles évoluait autour du spectateur, chercha s'il n'aurait pas plus de succès en faisant tourner l'observateur lui-même autour des astres immobiles[8]. » Ce fut l'idée de Kant que de résoudre

8. Préface de la seconde édition de la *Critique de la raison pure,* trad. d'A. Treme-saygues et B. Pacaud, Paris, PUF, 1950, p. 19.

selon semblable tournant le problème du principe de vérité des
sciences de la nature — la question de savoir comment est possible
une science exacte de la nature telle celle de Newton et comment
elle put jamais être mise à jour. Nous devons renoncer à l'idée,
dit Kant, que nous serions des spectateurs passifs attendant que la
nature leur intime ses légalités. Nous devons lui substituer cette
autre idée que, quand nous enregistrons nos sensations, nous qui
sommes les spectateurs leur notifions l'ordre et les lois de notre
entendement. Notre cosmos porte le sceau de notre esprit.

Cette allusion de Kant au rôle actif de l'observateur, du
chercheur et du théoricien eut un retentissement indélébile
— non seulement sur la philosophie, mais aussi sur la physique
et la cosmologie. Il y a en quelque sorte un climat intellectuel
kantien sans lequel les théories d'Einstein ou de Bohr seraient
inconcevables, et, c'est bien le cas de le dire, Eddington, à cet
égard, fut plus kantien que Kant. Oui, même ceux qui ne peuvent
suivre Kant en tout point (et je suis de ceux-là) lui accorderont
que la raison des chercheurs « doit contraindre la nature […] à
répondre à leurs questions, mais qu'elle ne doit pas, en quelque
sorte, se laisser tenir en laisse par elle ». Le chercheur doit lui
faire subir un interrogatoire, pour la considérer à la lumière de
ses doutes, de ses conjectures, de ses idées et de ses inspirations.
Voilà qui est, je crois, une vision (*Einsicht*) philosophique
d'une grande profondeur. Elle permet de regarder la science
de la nature (non seulement celle théorique, mais aussi celle
expérimentale) comme une authentique création humaine, et
de traiter son histoire, pareillement à l'histoire de l'art et de la
littérature, comme un chapitre de l'histoire des idées.

Au « tournant copernicien » de Kant on peut assigner une
autre signification encore — laquelle nous indiquerait une
ambivalence dans sa conception. Ce tournant résout en effet
un problème humain qui fut posé par Copernic en personne :
Copernic confisqua à l'humanité sa place au centre du monde.
Le « tournant copernicien » de Kant *restaure* cette position. Car

il ne prouve pas seulement que notre spatialité dans le monde est sans importance, il nous montre aussi que, d'une certaine manière, notre monde tourne autour de nous. C'est nous, en effet, qui, pour une part du moins, produisons l'ordre que nous découvrons dans le monde. C'est nous qui engendrons le savoir que nous avons du monde. C'est nous qui explorons activement le monde ; et la recherche est un art créateur.

Le tournant copernicien de l'éthique

Laissant Kant cosmologue, philosophe de la connaissance et de la science, nous nous tournerons maintenant vers le philosophe moral. Peut-être a-t-on déjà signalé, mais je n'en suis pas certain, que l'idée maîtresse de l'éthique kantienne est ancrée elle aussi dans un tournant copernicien, correspondant en tout point à celui que je viens de décrire. Kant, en effet, fait de l'homme le fondateur de la loi morale de la même manière exactement qu'il en avait fait le législateur de la nature ; tournant par où il lui attribue la même position centrale dans le monde moral que, auparavant, dans le monde physique. Il humanise l'éthique tout comme il avait humanisé la cosmologie.

La doctrine de l'autonomie

Le tournant copernicien de Kant dans le domaine de l'éthique tient dans sa doctrine de l'autonomie ; il y expose qu'il ne nous est pas permis d'obéir aveuglément au commandement d'une autorité, voire que nous ne devons même pas nous soumettre aveuglément à une autorité suprahumaine en tant qu'elle aurait qualité de législateur moral. Face à l'injonction d'une autorité, c'est nous, toujours nous qui décidons, de notre propre chef, si cet ordre est moral ou immoral. Il se peut qu'une autorité ait le pouvoir de faire exécuter ses ordres sans que nous puissions lui opposer de résistance ; mais s'il nous est physiquement possible d'agir comme nous le désirons, alors la responsabilité est de notre côté. Car la décision est dans nos mains : nous pouvons obéir ou non à l'ordre qu'on nous intime ; nous pouvons reconnaître l'autorité, ou la récuser.

Avec courage, Kant fait valoir cette idée dans la sphère de la religion. Il écrit : « On peut le trouver louche, mais il n'y a rien de répréhensible à dire ceci : tout homme se fait un *dieu,* […] oui, il doit lui-même se faire un dieu d'après des concepts moraux, de façon à révérer en lui celui qui l'a fait. En effet, quelle que soit la manière dont un être lui ait été enseigné et décrit en tant que dieu ou dont un tel être […] puisse lui apparaître, il doit pourtant tout d'abord [juger] s'il est habilité [par sa conscience] à le tenir pour une divinité et à le révérer comme tel. »

La loi morale

L'éthique kantienne ne se borne pas à la thèse selon laquelle l'homme ne connaît pas d'autre autorité que sa conscience morale. Kant cherche aussi à établir ce que notre conscience peut exiger de nous. La loi morale s'énonce diversement, un de ses énoncés étant : « Agis de manière à toujours traiter en même temps comme fin, jamais comme moyen, l'humanité qui est en ta personne aussi bien qu'en celle de tout autre. » L'esprit de l'éthique kantienne peut sans doute se résumer de la manière suivante : Ose être libre, respecte et protège la liberté d'autrui.

Sur le fondement de cette éthique, Kant édifia son éminente doctrine politique et sa doctrine du droit des gens. Il réclama l'instauration d'une société des nations, d'un « fédéralisme pratiqué par des États libres » ayant pour tâche de proclamer et de maintenir la paix perpétuelle sur terre.

Kant et Socrate

J'ai tâché d'esquisser en quelques traits la philosophie kantienne du monde et de l'homme et ses deux idées maîtresses, la cosmologie de Newton et l'éthique de la liberté ; idées maîtresses auxquelles Kant lui-même référait dans la belle formule presque toujours mécomprise, celle du ciel étoilé au-dessus de nous et de la loi morale en nous.

Si nous remontons plus loin encore dans le passé pour nous ménager une plus large perspective encore sur la place qu'occupe Kant dans l'histoire, alors nous pouvons bien le comparer à Socrate. Tous deux furent accusés d'avoir perverti la religion de la cité et dépravé la jeunesse. Tous deux se déclarèrent non coupables et tous deux luttèrent pour la liberté de pensée. Par liberté ils entendaient quelque chose de plus que l'absence de contrainte : pour eux, elle était la seule forme d'existence humaine qui vaille d'être vécue.

Le plaidoyer et la mort de Socrate ont fait de l'idée de l'homme libre une vivante réalité. Socrate était libre parce que son esprit ne pouvait être asservi ; libre parce qu'il se savait inattaquable. À cette idée de l'homme libre, dont notre Occident a hérité, Kant a donné une signification nouvelle dans le domaine de la connaissance comme dans celui de l'éthique. À quoi il a aussi ajouté l'idée d'une société d'hommes libres — une société incluant tous les hommes. Kant a montré, en effet, que tout homme est libre : *non pas* parce qu'il naît libre, mais parce qu'il naît chargé d'un fardeau — celui d'assumer sa liberté de décision.

10

L'ÉMANCIPATION DE SOI
PAR LE SAVOIR

Voici longtemps que, en Allemagne, la philosophie d'Emmanuel Kant, le plus grand philosophe allemand, a été déclarée dépassée et mise au rebut ; et avec elle, la philosophie de l'histoire de Kant[1]. Hors du rang, sa personnalité intellectuelle et morale ne laissait d'agacer ses épigones. Fichte et plus tard Hegel cherchèrent en tout cas à régler leurs comptes avec Kant en le donnant pour leur précurseur. Mais Kant n'était pas un précurseur de l'école romantique, il en fut l'adversaire. Il fut le dernier grand philosophe rattaché au courant que l'on a tant honni depuis et qui s'était lui-même donné le nom d'« *Aufklärung* ». Dans un essai remarquable intitulé *Réponse à la question : Qu'est-ce que l'Aufklärung ?* Kant écrivait ceci :

« Les lumières se définissent comme la sortie de l'homme hors de l'état de minorité, où il se maintient par sa propre faute. La minorité est l'incapacité de se servir de son entendement sans être dirigé par un autre. Elle est due à notre propre faute quand elle résulte non pas d'un manque d'entendement, mais

1. Conférence donnée en 1961 à la Bayerischer Rundfunk (Radio bavaroise), dans le cadre d'une série consacrée au thème du « sens de l'histoire ». Première publication in *Der Sinn der Geschichte,* dir. Leonhard Reinisch, Munich, 1961, 1974[5].

d'un manque de résolution et de courage pour s'en servir sans être dirigé par un autre. *Sapere aude !* Aie le courage de te servir de ton *propre* entendement ! Voilà la devise des lumières[2]. »

Ainsi Kant. Ce passage montre sans équivoque ce qu'était pour lui l'idée décisive de l'*Aufklärung* : l'idée de l'*auto-émancipation par le savoir*.

Bien que Kant considérât l'auto-émancipation par le savoir comme une des tâches capitales et les plus nobles de sa propre existence et bien que convaincu que tout homme est confronté à cette tâche excepté si lui fait défaut l'entendement requis, il était bien loin toutefois de confondre le sens de la vie avec une tâche essentiellement intellectuelle comme l'est celle de l'auto-émancipation par le savoir. Kant n'avait pas besoin des romantiques pour critiquer la raison pure et s'aviser que l'homme n'est pas un pur être de raison et que le savoir de pur entendement n'est en aucun cas ce qu'il y a de meilleur et de suprême dans l'existence humaine. Kant était un pluraliste, luttant pour la multiplicité et la diversité des fins humaines, luttant donc pour une organisation sociale pluraliste et ouverte, suivant la devise : « Ose être libre, respecte la liberté et la diversité chez les autres car la dignité de l'homme consiste en sa liberté et en son autonomie. » Pourtant, l'auto-éducation intellectuelle, l'auto-émancipation par le savoir lui paraissait une tâche philosophiquement nécessaire, exhortant tout homme, ici et maintenant, à agir sans délai ; car nous ne pouvons nous libérer, je parle de l'*esprit,* que par le savoir — nous libérer de l'asservissement à quoi nous condamnent idées fausses, préjugés et idoles. Bien que l'auto-éducation ne soit certainement pas une tâche qui absorberait tout le sens de notre existence, elle peut contribuer de manière décisive à lui donner un sens.

Je viens d'employer l'expression « sens de la vie » ; et puisque le sens de l'histoire est le thème de mon propos, j'aimerais

2. Trad. fr. de Heinz Wismann, in *Œuvres* II, Paris, La Pléiade, 1985, p. 209.

suggérer qu'il y a analogie entre ces deux expressions — « sens de la vie » et « sens de l'histoire ». Une remarque, tout d'abord, sur la polysémie du terme « sens » dans l'expression « sens de la vie ». On l'emploie parfois comme si par là on voulait parler d'un sens caché, immanent — comme on peut parler, par exemple, du sens caché d'une anagramme ou d'une épigramme, ou du sens du Chœur mystique dans le *Faust* de Goethe. Mais la sagesse pratique des poètes et des philosophes nous l'a enseigné, il faut entendre ce trope d'une autre manière : le « sens de la vie » n'est pas quelque chose de caché que nous pourrions trouver ou découvrir dans la vie, mais quelque chose que nous pouvons nous-mêmes lui donner. Vaquant à nos affaires, travaillant, agissant, par notre conception de la vie, notre abord d'autrui et du monde, nous pouvons donner sens à notre vie.

Ainsi la question du sens de la vie devient-elle une question éthique. Elle fait place à la question : quelles tâches dois-je me fixer pour donner sens à ma vie ? Ou bien, dans la langue de Kant : « Que dois-je faire ? » Pour une part, la réponse à cette question est fournie par les idées kantiennes de liberté et d'autonomie, et par son idée de pluralisme, que, pour l'essentiel, ne restreignent que l'idée de l'égalité de tous devant la loi et le respect de la liberté d'autrui ; idées qui, tout comme celle de l'auto-émancipation par le savoir, peuvent contribuer à donner un sens à notre vie.

Il en va de même avec l'expression de « sens de l'histoire ». Là aussi, on a souvent pensé à un sens secret, caché, du cours de l'histoire ; ou à une tendance cachée de l'évolution, inhérente à l'histoire ; ou à un but que viserait l'histoire universelle des États. Et je crois que notre réponse doit être ici semblable à celle donnée à la question du sens de la vie : au lieu de nous interroger sur quelque sens caché de l'histoire, nous devons donner un sens à l'histoire. Nous devons fixer une tâche à l'histoire politique — et ainsi nous en fixer une à nous-mêmes. Au lieu de nous interroger sur un sens ou un but immanent, caché, de l'histoire universelle des États, nous devons nous-mêmes nous demander quels buts de cette histoire sont de l'ordre du possible, tant du point de vue de la dignité humaine que du point de vue politique.

Voici donc ma première thèse : nous devrions refuser de parler du sens de l'histoire si par là nous visons un sens caché dans le drame de l'histoire, ou si par là nous visons des tendances ou des lois de l'évolution cachées dans l'histoire universelle des États, ou qui pourraient être découvertes en elle par des historiens ou par des philosophes.

Ma première thèse est donc négative. Elle énonce qu'il n'y a pas de sens caché de l'histoire et que les historiens et philosophes qui croient l'avoir découvert sont captifs de leur propre funeste illusion.

Ma seconde thèse, en revanche, est très positive. Elle énonce que nous pouvons nous-mêmes donner un sens à l'histoire politique, sens possible et conforme à la dignité de l'homme. Mais je voudrais m'avancer bien plus encore. C'est ma troisième thèse, à savoir que nous pouvons tirer des leçons de l'histoire, sans qu'une telle interprétation ou qu'un tel projet éthique doive pour autant être du tout vain. Au contraire, nous ne comprendrons jamais l'histoire si nous sous-estimons la puissance d'histoire de ces fins éthiques. Nul doute, elles aboutissent souvent à des dénouements épouvantables ; mais à bien des égards nous nous sommes rapprochés des idées de l'*Aufklärung* exprimées par Kant, plus qu'aucune des générations qui nous a précédés ; en particulier l'idée de l'auto-émancipation par le savoir, l'idée d'une organisation sociale pluraliste ou ouverte et l'idée de la proclamation de la paix perpétuelle comme but de l'histoire politique de la guerre. Quand je dis que nous nous sommes rapprochés de cette fin, je n'entends évidemment pas prophétiser que le but sera bientôt atteint ni qu'il le sera en tout état de cause : assurément, nous pouvons aussi échouer. Mais j'affirme que tout au moins l'idée de paix, celle que s'acharnèrent à faire admettre Érasme de Rotterdam, Emmanuel Kant, Friedrich

Schiller, Berta von Suttner, Friedrich Wilhelm Förster et bien d'autres, est reconnue aujourd'hui du moins par les diplomates et les hommes politiques comme l'objectif avoué de la politique étrangère de tous les États civilisés, je prétends qu'elle est leur ambition ; c'est plus que n'en attendaient ces grands champions de l'idée de paix, et c'est plus aussi que l'on ne pouvait en attendre il y a encore vingt-cinq ans.

Je l'admets, ce succès extraordinaire n'en est un que partiellement et il n'est pas seulement le fruit des idées d'Érasme et de Kant, mais plus encore de l'intelligence des dimensions du danger qu'une guerre fait aujourd'hui courir à toute l'humanité. Cela ne change néanmoins rien au fait que, aujourd'hui, cette fin est explicitement et universellement reconnue, et que, pour leur plus grande part, nos difficultés tiennent à ce que les diplomates et les hommes politiques ne savent pas comment ils pourraient la réaliser. Je ne peux naturellement pas rentrer, ici, dans l'examen de ces difficultés, ce d'autant moins que, pour leur bonne compréhension, il me faudrait mieux exposer et argumenter mes trois thèses.

Je commence par ma première thèse — la thèse négative selon laquelle l'histoire universelle des États n'a pas de sens caché qu'il faudrait d'abord déceler, et qu'il n'y a pas, dans l'évolution, de tendances cachées exigeant d'abord qu'on les découvre.

Cette thèse est à l'exact opposé non seulement des *théories du progrès* du XIXe siècle — celles, par exemple, de Comte, de Hegel et de Marx —, mais aussi de celle de la *décadence* d'Oswald Spengler et des théories *cycliques* de Platon, Giovanni Battista Vico et autres.

Je tiens que toutes ces théories sont parfaitement bancales, pour ne pas dire absurdes. À commencer par la problématique. Les termes de « progrès », « régression », « déclin », etc., comprennent des jugements de valeur ; et les théories d'un progrès ou d'une régression historique, ou d'un cycle fait de progrès et régression, se réfèrent nécessairement à une échelle de valeurs. Échelle

qui peut en être une morale, ou économique, ou esthétique-
artistique ; et quant à cette dernière, elle peut elle-même se
référer à la musique, ou à la peinture, ou à l'architecture, ou à la
littérature. Elle peut aussi, naturellement, se référer à la science
ou à la technologie. Elle peut se fonder sur les statistiques de la
durée de la vie humaine, ou sur celles des Offices de la santé.
On le voit bien, sur l'une ou l'autre de ces échelles ou de ces
axes, nous pouvons faire des progrès, atteindre des records,
cependant que, *en même temps,* sur d'autres, nous reculerons ou
toucherons le fond. Ainsi, en Allemagne, à l'époque où Bach écrit
ses chefs-d'œuvre, entre 1720 et 1750, nous ne reconnaissons
de tels sommets ni en littérature ni en peinture. Mais il y a bien
plus important : le fait que, dans maints domaines — ainsi de
l'économie et de l'éducation —, nous devons payer les progrès
accomplis par des reculs dans d'autres domaines ; tout comme
nous payons nos progrès en matière de rapidité et densité du
trafic automobile en perdant en sécurité.

Il en va de la réalisation de certaines exigences morales, en
particulier l'exigence fondamentale de liberté et de dignité humaine,
comme de la réalisation de valeurs de la vie économique. Ainsi,
une majorité de citoyens des États-Unis ressentait le maintien de
l'esclavage dans les États du Sud comme une infamie intolérable
avec laquelle leur conscience ne pouvait composer ; mais ils durent
en payer l'abolition au prix d'une effroyable guerre civile et de la
destruction d'une culture florissante et originale.

Il en va pareillement du progrès de la science — fruit, pour
une part, de l'idée de l'auto-émancipation par le savoir —,
qui, pour le moment, concourt à prolonger la durée de la vie
humaine et à lui donner plus d'épaisseur ; mais on peut douter
si ce progrès aura su contenter les hommes et contribuer à leur
bonheur.

Le fait que, simultanément, nous progressions et reculions
montre que non seulement les théories du progrès historique,
mais tout aussi bien les théories cycliques, celles de la régression

et les prophéties du déclin sont indéfendables, bancales dans leur questionnement même.

Ce sont des pseudo-sciences (comme j'ai cherché à le faire voir dans des textes divers[3]). Prises en bloc, ces théories pseudo-scientifiques ont une histoire vraiment étrange.

Chez Homère, la théorie de l'histoire — pareillement pour celle de l'Ancien Testament — interprète les événements historiques comme la manifestation directe des volontés quelque peu erratiques de divinités fort tenaces, faites à l'image des hommes. Une théorie de l'histoire de cette sorte était incompatible avec l'idée de Dieu du christianisme et du judaïsme de l'Antiquité tardive. De fait, la thèse selon laquelle nous pouvons immédiatement comprendre l'histoire universelle des États — celle des guerres de brigandage, des pillages, des rançonnements et des moyens de destruction de plus en plus nombreux — comme l'œuvre de Dieu, cette thèse est blasphématoire. Si l'histoire est l'œuvre d'un Dieu de clémence, alors elle ne peut l'être qu'au sens où la volonté de Dieu nous est inintelligible, insaisissable et irreprésentable : à nous hommes il est impossible de comprendre le sens de l'histoire si nous tentons de la comprendre comme l'ouvrage direct de Dieu. Si la religion veut donc faire comprendre le sens de l'histoire, elle doit alors chercher à la concevoir non comme la révélation immédiate de la volonté divine, mais comme une lutte entre des puissances bénéfiques et maléfiques — puissances bénéfiques et maléfiques à l'œuvre en nous ou par notre entremise. Ce que fit du reste saint Augustin dans son livre sur la Cité de Dieu. Il avait été devancé par Platon, qui interprète l'histoire comme chute originelle sur le plan politique et éthique, péché originel d'un État communiste originairement impeccable et que corrompt la convoitise pour les biens de ce monde. L'œuvre de saint Augustin a subi une autre influence importante, celle remontant

3. Cf. en particulier « L'Ascendant de Platon » et « Faux Prophètes », in *La Société ouverte et ses ennemis,* ainsi que *Misère de l'historicisme.*

à sa période manichéenne : l'influence de l'hérésie manichéenne venue de Perse, de la doctrine de la lutte entre le principe du Bien et celui du Mal (entre Ormuzd et Ahriman).

C'est sous cette double influence qu'Augustin écrit l'histoire de l'humanité comme celle du combat entre le principe du Bien, la Cité de Dieu, *civitas Dei,* et le principe du Mal, la Cité du démon, *civitas diaboli ;* presque toutes les autres théories de l'évolution historique — à l'exception peut-être de quelques-unes des plus naïves théories du progrès — remontent à cette théorie manichéenne de saint Augustin. Les théories les plus récentes traduisent les catégories métaphysiques ou religieuses d'Augustin dans un langage qui est celui des sciences de la nature ou de la société. Ainsi substituent-elles à Dieu et au diable des races biologiquement bénéfiques ou biologiquement maléfiques, ou des classes bénéfiques ou maléfiques — les prolétaires et les capitalistes. Sans changer grand-chose, assurément, au dispositif d'origine de la théorie.

Or, de juste, il n'y a que ceci : nos idées sont des puissances qui ont barre sur notre histoire. Mais il importe de comprendre (*einsehen*) que même des idées en elles-mêmes bonnes et nobles peuvent parfois exercer une influence éminemment funeste sur l'histoire et que, comme s'en est avisé le premier Bernard de Mandeville, ceci aussi, la chose n'est pas si rare, peut se produire : une idée, une force historique qui veut toujours le mal et toujours fait le bien.

Nous devons donc bien nous garder de voir dans notre histoire éminemment pluraliste un dessin en noir et blanc ou un tableau où le contraste des couleurs serait pauvre. Et nous devons nous garder plus encore d'y projeter des lois de l'évolution qui pourraient être utilisées pour pronostiquer progrès, cycles, déclin ou pour de quelconques prédictions historiques du même genre.

Malheureusement, depuis Hegel et plus encore depuis Spengler, le public attend d'un sage, et tout particulièrement d'un philosophe ou d'un philosophe de l'histoire, qu'il soit en mesure de prédire l'avenir. C'est là vraie calamité, car cette demande n'a que trop tendance à créer une offre. Ainsi, à la demande en prophètes fit suite une offre surabondante. On peut bien le dire : aujourd'hui, tout intello (*Intelligenzler*) soucieux de son renom se sent dans l'obligation de se lancer dans l'art de la divination historique.

> Et pourquoi, quand je me promène,
> Ne pourrais-je, dit-il, voir au loin[4] ?

Presque toujours, c'est au fond vertigineux de son pessimisme que l'on mesure la vertigineuse profondeur de ses vues et de sa vue si perçante.

Je le déclare, le moment est venu d'en faire au moins la tentative : une fois pour toutes, renvoyer chez elle toute cette clique de devins — à ses kermesses. Je ne prétends en aucun cas que les devins ne disent jamais la vérité. J'affirme seulement que, pour autant qu'ils tiennent en tout état de cause propos intelligibles, ils en tiennent autant de faux ; et qu'il n'y a pas de méthode scientifique, historique ou philosophique qui puisse servir de fondement à d'ambitieux pronostics historiques à la Spengler. C'est pure chance, en effet, quand de tels pronostics historiques se vérifient. Le pronostic est arbitraire, aléatoire et non scientifique. Il peut jouer, bien sûr, d'un puissant effet de propagande. Qu'assez de gens aillent croire au déclin de l'Occident, et l'Occident périclitera certainement ; et ce même dans le cas où son essor se serait poursuivi en l'absence de cette propagande. Car, même fausses, les idées peuvent déplacer des montagnes. Par chance, cependant, il est parfois possible aussi de combattre des idées fausses au moyen d'idées vraies.

---

4. W. Busch, *Plisch und Plum* — diverses traductions françaises, où les deux célèbres personnages s'appellent Max et Moritz.

Comme j'ai l'intention d'exposer encore quelques idées franchement optimistes, je tiens ici à une mise en garde : qu'on ne prenne pas cet optimisme pour une prédiction optimiste de l'avenir.

Je ne sais ce que l'avenir nous réserve. Quant à ceux qui croient le savoir, je ne leur fais aucun crédit. Mon optimisme ne s'en rapporte qu'à ce que l'on peut apprendre du passé et du présent : s'offraient et s'offrent bien des possibilités, en bien et en mal ; et que nous n'avons aucune raison de résilier l'espérance — et de travailler en vue d'un monde meilleur.

Je laisse maintenant le propos de ma première thèse, négative, sur le sens de l'histoire, pour en venir à mes thèses positives, qui importent plus.

Ma seconde thèse, c'est que nous pouvons *donner nous-mêmes* un sens à l'histoire politique et lui *fixer* un objectif, un sens et un objectif conformes à la dignité de l'homme.

Nous pouvons parler d'une interprétation dans deux acceptions de l'histoire fort différentes : l'acception fondamentale, celle désignant l'ensemble des fins que nous nous donnons à travers nos représentations éthiques ; dans une acception seconde du terme « interprétation », le kantien Theodor Lessing a défini l'histoire comme étant la « mise en sens de ce qui n'en a pas » (*Sinngebung des Sinnlosen*[5]). La thèse de Lessing, juste à mes yeux, est la suivante : nous pouvons essayer de projeter un sens dans l'histoire, en elle-même insensée — par exemple en nous attelant à l'étude de l'histoire en nous demandant ce qu'il est advenu, au cours de l'histoire, de nos idées, de nos représentations éthiques en particulier, telles que l'idée de liberté et l'idée d'auto-émancipation par le savoir. Si nous nous gardons soigneusement d'user du terme de « progrès » dans le sens d'un progrès dicté

---

5. Mot à mot : l'interprétation de ce qui est dépourvu de sens. L'ouvrage de Theodor Lessing (1872-1936), *Sinngebung des Sinnlosen,* était paru en 1919 et connut plusieurs rééditions. (*N. d. T.*)

par quelque loi naturelle, alors nous pouvons dire également que, de l'histoire telle qu'elle nous est transmise, nous pouvons distraire un sens en nous demandant en quoi nous pouvons bien avoir progressé et reculé, et à quel prix nous avons dû payer nos progrès. À quoi a part aussi l'histoire des nombreuses erreurs tragiques que nous avons commises — erreurs dans la définition des fins et erreurs dans le choix des moyens.

Nul n'a exprimé cette idée plus clairement que le grand historien anglais H.A.L. Fisher, qui récusait les théories historicistes de l'évolution et les prétendues lois du développement historique tout en se risquant à juger l'histoire du point de vue du progrès éthique, économique et politique. Il écrivait[6] : « Des hommes plus sagaces et plus savants que moi ont trouvé un sens à l'histoire, un rythme, un cours que lui prescrirait une loi […] pour moi je ne vois qu'une succession de crises imprévues ; crises qui se suivent comme déferlent des vagues ; rien qu'une longue chaîne d'événements, dont chacun est unique en son genre et qui n'autorisent donc aucune généralisation, ne suggérant bien plutôt au chercheur qu'une seule et unique règle : il fera bien de ne pas perdre de vue ce qui fait contrepartie au contingent et à l'imprévu. » C'est dire qu'il n'y a pas de tendances intrinsèques de l'évolution ; ce qui n'empêche pas Fisher de poursuivre ainsi : « Mais on ne tiendra pas mon point de vue pour cynique ou pessimiste ; au contraire, j'avance que le fait même du progrès est clairement lisible sur les pages de l'histoire ; mais le progrès n'est pas une loi de la nature. Le terrain gagné par une génération, la suivante peut le perdre. » Sous la surface des luttes de pouvoir de la vie politique et de leurs vicissitudes, dans ce manège absurde et féroce, il y a donc tout de même un progrès ; mais comme il n'y a pas de lois de l'évolution historique pour garantir qu'il va se poursuivre, c'est de nous que dépend le destin de ce progrès — et par là notre destin.

6. *History of Europe*, 1935.

J'ai cité Fisher, non seulement parce que je crois qu'il a raison, mais aussi et surtout parce que je désire suggérer combien son idée — l'idée que l'histoire dépend de nous — est plus conforme à la dignité humaine et plus sensée que celle selon laquelle l'histoire possède des lois qui lui sont inhérentes, des lois mécaniques, dialectiques ou organiques et selon laquelle nous ne sommes que pantins dans le jeu de marionnettes de l'histoire, ou que balles voltigeant dans la joute de puissances historiques suprahumaines, tels par exemple le pouvoir du bien et celui du mal, ou le pouvoir du prolétariat et celui du capitalisme.

J'en viens maintenant à l'examen de la seconde et plus décisive acception de l'idée d'interprétation : interprétation selon laquelle nous cherchons une mission non seulement pour notre vie personnelle, mais aussi pour notre vie politique, notre existence d'hommes pensant politiquement ; d'hommes, tout particulièrement, qu'insupporte le tragique absurde de l'histoire et qui y entendent comme une invitation à faire de leur mieux pour rendre plus sensée l'histoire à venir. Lourde tâche ; et d'abord parce que la bonne volonté et la bonne foi peuvent nous égarer tragiquement. Et comme je me fais ici le porte-parole des idées de l'*Aufklärung,* je me sens tout particulièrement tenu de commencer par rappeler que, elles aussi, les idées de l'*Aufklärung* et du rationalisme ont eu les répercussions les plus effroyables.

Il fallut la Terreur et Robespierre pour enseigner à Kant qui avait salué la Révolution française, que, même sous le signe de la liberté, de l'égalité et de la fraternité, les méfaits les plus odieux peuvent se commettre ; méfaits aussi exécrables que ceux perpétrés au temps des croisades, des procès qui menaient les sorcières au bûcher ou au temps de la guerre de Trente Ans, au nom du christianisme. Mais Kant tira une leçon de l'histoire des horreurs de la Révolution française. Leçon qu'on ne saurait trop répéter, et qui tient à ceci : la croyance fanatique est toujours un fléau, elle est incompatible avec la visée d'une organisation sociale pluraliste ; et c'est notre devoir que de nous opposer au fanatisme sous toutes ses formes — même quand ses objectifs sont irréprochables sur le plan éthique, singulièrement quand ses objectifs sont les nôtres.

Le péril du fanatisme, et le devoir qui nous incombe de lui faire front en permanence, voilà une des leçons capitales que nous pouvons tirer de l'histoire.

Cependant : est-il possible, dans l'absolu, d'éviter le fanatisme et ses débordements ? L'histoire ne nous enseigne-t-elle pas que toutes les fins éthiques sont vaines ? Et pour la raison, précisément, qu'elles ne peuvent peser de leur poids dans l'histoire que si portées par une foi fanatique ? Et l'histoire de toutes les révolutions ne nous enseigne-t-elle pas que la foi fanatique vouée à une idée retourne toujours cette idée en son contraire ? Qu'elle n'ouvre les cachots au nom de la liberté que pour les refermer bientôt derrière de nouvelles victimes ? Qu'elle ne proclame l'égalité de tous les hommes que pour persécuter bientôt les descendants des classes jadis privilégiées, et par-delà la troisième et la quatrième génération ? Qu'elle proclame la fraternité comme pour bien représenter que toutes ses œuvres meurtrières sont des fratricides, quoiqu'en même temps elle apparaisse toujours en gardien de son frère ? L'histoire ne nous enseigne-t-elle pas que toutes les idées éthiques sont pernicieuses, et, souvent, les meilleures idées, les plus pernicieuses ? Et les idées de réforme du monde des *Aufklärer,* la Révolution française et la révolution russe ne les ont-elles pas suffisamment avérées comme une criminelle ineptie ?

C'est dans ma troisième thèse que je réponds à ces questions. Elle s'énonce ainsi : l'histoire de l'Europe occidentale et des États-Unis nous l'enseigne, une interprétation ou une visée éthiques ne sont pas intrinsèquement vaines. Ce qui ne revient certainement pas à affirmer que chaque fois nous avons entièrement réalisé nos fins éthiques, ou que nous pourrions le faire. Ma thèse est autrement plus modeste. Je prétends seulement que, à bien des occasions, la critique sociale inspirée par des principes éthiques régulateurs a été couronnée de succès : elle a réussi à combattre les pires calamités de la vie publique.

Telle est donc ma troisième thèse. Elle est optimiste au sens où elle contredit toutes les conceptions pessimistes de l'histoire. À l'évidence, en effet, toutes les théories cycliques et celles de la décadence sont réfutées si nous pouvons donner nous-mêmes un but éthique ou un sens éthique à l'histoire.

Mais cette possibilité est liée, semble-t-il, à des conditions bien déterminées. La critique sociale n'a été couronnée de succès que là où les hommes avaient appris à apprécier à leur valeur d'autres opinions que les leurs, appris mesure et pondération au cours de leur activité politique en vue de certaines fins ; là où ils avaient appris que la tentative de réaliser le royaume des cieux sur terre ne transforme que trop facilement la terre en un enfer pour les hommes.

Les pays qui reçurent à temps cet enseignement furent la Suisse et l'Angleterre, les premiers à se lancer dans la tentative utopique d'instaurer la Cité de Dieu ici-bas. Tentative qui, dans ces deux pays, aboutit à une désillusion.

La révolution anglaise, la première des grandes révolutions des Temps modernes, ne mena pas à la Cité de Dieu, mais à l'exécution de Charles Iᵉʳ et à la dictature de Cromwell. Ce dont, radicalement dégrisée, l'Angleterre tira la leçon en se convertissant au légitimisme. C'est ce légitimisme qui fit avorter la tentative de Jacques II de ramener le catholicisme par la force en Angleterre. Lasse des guerres de religion, l'Angleterre était réceptive au message de John Locke et d'autres *Aufklärer,* qui défendaient la tolérance religieuse et le principe selon lequel est nulle et non avenue la foi inculquée de force ; que l'on peut certes *conduire,* mais non *traîner* les hommes à l'église (selon la formule d'Innocent XI).

Que la Suisse et l'Angleterre aient dû traverser ces épreuves politiques qui les dégrisèrent et qu'elles soient des pays qui, par la voie de la réforme démocratique, aient atteint des objectifs éthico-politiques qui ne purent l'être par celle de la révolution, de la violence, du fanatisme et de la dictature — voilà qui ne tient guère du hasard.

En tout cas, de l'histoire de la Suisse et des démocraties scandinave et anglo-saxonne, on peut retirer qu'il n'est pas impossible de réussir quand on se donne des fins — une fois présupposé que ces fins sont pluralistes, autrement dit, qu'il n'est pas impossible de respecter la liberté et les opinions d'une société d'hommes divers poursuivant des fins diverses ; pas impossible, donc, de donner un sens à notre histoire. Or c'est ce que j'ai affirmé dans ma troisième thèse.

Ce qui nous amène à observer que, à coup sûr, la critique de Kant et de l'*Aufklärung* par le romantisme était de loin plus superficielle que l'*Aufklärerei* tant vilipendée et que l'*Aufkläricht*[7] dont on s'était tant gaussé, l'une et l'autre « dépassées » à grand renfort d'applaudissements. Kant et l'*Aufklärung* furent brocardés, traités de naïfs, parce qu'ils avaient fait des idées du libéralisme un absolu ; parce qu'ils croyaient que l'idée de démocratie est plus qu'un phénomène historique transitoire. À nouveau, de nos jours, on se répand beaucoup sur le déclin de ces idées. Au lieu de prophétiser leur décadence, on ferait mieux de lutter, afin de les affermir. Car elles n'ont pas seulement démontré qu'elles sont coriaces, elles ont aussi fait la preuve de leur qualité propre, celle affirmée par Kant : une organisation sociale pluraliste est le cadre nécessaire de toute détermination des fins, de toute politique qui voit plus loin que l'immédiat ; de toute politique qui a quelque idée de l'histoire et entend lui donner un sens.

J'en viens à ma dernière considération : l'*Aufklärung* aussi bien que le romantisme voit d'abord dans l'histoire universelle une histoire des conflits d'idées, l'histoire de conflits entre des croyances. Sur ce point, nous sommes en accord. Mais

7. Sur ces deux termes, cf. la note 4 du chapitre précédent.

ce qui sépare l'*Aufklärung* du romantisme, c'est leur position par rapport à ces idées. Le romantisme prise la croyance pour elle-même, la vigueur, la profondeur de la croyance, quelle que soit sa teneur de vérité. C'est bien là la raison primordiale de son mépris pour l'*Aufklärung,* qui, en effet, à la croyance comme telle — exception faite de l'éthique —, témoigne de la méfiance. Bien que l'*Aufklärung,* non seulement tolère la croyance, mais encore la place très haut, ce qu'elle estime, toutefois, n'est pas la croyance comme telle, mais la vérité. Qu'il y ait quelque chose de l'ordre de la vérité absolue, et que nous puissions approcher cette vérité, c'est la conviction primordiale de la philosophie de l'*Aufklärung,* en opposition au relativisme historique du romantisme.

Approcher la vérité n'est pas aisé. Il n'y a qu'une voie, celle passant par nos erreurs. Nous ne pouvons apprendre qu'à l'école de nos erreurs ; et seul apprendra qui est prêt à apprécier dans les erreurs d'autrui des étapes vers la vérité ; et qui *recherche* les erreurs qu'il a lui-même commises, pour s'en libérer.

L'idée de l'auto-émancipation par le savoir, quant à elle, n'est donc pas la même que celle de la domination de la nature. Il y va bien plutôt de l'idée d'une auto-émancipation en *esprit,* se libérant de l'erreur, de la superstition ; idée d'une auto-émancipation en esprit, par la voie de la critique par chacun de ses propres idées.

On le voit, l'*Aufklärung* ne condamne pas le fanatisme et la croyance fanatique pour de simples raisons utilitaires ; et pas non plus parce qu'elle espérerait que, moyennant de plus sobres manières de voir en politique et dans la vie pratique, nous nous en tirerions mieux. Condamner la croyance fanatique, voilà qui découle bien plutôt de l'idée de la recherche de la vérité, au moyen de la critique de nos erreurs. Cette autocritique et auto-émancipation n'est possible que dans une atmosphère pluraliste, autrement dit dans une société ouverte, qui tolère nos erreurs et beaucoup d'autres erreurs encore.

Ainsi, dès les commencements, l'idée de l'auto-émancipation par le savoir dont l'*Aufklärung* s'était fait le porte-parole renfermait aussi l'idée que nous devons apprendre à marquer nos distances par rapport à nos propres idées, au lieu de nous identifier à elles. Connaissant la puissance d'esprit des idées, la tâche nous incombe de nous émanciper de l'excessive puissance d'esprit des idées fausses. Dans l'intérêt de la recherche de la vérité et pour nous émanciper de l'erreur, nous devons nous éduquer : apprendre à considérer nos propres idées avec autant de distance critique que les idées que nous combattons.

Ce qui n'implique aucune concession au relativisme ; car l'idée d'erreur présuppose l'idée de vérité. Lorsque nous reconnaissons que l'autre peut avoir raison et que nous nous sommes peut-être trompés, cela ne signifie pas que seul importe le point de vue et que, de son point de vue, comme le disent les relativistes, chacun a raison, et tort d'un autre. Dans les démocraties occidentales, nombreux ceux qui ont appris qu'ils ont parfois tort, et leurs adversaires raison ; mais, parmi ceux qui ont assimilé cette grande leçon, trop nombreux ceux dont le relativisme a eu raison. Une grande tâche historique nous attend : créer une société libre, pluraliste — cadre social de l'auto-émancipation par le savoir —, et nous n'avons donc besoin de rien tant que de nous éduquer nous-mêmes, nous enseigner le tour d'esprit qui nous permette le face-à-face critique avec nos idées, sans devenir des relativistes ou des sceptiques ; et sans perdre le courage ni la résolution de lutter pour nos convictions.

11

L'OPINION PUBLIQUE
À LA LUMIÈRE DES PRINCIPES
DU LIBÉRALISME

Les idées exposées ci-dessous firent l'objet d'une communication devant un colloque international d'adeptes du libéralisme, à seule fin de servir de base à une discussion[1]. Comme il m'était loisible de présumer des vues libérales chez mon auditoire, j'avais à cœur de mettre en cause, dans un souci critique, les opinions courantes plaidant en leur faveur plutôt que de les conforter, sans esprit critique. Je tiens à insister sur ce point : parlant du libéralisme, je ne pense pas aux partis, mais aux principes.

1. Le mythe de l'opinion publique

Nous devons nous armer de vigilance devant un certain nombre de mythes de l'« opinion publique », trop souvent admis sans critique.

---

1. Conférence prononcée en anglais à Venise, en 1954 ; elle s'appuie sur des exemples empruntés pour la plupart aux expériences de l'histoire anglaise, où ils trouvent leur éclairage. Texte allemand dû aux soins du Dr Mira Koffka, première publication in *Ordo*, vol. VIII (1956).

À commencer par le mythe classique — *vox populi, vox Dei* — attribuant à la voix du peuple une sorte d'autorité et de sagesse définitives. Son équivalent moderne, c'est la croyance en l'infaillibilité, elle-même fruit du bon sens, de ce personnage mythique qu'est « *the man in the street* », « l'homme de la rue » — l'électeur, le « simple citoyen » et sa voix. Les deux formules ont ceci de typique que l'une et l'autre *esquivent le pluriel*. Mais, par bonheur, il est rare que le peuple ne parle que d'*une seule* voix ; et la diversité des « simples citoyens », d'une rue à l'autre, égale celle de libéraux réunis en conférence. Et même si d'aventure ils devaient être une fois du même avis, la décision qu'ils arrêtent à l'unanimité n'est pas toujours sage. Ils peuvent avoir raison, ou bien avoir tort. Sur les matières les plus douteuses, « la voix » peut se prononcer de la manière la plus péremptoire. (Exemple : se plier à la quasi-unanimité et sans objection à l'exigence de « capitulation inconditionnelle ».) Et sur des points où en réalité elle ignore le doute, elle peut tergiverser et se montrer indécise. (Exemple : savoir si l'on peut composer avec le chantage politique et une politique du meurtre de masse.) « La voix » peut être animée par une bonne intention mais mal inspirée. (Exemple : la vague de protestations qui fit capoter le plan Hoare-Laval.) Ou bien encore elle peut laisser percer des convictions plus inquiétantes, mais témoigner alors de prudence sinon de sagesse. (Exemples : l'aval donné à la mission Runciman, ou à l'accord de Munich, en 1938.)

Je crois néanmoins que le mythe de la *vox populi* recèle un grain de vérité. Ce que l'on pourrait exprimer ainsi : bien que souvent privés en partie d'informations, les gens simples sont souvent plus sages que les gouvernements, et, sinon plus sages, du moins souvent animés par de meilleures et plus généreuses intentions. (Exemple : le peuple tchécoslovaque, prêt au combat, à la veille de Munich ; ou bien, une fois encore, les protestations contre le plan Hoare-Laval.)

Une forme de ce mythe — ou peut-être de son arrière-plan philosophique — me paraît particulièrement intéressante et significative : l'hypothèse selon laquelle *la vérité est manifeste*. J'entends par là la théorie qui veut que, si l'erreur appelle toujours explication (et que l'explique, disons, le défaut de bonne volonté, ou la partialité, ou les idées préconçues), la vérité, elle, se manifeste toujours d'elle-même tant qu'on ne l'opprime pas. Théorie à l'origine d'une croyance naïve et optimiste : la liberté, en éliminant l'oppression et autres entraves en tout genre, doit mener de toute nécessité au règne sans partage de la vérité (et du droit).

Mon tableau simplifie bien sûr à bon escient ; ce mythe bien ancré, on peut le rendre aussi de la manière suivante : « Il suffit que l'on nous fasse voir la vérité (à nous ou au peuple), et il nous sera impossible de la méconnaître. » Raisonnement que je propose de nommer la théorie de l'optimisme rationaliste. Elle a inspiré tant le libéralisme que le socialisme ; de fait, elle caractérise aussi bien le mouvement de l'*Aufklärung* qu'une très large fraction de sa postérité et de ses précurseurs immédiats. Tout comme le mythe de la *vox populi,* c'est un mythe de l'autorité par unanimité — une unanimité dont nous avons appris à nous méfier.

La forme sous laquelle la théorie de la *vox populi* émerge dans le romantisme est une des réactions à ce mythe rationaliste et optimiste : je vise là la doctrine de l'autorité et de l'unité de la volonté générale[2] ; ou de l'esprit de la communauté populaire (*Volksgeistes*) ; ou du génie national (*Genius der Nation*) ; ou de l'esprit de la collectivité (*Kollektivgeist*) ; ou de la voix du sang. Je n'ai pas besoin de répéter ici les arguments que Kant et bien d'autres — moi parmi eux — ont avancés contre cette doctrine de la saisie irrationnelle de la vérité ; contre une théorie qui trouva son expression la plus extrême dans la figure hégélienne de la *ruse de la raison :* une raison qui met nos passions au service

---

2. Entre parenthèses, Popper précise « volonté générale », en français, pour rendre le terme allemand *Volkswillen*.

de la vérité appréhendée par instinct ou intuition. Cette théorie cherche à prouver qu'il est impossible que le peuple ait tort, singulièrement lorsqu'il n'écoute pas la voix de la raison, mais celle de la seule passion.

Une variante non négligeable et aujourd'hui encore très influente de notre mythe, c'est le *mythe du progrès de l'opinion publique,* que l'on peut définir ni plus ni moins comme la forme sous laquelle le libéralisme du XIXᵉ siècle soutint le mythe de l'opinion publique. L'illustre par exemple un passage de la fiction politique d'Antony Trollope, *Phineas Finn*[3], sur laquelle le professeur E.H. Gombrich a attiré mon attention. Trollope décrit les avatars d'une motion déposée au Parlement en faveur de la réforme du droit de bail en Irlande. Mise aux voix, elle est adoptée : à raison de 23 voix, le ministre doit s'incliner. « La triste vérité, maintenant », déclare Mr Monk, le parlementaire, « c'est qu'en dépit de tout nous n'avons pas progressé d'un pouce vers la réforme des baux.

— Mais, pourtant, nous en voici plus près.

— Sans doute, en un certain sens. Un débat comme celui-ci et une majorité comme celle-là donnent à penser. Et pourtant, non — "penser" est un mot bien noble. En règle générale, on ne pense pas. Mais ce qui vient de se passer ici fera peut-être croire qu'il y a quand même, finalement, quelque chose en jeu. Bien des gens qui, auparavant, dans l'idée d'une réglementation de ces revendications par le législateur, ne voyaient rien qu'irréalisme de songe-creux se rallieront peut-être maintenant à l'idée qu'une telle réglementation est simplement dangereuse, ou même simplement complexe. Ainsi, peu à peu, on en viendra au point de ranger cette réforme dans le domaine du possible, voire, par la suite, dans celui du vraisemblable — jusqu'à ce que, à la fin, on l'inclue dans la liste des quelques mesures considérées comme absolument nécessaires pour notre pays. Voilà justement comment on forme l'opinion publique.

3. Paru en 1889. (*N.d.T.*)

« — Nous n'avons pas gaspillé notre temps avec ce premier pas pour l'instaurer, dit Phineas.

— Le premier pas, il remonte à bien longtemps…, répliqua Mr Monk. Mais c'est une grande chose que d'avoir fait ne serait-ce qu'un pas de plus, il nous rapproche du but. »

La réflexion formulée ici par Mr Monk, membre radical-libéral du Parlement, nous pourrions la nommer *théorie avant-gardiste de l'opinion publique*. Selon elle, il y a un certain nombre de leaders d'opinion, ou de gens qui font l'opinion publique, et qui, par des lettres au *Times* ou par des discours et des motions au Parlement, opèrent tant et si bien que certaines idées commencent par être rejetées, puis sont débattues pour être finalement adoptées. L'opinion publique, ici, est appréhendée comme une manière de prendre publiquement position sur les idées de ces aristocrates de l'esprit que sont les créateurs des idées nouvelles, des notions nouvelles, des arguments nouveaux. Et on se représente alors l'opinion publique comme quelque peu obtuse, passive et conservatrice ; habilitée, néanmoins, à discerner à la fin, par intuition, la vérité nichée dans les projets de réforme ; ainsi l'opinion publique devient-elle l'arbitre dont l'autorité fait loi dans les débats de l'élite, ainsi qu'on l'appelle. (Je suis un adversaire de toutes les élites et du mythe de l'élite.) Nul doute, c'est là, derechef, une forme de notre mythe, bien qu'à première vue on puisse avoir l'impression que ce n'en est pas un, mais l'image de la réalité anglaise. J'en conviens, en Angleterre, cette méthode a souvent permis d'imposer des projets de réforme : mais n'y a-t-il eu que des exigences judicieuses pour prévaloir ? J'incline à croire qu'en Angleterre c'est moins la vérité d'une thèse ou le bon sens d'une proposition qui a des chances de rallier l'opinion publique en faveur d'une certaine politique, que le sentiment qu'*a été commise une injustice, qu'elle prévaut peut-être encore, que l'on peut, que l'on doit la réparer*. C'est cette *sensibilité morale* typique de l'opinion publique en Angleterre et la manière dont on peut l'émouvoir que décrit Trollope ; est décrite la manière dont l'opinion publique saisit par intuition une injustice, non pas la saisie intuitive d'un état de fait, d'une vérité. Dans quelle mesure peut-on appliquer la description de Trollope à d'autres pays ? C'est un point qui prête à débat.

2. Principes du libéralisme : une gerbe de thèses[4]

1. *L'État est un mal nécessaire.* Ses prérogatives ne devraient pas s'étendre au-delà du nécessaire. Principe que l'on pourrait appeler celui du « rasoir libéral » (par allusion au rasoir d'Ockham, le fameux principe selon lequel on ne doit pas multiplier les essentialités métaphysiques au-delà du nécessaire).

Pour illustrer la nécessité du mal qu'est l'État, je n'invoque pas le point de vue de Hobbes : *homo homini lupus.* Au contraire : on peut faire voir cette nécessité même en adoptant le point de vue *homo homini felis* ou même *homo homini angelus* — en d'autres termes, le point de vue selon lequel, par pure mansuétude ou peut-être par pure bonté angélique, nul n'infligera de tourments à autrui. Même dans un monde ainsi fait, en effet, il y aurait encore une grande variété d'hommes, les uns plus faibles, les autres plus forts, et les plus faibles n'auraient *aucun droit* d'être tolérés par les plus forts dont ils seraient les obligés, reconnaissants de la bonté qu'ils leur témoigneraient en les tolérant. Ceux donc, forts ou faibles, qui désapprouvent un tel état de choses et croient que tout un chacun doit avoir un *droit* à la vie et *revendiquer* d'être protégé contre le pouvoir des forts reconnaîtront alors aussi la nécessité d'un État protecteur des droits de tous.

Toutefois, il est aisé de le montrer, l'État est un danger permanent, et, dans cette mesure, un mal, même si un mal nécessaire. Si l'État, en effet, doit s'acquitter de sa mission, il doit détenir plus de pouvoir que chaque citoyen en particulier, ou que chaque groupe de citoyens. Même si nous concevons des

4. Pour cette partie et la suivante, cf. mon livre *La Société ouverte.*

institutions pour restreindre autant qu'il est possible les risques d'abus, nous ne pouvons cependant jamais complètement les éliminer. Il semble, au contraire, que nous devrons toujours payer le prix de la protection juridique qu'assure l'État, et ce non seulement sous forme d'impôts, mais même sous celle de vexations. (« La morgue de l'administration. ») Mais c'est question de degré : tout dépend de ce que, pour cette protection assurée par le droit, le prix à payer ne soit pas exorbitant.

2. Entre un régime démocratique et un régime despotique, la différence tient à ce que, *dans une démocratie, on peut se débarrasser de son gouvernement sans verser le sang, pas dans un régime despotique.*

3. *Aux citoyens, la démocratie ne peut procurer d'avantages d'aucune sorte (et elle n'a pas à le faire).* En effet, « la Démocratie » elle-même ne peut rien faire — seuls les citoyens d'un État démocratique (y compris, bien sûr, son gouvernement) peuvent agir. La démocratie est simplement un cadre dans lequel les citoyens peuvent agir.

4. *Ce n'est pas parce que la majorité a toujours raison que nous sommes des démocrates, mais parce que des institutions démocratiques, quand elles s'enracinent dans des traditions démocratiques, sont de loin les moins nuisibles que nous connaissions.* Que la majorité (l'« opinion publique ») tranche en faveur d'un régime despotique, ce n'est pas ce qui fera renoncer un démocrate à ses convictions ; seulement, il réalisera que, dans son pays, la tradition démocratique n'était pas assez forte.

5. *À elles seules, les institutions ne suffisent jamais dès lors qu'elles ne sont pas ancrées dans des traditions.* Elles sont toujours « ambivalentes » au sens où, faute d'une tradition vivace, elles peuvent avoir des effets contraires à ceux escomptés. Par exemple, l'opposition parlementaire doit — pour simplifier — empêcher la majorité de voler l'argent des contribuables. Mais je me souviens d'un petit scandale survenu dans un pays d'Europe orientale et qui illustrait bien l'ambivalence de cette institution : majorité et opposition s'étaient partagé équitablement le total d'un assez copieux pot-de-vin.

Les traditions sont nécessaires pour créer une sorte de continuité entre les institutions, d'une part, les intentions et les représentations valorielles des individus, d'autre part.

6. Une « Utopie[5] » libérale — un État, autrement dit, conçu à la manière rationaliste, en faisant table rase des traditions — est chose impossible. Car le principe libéral veut que *toutes restrictions à la liberté individuelle rendues inévitables par la vie en collectivité soient autant que possible également réparties* (Kant), et réduites autant que faire se peut. Mais comment pouvons-nous appliquer dans la pratique un tel principe *a priori* ? Devons-nous empêcher un pianiste de faire ses gammes, ou bien empêcher son voisin de jouir d'un paisible après-midi ? Tous les problèmes de ce genre ne peuvent être résolus qu'à la condition d'en appeler à des traditions et à des coutumes vivantes — au sentiment traditionnel de justice, au *common law*[6], ainsi qu'on l'appelle en Angleterre, et à ce qu'un juge impartial reconnaît pour équitable. *Mais les lois ne pouvant jamais arrêter que des principes généraux, leur application exige interprétation ; l'interprétation, à son tour, requiert certains principes tirés de la pratique quotidienne qui seule peut épanouir une tradition vivante. Toutes choses encore plus vraies s'agissant des principes du libéralisme, hautement abstraits et généraux.*

7. *On peut représenter les principes du libéralisme comme ceux qui font des institutions existantes l'objet du jugement et, si nécessaire, permettent d'en restreindre ou d'en modifier le jeu. Ils ne sont pas habilités à se substituer à elles.* En d'autres termes : le libéralisme est une conviction évolutionnaire plutôt que révolutionnaire (excepté face aux régimes despotiques).

8. *Parmi les traditions nous devons regarder comme essentielles celles qui constituent le « cadre moral » d'une société (en corrélation avec le « cadre légal » institutionnel) et en incarnent, hérité de la tradition, le*

---

5. Du nom du célèbre ouvrage de Thomas More. (*N.d.T.*)
6. Nous revenons à la lettre de la notion anglaise — que, dans le texte, Popper rend en allemand par « *gemeines Recht* ». (*N.d.T.*)

sens du juste et du convenable, ainsi que le degré de sensibilité morale auquel elle est parvenue. Ce cadre moral sert de fondement, sur lequel il devient possible, en cas de besoin, de mettre en balance de manière véritablement équitable des intérêts opposés. Bien sûr, ce cadre moral n'est pas inamovible, mais il se modifie de manière relativement lente. *Il n'est de pire danger que la destruction de ce cadre, de cette tradition* (destruction sciemment recherchée par le nazisme). Nécessairement, elle mène en fin de compte à un nihilisme cynique — au mépris de toutes les valeurs humaines et à leur désagrégation.

3. *La théorie du libéralisme et la liberté de débattre*

La liberté de pensée et la liberté de débat sont les valeurs suprêmes du libéralisme, elles n'ont pas à être légitimées à leur tour. Mais une remarque sur la fonction qui est la leur dans la recherche de la vérité peut contribuer à leur intelligence. *La vérité n'est pas manifeste,* et il n'est pas aisé de la trouver. La recherche de la vérité demande au moins

a) de l'imagination,

b) la possibilité d'essayer et de se tromper (*trial and error*),

c) la mise au jour progressive de nos propres préjugés à l'aide de a), de b) et de la *discussion critique.*

La tradition occidentale du rationalisme, de provenance grecque, est la tradition de la discussion critique — de modèles ou de théories que l'on examine et teste en cherchant à les réfuter (*elenchos*). On ne confondra pas cette méthode de la critique rationnelle avec celle de la démonstration, c'est-à-dire la méthode qui se donne pour but d'établir définitivement la vérité (*épagogè*). Une telle méthode, il n'y en a pas, et pas non plus de méthode qui permettrait toujours d'aboutir à un consensus. La valeur de la discussion critique tient bien plutôt à ce que tous les participants du débat modifient dans une certaine mesure leur point de vue et qu'au moment de se quitter leur sagesse se soit encore accrue.

On a souvent prétendu que seules sont possibles des discussions entre gens cultivant sur le fond des conceptions communes. Point de vue que je tiens pour faux. Une seule chose est nécessaire : être disposé à apprendre de son interlocuteur, ce qui inclut le désir sincère de comprendre ce qu'il veut dire. Pour qui y est disposé, le débat sera d'autant plus fructueux que sera varié le milieu intellectuel d'origine des différents participants : la valeur d'un débat dépend très exactement de la diversité des points de vue et des opinions qui se mesurent. Babel n'existerait pas qu'il faudrait l'inventer. Le libéralisme ne place pas ses espoirs dans l'unisson, mais dans la fécondation mutuelle des convictions et dans la maturation des opinions qui en résulte. Même quand nous parvenons à donner à un problème une solution qui recueille l'assentiment général, c'est elle justement qui nous amène à de nouveaux problèmes, lesquels, nécessairement, seront à l'origine de nouvelles divergences — ce qu'il n'y a pas lieu de déplorer.

Médiée par le débat libre et raisonnable, la recherche de la vérité est certes une affaire d'intérêt public, mais l'« opinion publique », quelle que soit sa nature, n'est pas le fruit de tels débats. Elle peut subir l'influence de la science et prendre position sur ses travaux, elle n'est pas, toutefois, le résultat d'un débat scientifique.

Le respect qu'inspire traditionnellement le débat raisonnable engendre, dans la sphère de la politique, le respect non moins traditionnel pour la méthode de *gouvernement par la discussion* (ainsi nomme-t-on en Angleterre le gouvernement parlementaire). Il inspire ainsi le sens de la justice ; il accoutume à reconnaître leur valeur propre à d'autres points de vue ; il prédispose au compromis.

Ce que les adeptes des principes du libéralisme peuvent espérer, c'est que des traditions qui se modifient et se développent sous l'influence du débat critique se substituent largement à ce que l'on appelle « opinion publique », et qu'à la longue elles hériteront des compétences que l'on exige souvent de cette dernière.

4. Les types d'opinion publique

Il y a deux grands types d'opinion publique, celle ancrée dans des institutions, et celle qui ne l'est pas.

Entre autres exemples d'institutions au service de l'opinion publique, de son orientation : la presse (y compris les lettres des lecteurs aux rédactions des journaux), les partis politiques, les sociétés, les universités, les librairies, la radio, le théâtre, le cinéma, la télévision.

Exemples de la formation d'une opinion publique sans l'intervention d'institutions particulières de ce type : le commentaire spontané des événements du jour, ou ce que, dans les transports ou autres lieux publics, les gens disent des étrangers ou des « gens de couleur » ; et, en Angleterre surtout, lorsqu'ils font assaut de potins, au cours du *dinner* — en Autriche, c'est au *Kaffeehaus,* en Bavière devant une chope de bière sans doute (autant d'occasions qui peuvent devenir de solides institutions).

5. L'opinion publique et ses périls

Quelle qu'en soit la nature, l'opinion publique est une puissance considérable. Elle peut renverser des gouvernements, et même des gouvernements non démocratiques. Une telle puissance, le libéralisme se doit de la considérer avec défiance.

De par son anonymat, l'opinion publique est une *puissance irresponsable ;* du point de vue libéral, elle est donc particulièrement dangereuse (exemple : la ségrégation des gens de couleur, et autres questions de « race »). Le remède à *une part* de ces maux tombe sous le sens : en réduisant autant que possible la puissance de l'État, on peut réduire aussi le danger lié à l'influence de l'opinion publique sur l'État, sans pour autant, tant s'en faut, garantir la liberté d'action et de pensée de l'individu. Même dans celles de ses formes dépourvues d'ancrage institutionnel, l'opinion publique peut devenir une puissance despotique. D'où résulte, derechef, le besoin de protection de l'individu par l'État, de même que la nécessité d'une tradition libérale déployée dans toute sa vigueur.

La thèse selon laquelle l'opinion publique est, non pas irresponsable, mais « responsable devant elle-même » — au sens où les conséquences néfastes de ses erreurs de jugement toucheraient ceux qui s'étaient trompés —, n'est elle aussi qu'une forme du mythe de la dimension collective de l'opinion publique ; car la propagande mensongère d'un groupe de citoyens ne peut que trop facilement porter préjudice à un autre groupe.

6. Quelques problèmes de la pratique : censure et monopole de l'expression publique (les « media »)

(N.B. : dans ce qui suit, on n'énonce pas de thèses, on se contente de cocher des problèmes.)

Dans quelle mesure une dénonciation raisonnable de la censure dépend-elle de la tradition d'une autocensure volontairement assumée ?

Dans quelle mesure les monopoles éditoriaux engendrent-ils une sorte de censure ? Dans quelle mesure des penseurs peuvent-ils librement faire connaître leurs idées au public ? La liberté absolue de tout publier est-elle possible, et en a-t-on le droit ?

L'influence des intellectuels et leur responsabilité : a) quant à la diffusion des idées (exemple : le socialisme), b) quant à l'aval qu'ils donnent à des mouvements modernes et à des modes souvent despotiques (exemple : l'art abstrait).

Les libertés universitaires : a) ingérence de l'État, b) ingérence de personnes privées, c) ingérence au nom de l'opinion publique.

Conditionnement, mise en scène et « planification » de l'opinion publique.

Problème du goût : mise aux normes et nivellement (« égalitarisme »).

Le problème : propagande et publicité d'un côté, diffusion des informations de l'autre.

Problème de la *propagande de la cruauté* dans les journaux (en particulier dans les « *comics* »), au cinéma, à la télévision, etc.

Un problème plus grave encore est celui de la mode intellectuelle du pessimisme.

Mode propageant la thèse selon laquelle nous vivrions dans une organisation sociale néfaste — voire dans un monde néfaste.

7. *Brève énumération d'exemples empruntés à la vie politique*

Les exemples qui figurent dans cette liste méritent qu'on les détaille cas par cas parce que, non seulement dans l'« opinion publique », mais encore chez bien des chefs de file du libéralisme, le jugement s'était fourvoyé.

1. Le plan Hoare-Laval (cherchant à soustraire Mussolini à l'emprise de Hitler).

2. L'abdication d'Édouard VIII.

3. La popularité dont jouit Neville Chamberlain après Munich (1938).

4. Reddition inconditionnelle.

5. Le cas « Critchel-Down[7] ».

6. L'habitude, chez les Anglais, de se résigner sans protestations à des complications, inévitables ou superflues.

7. Le mouvement des « Oui-mais-sans-moi[8] » en Allemagne.

---

7. Un cas fameux, en Angleterre, d'abus de pouvoir chez des agents de la puissance publique.

8. Pour désigner l'ensemble des objecteurs de conscience.

8. *Résumé*

J'aimerais résumer.

Certes, ce qu'on appelle l'« opinion publique », cette substance quelque peu brumeuse et impalpable, est souvent mieux instruite et plus sage que les gouvernements, mais, sans les rênes d'une puissante tradition libérale, elle est une menace pour la liberté. On ne saurait reconnaître dans l'opinion publique la *vox Dei,* l'arbitre du vrai et du faux ; elle est parfois un juge bien éclairé, qui prononce sur le juste et sur d'autres valeurs morales (le rachat des esclaves dans les colonies anglaises[9]). Elle est dangereuse quand elle arbitre des questions de goût. Malheureusement, on peut la « travailler », la « mettre en scène » et la « planifier ». Tous risques que nous ne pouvons prévenir qu'en veillant à renforcer les traditions libérales ; projet auquel tout un chacun peut contribuer.

On distinguera l'opinion publique des débats libres, critiques et publics tels que les connaît la science (ou tels qu'elle devrait les connaître), y compris le débat portant sur des questions de justice et autres thèmes de la sphère morale. Ces débats exercent certes une influence sur l'opinion publique, mais elle n'en est pas le fruit, et ils ne peuvent non plus la tenir en échec.

9. À juste titre, cet épisode avait profondément impressionné Schopenhauer. Cf. *Le Fondement de la morale,* trad. fr. A. Burdeau, introd., biblio. et notes par A. Roger, Paris, Aubier-Montaigne, 1978, pp. 143-144 : « [...] après des débats difficiles, la nation anglaise, d'un grand cœur, dépense vingt millions sterling pour racheter de l'esclavage les Noirs de ses colonies, aux applaudissements et à la joie du monde entier. Cette gigantesque belle action, si quelqu'un refuse de reconnaître dans la pitié le motif qui l'a produite, pour l'attribuer au christianisme, qu'il y pense : dans le Nouveau Testament tout entier, il n'y a pas un mot contre l'esclavage, cela en un temps où il était universel ; bien plus, en 1860, dans l'Amérique du Nord, lors des débats sur l'esclavage, un orateur a pu encore en appeler à ce fait, qu'Abraham et Jacob ont eu aussi des esclaves. »

12

UNE THÉORIE OBJECTIVE
DE LA COMPRÉHENSION HISTORIQUE

Les diverses philosophies occidentales sont presque toujours et partout des variations sur le thème de la dualité du corps et de l'âme[1]. Quant aux variantes de ce motif dualiste, elles cherchaient le plus souvent à faire place à un monisme. Tentatives qui, à mon sens, n'ont pas abouti. Régulièrement, nous observons que, sous le voile de professions de foi monistes, se dissimule une conception dualiste du corps et de l'âme.

Le pluralisme et le monde 3

Mais les variantes apparues au fil de ce grand courant n'étaient pas toutes monistes, il y en eut aussi de pluralistes, comme le montre clairement le cas du polythéisme, et même dans ses variantes monothéistes et athées. On peut toutefois douter que les diverses interprétations religieuses du monde offrent une alternative au dualisme du corps et de l'esprit. Les dieux, en effet, abstraction

1. Version enrichie d'une conférence tenue le 3 septembre 1968 à la séance plénière du XIVe Congrès international de philosophie, à Vienne (cf. aussi mon essai *On the Theory of Objective Mind*, premier volume des Actes du congrès), première publication in *Schweizer Monatshefte*, 50e année, 1970.

faite de leur nombre, sont ou bien des esprits habitant des corps immortels, ou bien, à l'opposé des humains, de purs esprits.

Il y eut pourtant quelques philosophes pour professer un authentique pluralisme : ils ont affirmé l'existence d'un *troisième* monde au-delà du corps et de l'âme, des objets physiques et des phénomènes de conscience. Parmi eux, Platon, les stoïciens et quelques penseurs des Temps modernes comme Leibniz, Bolzano et Frege (mais non pas Hegel, dont les tendances monistes étaient bien affirmées).

Le monde platonicien des formes ou des idées n'était pas un monde de la conscience ou des contenus de conscience, mais un monde objectif, autonome, de contenus logiques. À côté du monde physique et du monde de la conscience, il existait comme un troisième monde, objectif et autonome. C'est cette philosophie pluraliste du monde 3 dont je veux me faire ici le porte-parole, sans être pour autant un platonicien ni un hégélien.

À suivre cette philosophie, notre monde se compose au moins de trois parties différentes ; on peut dire également qu'il y a trois mondes. Le premier est le monde physique, ou monde des états physiques ; le second est le monde de la conscience ou des états mentaux ; et le troisième est le monde des idées au sens objectif. C'est le monde des théories prises en elles-mêmes et de leurs relations logiques, le monde des argumentations prises en elles-mêmes, des problèmes pris en eux-mêmes et des constellations aporétiques[2] prises pour elles-mêmes. Suivant ici le conseil de sir John Eccles, j'ai nommé ces trois mondes « monde 1 », « monde 2 » et « monde 3 ».

Une des questions fondamentales qui se posent à cette philosophie pluraliste concerne les relations qu'entretiennent ces trois mondes entre eux.

---

2. Pour traduire l'allemand *Problemsituation* (en anglais : *situation problem*) ; nous reprenons ainsi la version adoptée par nos prédécesseurs, M.-I. et M.B. de Launay, les traducteurs de *Conjectures et Réfutations*.

Ils sont reliés les uns aux autres en ceci que monde 1 et monde 2 peuvent être interactifs, de même que monde 2 et monde 3. Ce qui veut dire que le monde 2, celui du vécu subjectif et personnel, peut interagir avec chacun des deux autres. Apparemment, monde 1 et monde 3 ne peuvent pas interagir directement, mais par l'intermédiaire du monde 2, celui du vécu subjectif et personnel.

Il me semble important que les relations qu'entretiennent ces trois mondes soient descriptibles de cette manière, le monde 2, autrement dit, tenant le rôle d'intermédiaire entre le monde 1 et le monde 3.

Ce sont les stoïciens qui les premiers distinguèrent — un point important — le *contenu logique* — objectif et propre au monde 3 — de ce que nous disons et les objets dont nous discourons. Quant à eux, ces objets peuvent appartenir à chacun des trois mondes : nous pouvons, premièrement, discourir sur le monde physique — sur des objets physiques ou aussi sur des états physiques ; deuxièmement, sur des états psychologiques, y compris sur la compréhension que nous avons de telles ou telles théories ; et troisièmement, sur le contenu logique de telles ou telles théories — par exemple, le contenu de propositions arithmétiques — en particulier sur leur vérité ou leur fausseté.

Il est important que les stoïciens aient étendu la théorie du monde 3 des idées platoniciennes aux théories et aux propositions. Mais ils ajoutèrent d'autres objets encore, relevant du même monde 3, des faits de langue tels que les problèmes, les arguments, les recherches ; et ils distinguèrent en outre des objets tels que les jussions, les monitions, les sollicitations, les conventions et les narrations. Ils distinguèrent aussi de façon très claire entre la disposition personnelle, sincérité ou vérité, et la vérité objective de telles théories ou propositions — théories ou propositions, autrement dit, qui se rangent sous le prédicat « objectivement vrai », spécifique du monde 3.

Je voudrais maintenant distinguer entre deux groupes de philosophes. Le premier comprend ceux qui, comme Platon, admettent qu'il y a un monde 3 autonome, le considérant comme un monde suprahumain et, par là, divin et éternel.

Le second groupe inclut ceux qui, comme Locke, Mill ou Dilthey, signalent que le *langage* et ce qu'il « exprime » ou « communique » est œuvre de l'homme. Ils considèrent donc le langage et tous les faits de nature linguistique comme relevant des deux premiers mondes, et rejettent l'hypothèse d'un monde 3. Il est remarquable que la plupart des chercheurs en sciences humaines[3], et singulièrement les historiens de la culture, comptent parmi ceux qui rejettent l'hypothèse du monde 3.

Le premier groupe, celui des platoniciens, s'appuyait sur le fait qu'il y a des vérités éternelles : une proposition formulée sans équivoque est ou bien vraie ou bien fausse — et elle l'est alors de manière intemporelle. Fait qui paraît décisif : il faut bien que des vérités éternelles aient été vraies avant qu'il y eût des hommes, nous ne pouvons donc en être à l'origine.

Les philosophes du second groupe s'accordent sur le fait que nous ne pouvons être à l'origine de telles vérités éternelles ; mais ils en déduisent qu'il ne peut y avoir de vérités éternelles.

Je crois possible d'adopter une position qui diverge de celles de ces deux groupes. Je propose d'admettre la réalité, et en particulier l'autonomie du monde 3 — c'est-à-dire d'admettre qu'il ne dépend pas du bon vouloir humain —, mais, simultanément, d'admettre qu'à l'origine le monde 3 a surgi en tant que produit de l'activité humaine. On peut reconnaître que le monde 3 est ouvrage humain et simultanément qu'il est suprahumain, ce de manière tout à fait claire.

Que le monde 3 ne soit pas une fiction, mais qu'il existe « effectivement » (*wirklich*), voilà qui devient clair à la seule idée de l'influence considérable que, médié par le monde 2,

---

3. Pour rendre « *Geisteswissenschaften* ».

il exerce sur le monde 1. Il suffit de songer aux effets de la théorie des transferts énergétiques par le courant électrique ou à ceux de la théorie atomiste sur notre environnement physique, anorganique ou organique, ou aux effets des théories économiques sur des décisions comme celle de construire un navire ou un aérodrome.

La position que j'invite à adopter ici revient à dire que le monde 3, tout comme le langage humain, est une production humaine, comme le miel est une production des abeilles. Comme le langage (et sans doute aussi comme le miel), le monde 3 lui aussi est produit subsidiaire, *inintentionnel et non programmé* d'actions humaines (ou animales).

Prenons par exemple la théorie des nombres. À l'opposé de Kronecker, je considère la série numérique des nombres entiers comme un ouvrage humain. Elle est un produit du langage humain et de la pensée humaine. Pourtant, il y a une infinité de nombres entiers et, par là, plus — infiniment plus — de nombres entiers que ne peuvent en décliner les hommes ou en utiliser un ordinateur. Et il y a une infinité d'équations vraies entre de tels nombres, et une infinité d'équations fausses, plus que nous ne pouvons en désigner comme étant « vraies » ou « fausses ». Toutes occupent le monde 3, elles en sont des objets.

Plus importe encore le fait qu'émergent des *problèmes* nouveaux et inattendus, produits subsidiaires inintentionnels dans la série des nombres naturels ; par exemple, les problèmes non résolus de la théorie des nombres premiers (telle par exemple la conjecture de Goldbach[4]). Manifestement, ces problèmes sont *autonomes.* Ils ne dépendent pas de nous, ils sont *découverts* par nous. Ils existent,

---

4. « Sans doute sur la base d'essais numériques, un contemporain d'Euler, C. Goldbach, avait émis en 1742 la conjecture que tout entier pair est somme de deux nombres premiers et tout entier impair somme de trois nombres premiers. Aucune de ces deux conjectures n'est encore complètement démontrée, mais Vinogradov a pu établir en 1937 que tout nombre pair assez grand est somme de trois nombres premiers », résume Ch. Houzel, « Théorie des nombres », in *Encyclopedia Universalis* 16, p. 396. (*N.d.T.*)

non découverts, avant que nous ne les découvrions. Parmi ces problèmes non résolus, il y en a aussi qui sont insolubles.

Dans nos efforts pour résoudre ces *problèmes* ou d'autres, nous échafaudons de nouvelles *théories*. Ces théories sont notre ouvrage : elles sont le fruit de notre pensée critique et créatrice. Mais il ne dépend pas de nous que ces théories (la conjecture de Goldbach, par exemple) soient vraies ou fausses. Et, d'elle-même, toute théorie nouvelle engendre de nouveaux problèmes, inintentionnels, non pressentis — des problèmes autonomes, que nous pouvons découvrir.

Ce qui explique comment il est possible que, génétiquement, le monde 3 soit notre œuvre, bien que, dans un autre sens, il soit autonome, du moins pour partie. Et comment il est possible que nous puissions influer sur le monde 3, contribuer à le façonner, peser sur sa croissance, quoique en esprit personne ne puisse complètement dominer ne serait-ce que l'angle le plus infime de ce monde. Nous contribuons tous à la croissance du monde 3, bien que chacun de ces apports soit infinitésimal. Nous cherchons tous à comprendre le monde 3, et ne saurions vivre sans interaction avec lui, car tous nous faisons usage du langage.

Le monde 3 n'excède pas seulement l'entendement de tout un chacun, il excède même l'entendement de tous les hommes, en un sens qu'il est possible de cerner avec rigueur[5]. Son influence sur notre développement intellectuel et par là sur son propre développement aussi est plus forte et plus décisive que l'influence, capitale, créatrice, que nous exerçons sur lui. Presque tout le

---

5. On peut montrer, en effet (A. Tarski, A. Mostowski, R.M. Robinson, *Undecidable Theories,* Amsterdam, 1953, cf. en particulier n. 13, pp. 60 sq.), que le système (complet) de toutes les propositions vraies de l'arithmétique des nombres entiers n'est pas axiomatisable et que, en son essence, cette question ne peut être tranchée. Il s'ensuit que, en arithmétique, il y aura toujours une infinité de problèmes non résolus. Voici qui est intéressant : nous pouvons faire de telles découvertes concernant le monde 3, que nous n'avions pas pressenties et qui sont parfaitement indépendantes de notre conscience (point qui résulte, pour l'essentiel, d'une recherche pionnière de Kurt Gödel).

développement intellectuel de l'homme, en effet, est le résultat d'un effet en retour : tant notre propre développement intellectuel que celui du monde 3 provient de ce que des problèmes non résolus nous provoquent à des essais de solution ; comme bien des problèmes restent à jamais non résolus et non découverts, il y aura ainsi toujours matière à action critique et créatrice, bien que le monde 3 soit autonome — et précisément parce qu'il l'est.

Le problème de la compréhension, particulièrement en histoire

J'avais ici quelques raisons à exposer, celles expliquant et confortant la thèse de l'existence d'un monde 3 autonome, parce que j'avais l'intention de les appliquer au problème de la compréhension, comme on l'appelle. Depuis longtemps, les chercheurs en sciences humaines y voient un de leurs problèmes cardinaux.

Je veux défendre ici en quelques mots la thèse suivante : la tâche majeure des sciences humaines est de comprendre de ces choses qui relèvent du monde 3. Cette thèse, me semble-t-il, s'oppose de manière assez tranchée à un dogme admis comme fondamental par presque tous les chercheurs en sciences humaines, et tout particulièrement par la plupart des historiens, singulièrement par ceux que concerne la question de la compréhension. Pour le dogme auquel je fais allusion, comme produits de l'action humaine, les objets de la compréhension relèvent du monde 2 et, du coup, on les appréhende et les explique avec les outils de la psychologie principalement (y compris ceux de la psychologie sociale).

Je le concède volontiers, il y a dans l'acte ou le processus de la compréhension une dimension subjective, ou personnelle, ou psychologique. Mais nous devons distinguer l'*acte* de son *résultat,* plus ou moins couronné de succès : du résultat peut-être simplement provisoire, de l'intelligence que l'on recherche de telle ou telle chose, de l'*interprétation* avec laquelle nous tâtonnons et que nous pouvons améliorer plus avant. Quant à l'interprétation, on peut la considérer comme le produit monde 3 d'un acte relevant du monde 2, mais aussi comme un acte subjectif. Mais même si nous la considérons comme un acte subjectif, lui correspond aussi, dans tous les cas, un objet monde 3. Je l'affirme, cela est d'une importance décisive. Considérée comme objet monde 3, l'interprétation est toujours une théorie. Prenons par exemple le cas d'une interprétation historique, d'une explication historique. Elle peut être confortée par un enchaînement d'arguments, ainsi que par des documents, des inscriptions et autres indices historiques. Par là, l'interprétation s'avère être une théorie et, comme toute théorie, elle s'ancre dans d'autres théories et d'autres objets du monde 3. De plus, surgit un problème spécifique du monde 3 : celui de la valeur d'une interprétation pour la connaissance et de sa valeur pour la compréhension.

Mais même l'acte subjectif de la compréhension, de son côté, ne peut se comprendre qu'en relation avec des objets spécifiques du monde 3. Point sur lequel j'avance la thèse que voici :

1. tout acte de ce type est ancré dans le monde 3 ;

2. presque toutes les observations d'une valeur particulière appelées par un tel acte tiennent à ce que nous mettons en évidence des relations à des objets spécifiques du monde 3 ; et

3. lui-même, un tel acte ne consiste en rien d'autre qu'au fait que nous manions les objets (*Objekten*) spécifiques du monde 3 de manière très semblable à notre façon de manier les objets (*Dinge*) physiques.

Un exemple de compréhension historique au sens objectif

Tout cela vaut tout particulièrement pour la compréhension historique. L'objectif majeur de la compréhension historique, c'est la reconstruction hypothétique d'une *constellation aporétique* historique.

Je veux illustrer cette thèse à l'aide de quelques observations historiques (forcément brèves) sur la théorie du flot et du jusant chez Galilée. Théorie qui s'est avérée « bancale » (puisqu'elle nie l'influence de la Lune sur les marées), et Galilée fut, encore à notre époque, la cible d'attaques personnelles (de la part d'Arthur Koestler) pour s'être cramponné à des théories aussi manifestement fausses.

Pour le dire en bref : la théorie de Galilée explique le flux et le reflux de la marée comme la conséquence d'accélérations qui, de leur côté, seraient l'effet de mouvements de la planète. En effet, quand la Terre en rotation égale sur elle-même décrit sa trajectoire autour du Soleil, la vitesse d'un point quelconque de sa surface situé sur la face opposée au Soleil est supérieure à la vitesse de ce même point face au Soleil. (En effet, si B est la vitesse de la Terre sur sa trajectoire et R la vitesse de rotation d'un point situé sur l'équateur, la vitesse de ce point est $B + R$ à minuit et $B - R$ à midi.) Ces variations de vitesse signifient qu'interviennent nécessairement des décélérations et des accélérations. Mais, dit Galilée, les décélérations et les accélérations périodiques imprimées à une bassine d'eau déclenchent des phénomènes tels que le flux et le reflux de la marée. (La théorie de Galilée est plausible, mais inexacte sous cette forme : abstraction faite des accélérations régulières de la vitesse de rotation — les accélérations centripètes, autrement dit — qui apparaissent aussi quand B est égal à zéro, il ne

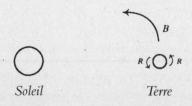

Soleil   Terre

se manifeste pas d'autres accélérations, en particulier pas d'accélérations périodiques[6].)

Que faire pour approfondir notre compréhension historique de cette théorie si souvent mésinterprétée ? Je pose que le premier pas, décisif, consiste à nous demander : quel était le *problème* spécifique du monde 3 que Galilée cherchait à résoudre avec sa théorie ? Et quelle était la situation dans laquelle s'est dessiné le problème, la *constellation aporétique* logique ?

Le problème consistait simplement à expliquer les marées. Mais la constellation aporétique n'est pas si simple.

Il est clair que Galilée n'était pas directement intéressé par ce que je viens d'appeler son problème. Car le problème qui le mena à celui des marées était tout différent : celui des mouvements du globe, le problème de la vérité ou de la fausseté de la théorie de Copernic. Galilée espérait trouver dans une théorie confirmée des marées un argument décisif en faveur de la théorie copernicienne des mouvements du globe.

Ce que j'appelle la *constellation aporétique* s'avère par là être un complexe : la constellation aporétique inclut le problème des marées, mais dans la fonction spécifique de pierre de touche de la théorie copernicienne. Mais cela ne suffit pas encore à comprendre la constellation aporétique de Galilée.

Cosmologue et théoricien authentique, Galilée fut tout d'abord séduit par l'audace et la simplicité incroyables de l'idée de base de Copernic pour qui la Terre, comme les autres planètes, est d'une certaine manière la Lune du Soleil.

---

6. On pourrait avancer que la théorie cinétique de Galilée contredit le principe de la relativité galiléenne, comme on l'appelle. Pourtant, historiquement et du point de vue théorique, cette critique serait erronée puisque ce principe ne se rapporte pas à des mouvements rotatifs. L'intuition physique de Galilée — à savoir que la rotation de la Terre a des conséquences mécaniques non relativistes — était juste ; et quoique ces conséquences (girations de toupie, pendule de Foucault, etc.) n'expliquent pas le mouvement des marées, du moins la force de Coriolis n'est-elle pas sans influence sur elles. En outre, nous obtenons des accélérations cinétiques périodiques dès que nous tenons compte de la courbure de la trajectoire terrestre.

Cette idée audacieuse permettait d'expliquer bien des choses, et quand Galilée découvrit les lunes de Jupiter au bout de sa lunette et y reconnut un modèle en miniature du système solaire copernicien, il y trouva confirmation empirique de cette idée audacieuse, une idée presque *a priori*. Il réussit également à soumettre à vérification une prédiction. Car la théorie copernicienne prédisait que les planètes intérieures devaient laisser voir des phases correspondant à celles de la Lune ; et Galilée découvrit les phases de Vénus.

Pour l'essentiel, la théorie copernicienne était un modèle géométrico-cosmologique, construit moyennant des techniques géométriques (et cinétiques). Mais Galilée était un physicien. Il savait qu'il y allait en dernière instance d'une explication mécanique-physique ; et il découvrit certains des éléments importants de cette explication, en particulier la loi d'inertie et la thèse corrélative de la conservation pour des mouvements circulaires (rotatifs).

Galilée tenta de s'en tirer avec ces deux lois (où il n'en voyait qu'*une*), tout conscient qu'il était des lacunes de ses connaissances de physicien. Ce en quoi il était, sur le plan de la méthode, parfaitement dans son droit ; car ce n'est qu'en cherchant à tirer tout le parti possible de nos théories défaillantes, jusqu'à la limite de leur rendement, que nous pouvons escompter que leurs points faibles nous éclaireront.

Ce qui explique pourquoi Galilée, bien que connaissant la teneur des écrits de Kepler, s'en tint à l'*hypothèse du mouvement circulaire* ; démarche justifiée. On dit souvent qu'il dissimulait les difficultés propres à la théorie circulaire de Copernic et qu'il la simplifia au-delà du licite ; qu'il eût dû admettre les lois de Kepler. Mais ce sont là des erreurs de compréhension historique, des erreurs dans l'analyse de la constellation aporétique spécifique du monde 3. Galilée avait parfaitement raison de procéder par audacieuses simplifications abusives : les ellipses de Kepler ne l'étaient pas moins ; simplement, Kepler eut de la chance, ses simplifications furent exploitées plus tard par Newton comme pierre de touche de sa propre théorie des deux corps, où elles trouvèrent leur explication.

Mais pourquoi, dans sa théorie des marées, Galilée rejeta-t-il le principe de l'influence de la Lune ? Question qui nous mène à une composante particulièrement importante de la constellation aporétique. Premièrement, Galilée était un adversaire de l'astrologie, laquelle identifie les planètes à des dieux ; en ce sens, c'était un *Aufklärer,* et un adversaire de l'astrologie de Kepler, bien qu'il admirât Kepler[7]. Deuxièmement, il travaillait avec le principe de la conservation mécanique du mouvement rotatoire, lequel principe semblait exclure l'idée d'influences interplanétaires. Du point de vue de la méthode, il était parfaitement correct de chercher sérieusement à expliquer le mouvement des marées en partant de cette base étroite ; sans cet essai, jamais on n'aurait pu savoir que la base de l'explication était trop étroite et qu'il fallait mobiliser une autre idée, l'idée newtonienne de la force d'attraction et de l'action à distance ; une idée de facture presque astrologique, et que les *Aufklärer* et les esprits éclairés (et Newton lui-même) perçurent comme issue des savoirs occultes.

L'analyse de la constellation aporétique de Galilée conduit ainsi à une explication rationnelle de sa manière de procéder sur plusieurs points où divers historiens s'en prirent à lui, et par là à une meilleure compréhension de son œuvre. Superflus sont les schémas d'explication psychologiques comme l'ambition, l'envie, le désir de faire sensation, le plaisir de la querelle et l'« obsession », sous l'empire de quelque idée fixe.

De manière semblable, il devient superflu de faire à Galilée la critique de s'en être tenu par « dogmatisme » à la théorie du mouvement circulaire, ou de présenter le « mystérieux mouvement

---

7. Sur ce point, cf. mon livre *Conjectures et Réfutations,* où je montre que la théorie newtonienne de la gravitation — la théorie de l'« influence » des planètes les unes sur les autres et de la Lune sur la Terre — fut reprise à l'astrologie.

rotatoire » (Dilthey) comme un archétype, ou de psychologiser. Car Galilée procédait de manière parfaitement correcte quand il essayait de s'en sortir via la thèse de la conservation du mouvement rotatoire. (La dynamique, comme on sait, n'existait pas encore.)

Bilan

Ce sont donc des considérations spécifiques au monde 3 et principalement des considérations logiques qui se substituent aux principes d'explication psychologiques, par où s'avère que notre faculté d'intelligence historique est bien développée.

La méthode spécifique au monde 3 de la compréhension et de l'explication historiques peut s'appliquer à tous les problèmes historiques ; je l'ai nommée la « méthode de l'analyse situationnelle » (ou de la « logique situationnelle[8] »). C'est une méthode qui, partout où cela est possible, au fondement de la compréhension et de l'explication historiques, en lieu et place d'explications psychologisantes, en mobilise de spécifiques au monde 3, explications logiques pour la plupart, y compris les théories et les hypothèses présupposées par les hommes agissants.

Voici comment je voudrais résumer, en conclusion, la thèse que j'ai voulu présenter ici : la théorie de la compréhension doit renoncer à sa méthode psychologisante, pour être construite sur une théorie du monde 3[9].

8. Cf. mes livres *Misère de l'historicisme* et *La Société ouverte et ses ennemis*.
9. Ce qui rend superflue l'herméneutique, comme on l'appelle, ou la simplifie radicalement.

III

Des plus récents…
Braconné de-ci de-là[1]

---

1. J'ai subtilisé ce titre. Il provient d'une note placée par Beethoven sur le manuscrit d'un quatuor à cordes : « Quatrième quatuor, des plus récents, pour deux violons, alto et violoncelle. Braconné ici et là. »

13

COMMENT JE CONÇOIS LA PHILOSOPHIE

(Subtilisé à Fritz Waismann
et à un des premiers hommes qui ont marché
sur la Lune)

I

Fameux et fort inspiré, un essai écrit par mon ami Friedrich Waismann, décédé en 1959, s'intitule : « Comment je conçois la philosophie[1]. » Par bien des côtés, j'admire cet essai, et sur plusieurs points je m'accorde bien avec lui, bien que ma manière de voir diffère éminemment de la sienne.

Pour Fritz Waismann et beaucoup de ses collègues, c'est une chose entendue, les philosophes sont une espèce d'hommes particulière, et l'on doit regarder la philosophie comme leur affaire. Ce que, dans son essai, F. Waismann cherche à asseoir par des exemples, c'est la singularité du philosophe et la singularité

---

1. « How I See Philosophy », in H.D. Lewis [ouvr. coll.], *Contemporary British Philosophy,* 3e série, 2e édition, Londres, George Allen & Unwin Ldt., 1961, pp. 447-490. Quant à l'essai de K. Popper, traduit de l'anglais par W. Hochkeppel, il parut in *Theorie und Politik aus kritisch-rationaler Sicht,* ouvr. coll. sous la dir. de Georg Lührs, Thilo Sarrazin, Frithjof Spreer et Manfred Tietzel, Berlin & Bonn, 1978.

de la philosophie, comparée à d'autres disciplines académiques comme les mathématiques et la physique. Ainsi, il cherche à décrire les centres d'intérêt et les activités de philosophes académiques contemporains et à expliquer pourquoi l'on peut dire qu'ils continuent l'œuvre qui retenait déjà les grands philosophes du passé.

Toutes choses fort captivantes ; de plus, Waismann fait montre de sa sympathie pour cette activité académique, voire de son fort investissement personnel en elle. Manifestement, il est lui-même corps et âme philosophe, au sens où l'est ce groupe de philosophes d'élection, manifestement, il veut nous communiquer l'enthousiasme qui anime les meilleures des recrues de cette communauté exclusive.

II

Je conçois la philosophie tout autrement. Je crois que tous les hommes sont des philosophes, même si certains le sont plus que d'autres. Bien sûr, je l'accorde, il y a ceci : un groupe particulier et exclusif de philosophes académiques, mais je ne partage nullement l'enthousiasme de Waismann pour l'activité et les vues de ces philosophes. Je pense au contraire que bien des arguments militent en faveur de ceux qui — eux aussi, à mes yeux, incarnent un type de philosophes — se défient de la philosophie académique. En tout cas, je suis l'adversaire résolu d'une théorie qui, sans s'énoncer ni avoir été soumise à examen, est au fondement du brillant essai de Waismann. Je veux parler de la théorie selon laquelle il existe une *élite* intellectuelle et philosophique[2].

J'en conviens, bien sûr, il y eut quelques philosophes réellement grands, et aussi un petit nombre de philosophes qui forçaient

---

2. Idée qui s'exprime clairement dans certaines des remarques de Waismann : « De fait, le philosophe est un homme qui pressent les failles cachées de la structure de nos idées, là où d'autres ne voient devant eux que le sentier battu du quotidien », *op. cit.,* p. 448.

l'admiration, même s'ils n'étaient pas réellement considérables. Pourtant, même si ce qu'ils ont réalisé est important aux yeux des philosophes académiques, la philosophie n'est pas leur œuvre, au sens où la peinture est l'œuvre des grands peintres, ou la musique l'œuvre des grands compositeurs. En outre, la grande philosophie, comme celle des présocratiques grecs, par exemple, anticipe presque toute la philosophie académique et celle des philosophes de métier.

III

À mon point de vue, la philosophie des philosophes de métier n'est pas exempte de tout reproche. Une *apologia pro vita sua,* une justification de son existence, voilà ce dont elle a besoin, de toute urgence. Et même, à mon avis, le fait que je sois moi-même un philosophe de métier est une vraie pierre dans mon jardin : je le ressens comme une accusation. Je me déclare coupable ; mais, comme Socrate, je propose une plaidoirie.

Je pense ici à Platon et à l'*Apologie de Socrate,* parce que de tous les ouvrages de la philosophie c'est celui que j'admire le plus. Je présume que l'*Apologie* est un texte authentique ; que, pour l'essentiel, c'est une relation fidèle de ce que Socrate a exposé au tribunal athénien. Je l'admire : y prend la parole un homme, modeste, témoignant d'ironie à son propre égard, et impavide. Et sa défense est toute simple : il le souligne, il est conscient de ses limites intellectuelles, il est sans sagesse, à ceci près, peut-être, qu'il sait combien peu il en sait ; il souligne qu'il se soumet lui-même à la critique, et qu'il ne ménage pas non plus tout jargon de morveux ; mais surtout qu'il est l'ami de son prochain, et un citoyen loyal de l'État athénien. Ce n'est pas là seulement une défense de Socrate ; c'est là aussi, à mes yeux, une défense imposante de la philosophie.

IV

Mais de quoi fait-on donc grief à la philosophie ? Maints philosophes, et des plus éminents, en ont, je crois, lourd sur la conscience. J'en évoquerai quatre : Platon, Hume, Spinoza et Kant.

Platon, le plus grand, le plus profond et le plus génial de tous, avait une conception de la vie humaine que je trouve répugnante et tout bonnement terrifiante. Or il n'était pas seulement un grand philosophe, le fondateur d'une école de toutes la plus considérable parmi celles qui avaient pignon sur rue, c'était aussi un poète inspiré qui, outre quelques textes splendides, écrivit l'*Apologie de Socrate*.

Son point faible : comme beaucoup d'autres philosophes de métier à sa suite, et tout à l'opposé de Socrate, il croyait à la théorie des élites. Tandis que Socrate exigeait d'un homme d'État qu'il cultivât la sagesse, entendant par là qu'il devait se rendre bien compte de son peu de savoir, Platon exigeait que le philosophe, sage, formé par des maîtres, devînt un homme d'État, voire un dictateur absolu. (Depuis Platon, la maladie professionnelle des philosophes de loin la plus répandue, c'est la folie des grandeurs.) Dans le livre X des *Lois,* il fait même place à une institution qui devint le modèle d'inspiration de l'Inquisition et des camps de concentration. Il y recommandait, dans ces camps, des cellules d'isolement comme une thérapeutique à administrer aux esprits hétérodoxes — aux dissidents.

David Hume, qui n'était pas un philosophe de métier, et, avec Socrate, celui des grands philosophes qui témoigna de la plus grande sincérité et de la plus grande équanimité, homme modeste, esprit rationnel ignorant les passions, David Hume, égaré par une méchante et captieuse théorie psychologique (et par une théorie de la connaissance qui lui enseignait à se défier des forces de son propre entendement, qu'il avait remarquable), se dévoya à défendre la terrifiante théorie que voici (elle fit bien des émules) :

« La raison est et ne doit qu'être l'esclave des passions ; elle ne peut jamais prétendre remplir un autre office que celui de les servir et de leur obéir[3]. »

Je suis tout disposé à reconnaître que, sans passion, jamais encore on n'est arrivé à rien de grand ; mais c'est tout le contraire de la thèse de Hume qui fait ma conviction. La domestication de nos passions, par la puissance de raison très limitée dont, nous autres hommes déraisonnables, nous sommes capables, voilà, à mes yeux, l'unique espoir pour l'humanité.

Spinoza, le saint parmi les grands philosophes et pas plus philosophe de métier que Socrate et Hume, professait le contraire pour ainsi dire de l'enseignement de Hume, mais d'une manière que je tiens non seulement pour fallacieuse mais aussi pour éthiquement inacceptable. Comme Hume, c'était un déterministe : il ne croyait pas au libre arbitre, tenant l'intuition de la liberté du vouloir pour une illusion. Et il enseignait que la liberté humaine ne peut consister qu'en ceci : avoir une intelligence claire, distincte et adéquate des causes de nos actions et de leur contrainte inéluctable sur elles :

« Une affection qui est une passion, cesse d'être une passion, sitôt que nous en formons une idée claire et distincte[4]. »

Tant que sévit quelque peu de passion, nous en restons captifs, selon Spinoza, et sans liberté ; dès que nous en possédons une idée claire et distincte, assurément nous sommes toujours déterminés par elle, mais nous en avons fait une composante de notre raison. Cela seul est liberté, enseigne Spinoza.

Je tiens que cette doctrine est une forme intenable et dangereuse du rationalisme, bien que, quelque part, je sois moi-même un

3. David Hume, *Dissertation sur les passions. Traité de la nature humaine* II, 3, sect. 3, trad. fr. J.-P. Cléro, Paris, GF Flammarion, 1991, p. 271.
4. *Éthique,* trad. Ch. Appuhn, V, prop. 3, Paris, Garnier-Flammarion, 1965, p. 307.

rationaliste. Premièrement, je ne crois pas au déterminisme, et je ne crois pas non plus que Spinoza ou que quiconque ait avancé des arguments sérieux en faveur du déterminisme, ou des arguments réconciliant le déterminisme et la liberté humaine (et ainsi le sens commun). Le déterminisme de Spinoza me semble un contresens caractéristique des philosophes, quoique, bien sûr, il soit vrai que *bien* de nos entreprises (*mais pas toutes*) soient déterminées, et même prédictibles. Deuxièmement, bien qu'il ne soit pas nécessairement faux qu'une soudaine émotion, ce que Spinoza appelle « passion », nous prive de notre liberté, nous ne serions pas responsables de notre action — comme le dit la formule citée ci-dessus — qu'aussi longtemps que nous ne pourrions nous faire une idée rationnelle, claire, distincte et adéquate des mobiles de notre agir. Je prétends là contre que nous n'y sommes jamais aptes ; et, à mon avis (certainement à celui de Spinoza aussi), quoique cela soit un objectif singulièrement important que de faire valoir la raison dans nos actions comme dans le commerce avec nos congénères, cela n'est pas là un objectif dont quiconque puisse jamais dire qu'il l'ait atteint.

Kant, un des rares penseurs remarquables et éminemment originaux parmi les philosophes de métier, a cherché à résoudre le problème de Hume — la servitude de la raison — et celui de Spinoza — le déterminisme —, mais il y échoua dans les deux cas.

Voilà donc quelques-uns des philosophes les plus considérables ; et pour qui j'ai fort de révérence. On aura compris pourquoi je crois que la philosophie a besoin qu'on la défende.

V

Je n'ai jamais appartenu au « Cercle de Vienne » des logico-positivistes, comme mes amis Fritz Waismann, Herbert Feigl et Viktor Kraft, bien qu'Otto Neurath m'appelât l'« opposition officielle ». Je n'ai jamais été convié à une réunion du Cercle, à cause peut-être de ma notoire opposition au positivisme. (J'aurais accepté avec plaisir une invitation, non seulement parce que certains membres du Cercle étaient mes amis, mais aussi parce que pour quelques autres j'avais la plus haute considération.) Sous l'influence de Ludwig Wittgenstein et de son *Tractatus logico-philosophicus,* le « Cercle de Vienne » ne s'était pas déclaré opposé à la métaphysique seulement, mais aussi à la philosophie.

Moritz Schlick, le responsable du Cercle[5], formula cette opposition en prophétisant que, la philosophie, loin de tout propos sensé, ne proférant jamais que « paroles creuses », allait bientôt disparaître : les philosophes réaliseraient qu'il n'y a plus de « spectateurs », qu'ils « ont petit à petit pris la poudre d'escampette ».

Des années durant, Waismann fut d'accord avec Wittgenstein et Schlick. Je crois que son enthousiasme pour la philosophie est celui du néophyte.

Contre le Cercle de Vienne, j'ai toujours pris la défense de la philosophie, et même de la métaphysique, quoique je dusse concéder que les philosophes n'avaient pas précisément marqué de succès. Je croyais, en effet, que beaucoup de gens, et moi parmi eux, se débattent avec des problèmes authentiquement philosophiques ; problèmes de gravité et de difficulté variables. Et je croyais que, pour d'aucuns, ils étaient résolubles.

De fait, l'existence de problèmes pressants et d'un véritable sérieux philosophique, ainsi que la nécessité de les soumettre à discussion critique sont, à mon point de vue, la seule excuse en faveur de ce que l'on peut appeler la philosophie académique, ou philosophie professionnelle.

Wittgenstein et le « Cercle de Vienne » niaient l'existence de problèmes philosophiques sérieux. À la fin du *Tractatus,* nous

---

5. Le Cercle de Vienne était le séminaire tenu en privé par Schlick, on y entrait sur son invitation personnelle (les citations qu'on va lire sont extraites des deux derniers paragraphes du texte de M. Schlick, « Die Wende der Philosophie », in *Erkenntnis* 1, pp. 4-11).

apprenons que les problèmes de la philosophie, y compris ceux du *Tractatus,* sont des pseudo-problèmes, dus à l'impossibilité de donner un sens à ce que l'on dit. Il se peut que cette théorie ait été inspirée par la résolution russellienne des paradoxes logiques comme d'autant de pseudo-propositions ; propositions qui ne sont ni vraies ni fausses, mais ineptes. D'où est issue la technique philosophique moderne qui consiste à balayer des propositions et des problèmes embarrassants comme étant « ineptes ». Wittgenstein niait qu'il y eût d'authentiques problèmes ou d'authentiques énigmes (« *riddles* ») ; par la suite, il parlait le plus souvent de « *puzzles* », autrement dit de questions embarrassantes ou de malentendus engendrés par le mésusage philosophique du langage. Ce à quoi je peux simplement répondre que, pour moi, il n'y aurait aucune excuse à être philosophe si je ne me heurtais à de sérieux problèmes philosophiques, et s'il n'y avait pas d'espoir de les résoudre : il n'y aurait pas non plus, à mon avis, d'excuse pour l'existence de la philosophie.

VI

Je me propose maintenant de dresser la liste de neuf conceptions de la philosophie et d'activités que l'on considère souvent comme caractéristiques de la philosophie, mais qui, à mon avis, ne sont pas satisfaisantes. Séquence que j'aimerais intituler : « Comment je ne conçois pas la philosophie. »

Premièrement : la philosophie n'a pas pour tâche de résoudre des malentendus, bien que leur résolution puisse être parfois un préliminaire nécessaire.

Deuxièmement : je ne prends pas la philosophie pour un musée où seraient exposés des œuvres d'art, des images du monde stupéfiantes ou pleines d'originalité ou des panoramas astucieux et insolites. Nous faisons subir une grave injustice aux grands philosophes, je crois, si c'est ainsi que nous comprenons la philosophie.

Les grands philosophes ne poursuivaient pas des objectifs purement esthétiques. Ils n'entendaient pas être les maîtres d'œuvre de systèmes perspicaces. Ils furent d'abord des chercheurs de vérité, tout comme les grands savants. Ils recherchaient la solution de problèmes véritables. Je conçois l'histoire des grandes philosophies, pour l'essentiel, comme un chapitre de l'histoire de la vérité, et je récuse le jugement purement esthétique que l'on porte sur elles, bien que, j'en conviens, la beauté, en philosophie, importe autant que dans les sciences.

Je suis tout à fait partisan de l'audace intellectuelle. Nous ne pouvons être à la fois des couards sur le plan intellectuel et des chercheurs de vérité. Qui cherche la vérité doit oser être un sage : *sapere aude !* Il lui faut oser être un révolutionnaire dans la sphère de la pensée.

Troisièmement : je ne considère pas l'histoire des systèmes philosophiques comme l'histoire de chantiers intellectuels, banc d'essai de toutes sortes d'idées où, peut-être, la vérité finirait par apparaître, tel un produit subsidiaire. Nous faisons tort, je crois, aux philosophes authentiquement grands du passé si nous doutons, ne serait-ce qu'un instant, que chacun d'entre eux eût renoncé à son système, eût-il dû se convaincre que celui-ci, éblouissant peut-être, ne faisait pas avancer d'un pas en direction de la vérité. (C'est là d'ailleurs la raison pour laquelle je ne tiens pas Fichte ou Hegel pour de grands philosophes : je me défie de leur amour de la vérité.)

Quatrièmement : je ne tiens pas que la philosophie soit un essai d'analyse ou d'« explication » des concepts, des mots ou des langages.

Les concepts ou les mots sont de simples outils pour formuler des énoncés, des hypothèses ou des théories. Comme tels, les concepts ou les mots ne peuvent être vrais ni faux. Ils servent au langage des hommes, qui décrit ou qui fonde. Nous ne devrions pas avoir pour objectif d'analyser des *significations,* mais de rechercher des *vérités* précieuses ou *significatives,* c'est-à-dire des *théories vraies.*

Cinquièmement : je ne tiens pas qu'on soit philosophe pour montrer comme on est perspicace.

Sixièmement : je ne tiens pas (contrairement à Wittgenstein) que la philosophie soit une thérapeutique intellectuelle, une activité grâce à laquelle on affranchit les gens de leurs mésaventures philosophiques. À mon point de vue, Wittgenstein — dans l'œuvre de la maturité — n'a pas indiqué à la mouche, comme il l'espérait, comment s'évader de la bouteille. Cette mouche captive de sa bouteille, j'y vois plutôt un autoportrait réussi de Wittgenstein. (Wittgenstein était visiblement un cas wittgensteinien comme Freud un cas freudien et Adler un cas adlérien.)

Septièmement : je ne vois pas dans la philosophie une aspiration à s'exprimer avec plus de précision ou d'exactitude. Précision et exactitude ne sont pas des valeurs intellectuelles en soi, et nous ne devrions jamais chercher à être plus précis et plus exacts que ne l'exige le problème qui nous occupe.

Huitièmement : je ne tiens donc pas que la philosophie consiste à s'efforcer de fournir les fondements ou le cadre notionnel destiné à résoudre les problèmes qui pourraient surgir dans l'avenir proche ou éloigné. Or c'est ce que fit John Locke : il voulait écrire un essai sur l'éthique, ce pour quoi il jugea nécessaire de procéder à des préliminaires notionnels, qui font la substance de son « essai » ; et depuis, à quelques exceptions près — disons : quelques-uns des essais politiques de Locke et Hume —, la philosophie anglaise est restée enferrée dans ces préliminaires.

Neuvièmement : je ne comprends pas non plus la philosophie comme une expression de l'esprit du temps (*Zeitgeist*). C'est là une idée hégélienne qui ne résiste pas à la critique. D'ailleurs, comme dans les sciences, il y a des modes en philosophie. Or qui recherche sérieusement la vérité ne suivra pas les modes, il s'en défiera plutôt, voire les combattra.

VII

Tous les hommes sont des philosophes. Même s'ils ne sont pas conscients de se heurter à des problèmes philosophiques, du moins ne sont-ils pas sans préjugés philosophiques. Dont la plupart sont des théories qu'ils admettent comme allant de soi : ils les ont repris à leur environnement intellectuel ou à la tradition.

Il n'y a que peu de ces théories dont nous prenions vraiment conscience, ce sont donc des préjugés au sens où leurs adeptes ne les ont pas soumises à examen critique bien qu'elles puissent être de grande conséquence dans le monde pratique et pour la vie entière.

Qu'il soit nécessaire de soumettre à examen et à vérification critique ces théories influentes et partout répandues, voilà qui justifie l'existence de la philosophie académique, celle des philosophes professionnels.

De telles théories sont les points de départ de toute science et de toute philosophie. Ce sont des points de départ *incertains*. Toute philosophie doit commencer par les points de vue incertains et souvent délétères du sens commun, acritique. L'objectif, c'est le sens commun éclairé, critique, l'accès à un point de vue plus proche de la vérité, exerçant une influence moins néfaste sur la vie des hommes.

VIII

J'aimerais donner ici quelques exemples de préjugés philosophiques courants et dangereux.

Il y a une conception philosophique de la vie dont l'audience est immense : pour elle, il faut nécessairement qu'un quelconque quidam soit responsable quand survient dans le monde quelque événement sinistre (ou dont on se serait fort bien passé), il faut qu'il y ait un auteur, et préméditation. C'est là une idée fort ancienne. Chez Homère, la jalousie et la colère des dieux étaient tenues pour responsables de la plupart des péripéties terribles survenant sous les remparts de Troie et dans la ville elle-même ; et Poséidon était responsable des courses vagabondes d'Ulysse. Plus tard, dans la pensée chrétienne, le diable est responsable du mal. Et dans le marxisme vulgaire, c'est le complot de capitalistes cupides qui entrave la venue du socialisme et l'instauration du royaume céleste ici-bas.

La théorie qui veut que la guerre, la pauvreté et le chômage soient les conséquences de desseins malveillants et de sombres machinations est un des bagages du sens commun, mais elle est acritique. Cette théorie acritique du sens commun, je l'ai appelée la théorie du complot dans la société. (On pourrait parler aussi de la théorie du complot dans le monde en général : qu'on pense à Zeus décochant ses éclairs.) Théorie fort divulguée. Comme c'est à un bouc émissaire qu'on en a, elle a fait le lit de persécutions et d'épouvantables souffrances.

Trait non insignifiant de la théorie de la conjuration dans la société, elle entraîne à de véritables conjurations. Les recherches menées dans un souci de rigueur critique le montrent, les complots n'atteignent presque jamais leurs fins. Lénine, un adepte de la théorie du complot, était un comploteur ; Mussolini et Hitler aussi. Mais les objectifs de Lénine ne furent pas réalisés en Russie, aussi peu que ceux de Mussolini ou d'Hitler en Italie ou en Allemagne.

Tous devinrent des comploteurs parce qu'ils croyaient de manière acritique à une théorie du complot dans la société.

À la philosophie, on apporte sa quote-part, modeste mais peut-être pas tout à fait insignifiante, en rendant attentif aux erreurs de la théorie du complot dans la société. En outre, on contribue ainsi à mettre au jour la portée considérable pour la société des conséquences inintentionnelles des actions humaines et à faire envisager la tâche théorique des sciences sociales dans l'explication des phénomènes sociaux comme autant de conséquences inintentionnelles de notre action.

Prenons le problème de la guerre. Même un esprit philosophique et critique émérite comme Bertrand Russell croyait devoir chercher l'explication des guerres dans des motifs psychologiques — l'agressivité humaine. Je ne nie pas l'existence de l'agressivité, je suis surpris néanmoins que Russell n'ait pas vu que la plupart des guerres, à l'époque moderne, éclatent par *crainte d'une agression* bien plus que sous l'effet de l'agressivité elle-même. Ou bien c'étaient des guerres idéologiques, par crainte d'un complot, ou des guerres dont personne ne voulait, et elles résultaient bien plutôt d'une crainte de ce genre, dans une situation déterminée. Un exemple en est la crainte d'une agression, éprouvée réciproquement, et qui mène à la course aux armements, puis à la guerre ; éventuellement, à une guerre préventive, comme Russell, un adversaire de la guerre et de toute agression, s'en fit un moment le porte-parole, parce qu'il craignait (à juste titre) que la Russie ne se dotât bientôt d'une bombe à hydrogène. (Personne, à l'Ouest, ne *voulait* la bombe ; la crainte de voir Hitler en posséder une le premier convainquit de la fabriquer.)

Autre exemple de préjugés philosophiques, c'est celui selon lequel les opinions d'un homme sont toujours déterminées par ses intérêts. Cette théorie (où l'on pourrait diagnostiquer une forme dégradée de la doctrine de Hume selon laquelle l'entendement est et doit être l'esclave des passions), en règle générale, on ne se l'applique pas à soi-même (comme faisait Hume, qui, touchant notre raison, la sienne y compris, enseignait modestie et scepticisme), mais, d'habitude, à autrui seulement, et singulièrement à ceux qui ne professent pas les mêmes opinions que nous. Mais cela nous empêche de prêter l'oreille avec patience à de nouveaux points de vue et de les prendre au sérieux, car nous pouvons les reverser au compte des « intérêts » de ceux qui les représentent.

Mais c'est aussi ce qui rend impossible une discussion rationnelle. Notre faim naturelle de savoir décline, notre intérêt pour la vérité des choses aussi. Au lieu de la question déterminante — « Où est la vérité, en la matière ? » —, c'est l'autre, de loin moins décisive, qui s'impose à l'esprit : « Quel est donc ton intérêt, quels motifs pèsent sur ton opinion ? » Et ainsi n'avons-nous plus les moyens de nous laisser enseigner par ceux dont l'opinion diffère de la nôtre. L'unicité transnationale de la raison humaine est détruite, elle dont la rationalité, notre bien commun, est le socle.

Un autre préjugé philosophique, c'est la thèse, et présentement elle jouit d'une presse extraordinaire, selon laquelle une discussion rationnelle ne serait possible qu'entre esprits unanimes sur les principes fondamentaux. Cette doctrine délétère déclare impossible une discussion rationnelle ou critique sur les fondements. Les conséquences en sont aussi indésirables, aussi grosses de nihilisme que celles des théories précédemment évoquées[6], lesquelles ont de nombreux avocats. Leur critique est du ressort de la philosophie, une des œuvres majeures de bien des philosophes de métier : la théorie de la connaissance.

IX

À mon point de vue, les problèmes de la théorie de la connaissance constituent le noyau de la philosophie, tant de la philosophie populaire acritique, celle du sens commun, que de la philosophie académique. Ils sont même décisifs pour la théorie de l'éthique (comme nous l'a récemment rappelé Jacques Monod[7]).

Pour le dire simplement, le problème central, ici et dans d'autres domaines de la philosophie, tient au conflit entre l'« optimisme

6. Cf. aussi mon article « The Myth of the Framework », in E. Freeman (dir. ouvr.), *The Abdication of Philosophy, Essays in Honour of Paul Arthur Schilpp,* Open Court, La Salle, III, 1976.

7. Jacques Monod, *Le Hasard et la Nécessité,* Paris, Éd. du Seuil, 1970.

gnoséologique » et le « pessimisme gnoséologique ». Sommes-nous capables d'accéder au savoir ? Que pouvons-nous savoir ? Tandis que l'optimiste, en la matière, croit en la possibilité de la connaissance humaine, le pessimiste pense que le savoir véritable excède les facultés humaines.

J'ai pour le sens commun de l'admiration, mais non pas indivise ; je prétends que le sens commun est pour nous le seul point de départ possible. Cependant, nous ne devrions pas tenter d'édifier sur lui le temple d'un savoir de vraie certitude. Bien plutôt, nous devrions le critiquer, et ainsi le bonifier. Sous cet angle, je suis un réaliste, celui du sens commun ; je crois à la réalité (*Realität*) de la matière (que je considère comme un cas de figure exemplaire de ce que l'on vise par le mot « réel » (*wirklich*). Je pourrais donc me dire « matérialiste » si cette expression ne désignait pas aussi la profession de foi qui a) conçoit la matière comme fondamentalement inaccessible à toute explication approfondie b) nie la réalité de champs de forces immatériels et, bien entendu, c) nie la réalité de l'esprit ou de la conscience, et, de manière générale, la réalité de tout ce qui n'est pas matériel. Je donne raison au sens commun sur ce point : l'hypothèse qu'il y a de la matière (« monde 1 ») aussi bien que de l'esprit (« monde 2 »), et je suppose qu'il y a encore d'autres choses, à commencer par les *produits de l'esprit humain,* dont relèvent les ébauches, les théories et les problèmes des sciences (« monde 3 »). En d'autres termes, je suis un pluraliste. Je suis tout à fait disposé à livrer cette position à la critique et à laisser lui en substituer une autre ; mais tous les contre-arguments critiques que je connais sont, à mon avis, dénués de valeur. (Du reste, je tiens que le pluralisme ici dessiné est nécessaire à l'éthique aussi[8].)

Tous les arguments avancés jusqu'ici à l'encontre d'un réalisme pluraliste se fondent en dernière instance sur la reprise acritique

8. Cf. p. ex. K.R. Popper, *La Connaissance objective* (le chapitre 2 en particulier).

de la théorie de la connaissance du sens commun. Or c'est elle que je tiens pour son point le plus faible.

La théorie de la connaissance du sens commun est éminemment optimiste dans la mesure où, de manière tout à fait générale, elle met à égalité le *savoir* et le *savoir de vraie certitude* ; tout ce qui repose, affirme-t-elle, sur des conjectures, des hypothèses, n'est pas « savoir » effectif (*wirklich*). Argument que je récuse : il est purement verbal. Je le concède volontiers, dans toutes les langues qui me sont connues, le terme de « savoir » a pour signification adventice « certitude ». Mais la science est hypothétique. Et le programme du sens commun — commencer par ce qui est le plus certain ou par ce qui paraît fondamental (savoir de base, savoir d'observation), pour édifier ensuite sur ce soubassement assuré un temple de connaissances de vraie certitude —, ce programme naïf du sens commun et du positivisme ne résiste pas à la critique.

Il mène, soit dit en passant, à deux conceptions philosophiques de la réalité (*Wirklichkeit*) qui l'une et l'autre contredisent au sens commun et sont directement antithétiques l'une à l'autre.

Premièrement : à l'immatérialisme (Berkeley, Hume, Mach).

Deuxièmement : au matérialisme behavioriste (Watson, Skinner).

Le premier nie la réalité (*Realität*) de la matière, puisque le seul fondement sûr et certain de la connaissance tiendrait dans les expériences de nos perceptions propres, lesquelles seraient toujours immatérielles.

Le second, le matérialisme behavioriste, conteste l'existence de l'esprit (et par là celle de la liberté humaine) puisque tout ce que nous pourrions observer, ce serait la surface du comportement humain, correspondant à tous égards au comportement animal (à l'exception d'un domaine considérable, celui du « comportement langagier »).

Ces deux théories s'appuient sur la gnoséologie — intenable — du sens commun, laquelle mène à la critique — traditionnelle, mais sans validité propre — de la théorie de la réalité (*Wirklichkeit*) du sens commun. Sur le plan éthique, aucune de ces deux théories n'est neutre : elles sont dangereuses. Si je veux consoler un enfant qui pleure, je n'entends pas mettre un terme à des perceptions qui me seraient désagréables, à moi ; je n'entends pas non plus modifier le comportement de l'enfant, ou empêcher que des gouttes d'eau ne dégoulinent sur ses joues — non, mon mobile est ailleurs, indémontrable, étranger à toute induction, et cependant : *humain*.

L'immatérialisme trouve son origine dans la thèse de Descartes — lui-même n'était bien sûr pas un immatérialiste — selon laquelle nous devrions nous donner le commencement dans un fondement qu'aucun doute ne pourrait entamer, comme par exemple le savoir que nous avons de notre propre existence. L'immatérialisme atteint son apogée au tournant du siècle, avec Ernst Mach, tandis qu'aujourd'hui il n'exerce plus cet empire. Voici longtemps qu'il n'est plus moderne.

Le behaviorisme — qui consiste à nier l'existence de la conscience, de l'esprit — est très moderne aujourd'hui. Bien qu'il reconnaisse sa valeur à l'observation, il ne se contente pas de faire fi des expériences humaines, mais encore entend-il dériver de ses théories une terrifiante théorie éthique : celle du conditionnement, du *reflex conditioned,* expliquant *tout* comportement par l'entremise d'un dressage positif ou négatif[9]. Il lui échappe qu'en réalité on ne peut dériver de la nature humaine aucune théorie éthique. (Un point qu'à juste titre

9. On peut trouver l'expression du rêve de toute-puissance des réflexologues behavioristes in *Behaviorism,* de J.B. Watson, ainsi que dans les travaux de B.F. Skinner (*Walden Two,* New York, 1948, ou *Beyond Freedom and Dignity,* trad. fr. de M. et A.-M. Richelle, *Par-delà la liberté et la dignité,* Paris, R. Laffont, 1972). Je cite Watson : « Donnez-moi une douzaine d'enfants bien portants [...], et je vous garantis d'en prendre un, n'importe lequel, les yeux fermés, et de l'élever si bien qu'il puisse devenir un spécialiste de telle discipline de mon choix — médecin, avocat, artiste [...] ou voleur » (Watson, *Behaviorism,* Londres, Routledge & Kegan Paul, 1931², p. 104). Tout dépend donc de la morale des tout-puissants réflexologues behavioristes. (Mais selon ce qu'affirment les réflexologues, cette morale n'est rien d'autre que le produit de situations-stimuli exerçant un conditionnement positif ou négatif.)

Jacques Monod a souligné ; on se reportera aussi à mon livre, *La Société ouverte et ses ennemis.*) Il faut espérer que perdra un jour son influence la mode qui se nourrit de la reprise acritique de la théorie de la connaissance du sens commun, théorie dont j'ai tenté de montrer l'inconsistance.

X

Telle que je la conçois, la philosophie ne devrait jamais se couper des sciences, chacune dans son champ — et elle ne le peut d'ailleurs pas. Du point de vue historique, l'ensemble des sciences occidentales est progéniture de la spéculation philosophique consacrée par les Grecs au cosmos, à l'ordonnancement du monde (*Weltordnung*). Homère, Hésiode et les présocratiques sont les ancêtres communs à tous les savants et à tous les philosophes. Reconnaître la structure de l'univers et notre place en lui, tel était leur thème cardinal ; d'où surgit le problème de la connaissance de l'univers (problème qui, à mon point de vue, demeure le problème décisif de toute philosophie). Et c'est l'enquête critique menée sur les sciences, leurs découvertes et leurs méthodes qui reste un attribut spécifique de la recherche philosophique, même après que chacune des sciences particulières s'est détachée de la philosophie.

À mes yeux, les *Principes mathématiques de philosophie naturelle* de Newton sont le plus grand événement intellectuel, la plus grande révolution intellectuelle de toute l'histoire spirituelle de l'humanité. Ils exaucent un rêve vieux de plus de deux mille ans, et ils mettent en évidence la maturité de la science au moment où elle s'émancipe de la philosophie. Newton, néanmoins, comme tous les grands savants, est resté un philosophe ; et il est resté un penseur critique, un homme qui cherche, sceptique à l'égard de ses propres théories. Ainsi, dans une lettre à Bentley du 25 février 1693, il écrivait de sa propre théorie de la gravitation, qui était bel et bien une théorie de l'action à distance (les italiques sont de moi) : « Que la pesanteur soit une propriété inhérente, quintessentielle (*essentielle*) et essentielle (*wesentliche*) de la matière, *de telle façon qu'un corps puisse agir à distance sur un autre,* [...] cela me semble une telle absurdité que je ne peux croire qu'un homme quelque peu versé dans les choses de la philosophie puisse jamais déchoir à pareille chose. »

C'était sa propre théorie de la gravitation qui le mena au scepticisme comme au mysticisme. Son argument : si des choses matérielles peuvent agir les unes sur les autres, instantanément et directement, dans des régions de l'espace fort éloignées les unes des autres, cela s'explique par l'omniprésence d'un seul et même être (*Wesen*) dans toutes les parties de l'espace — par l'omniprésence de Dieu. Ainsi, la tentative de résoudre le problème de l'action à distance mena Newton à une théorie mystique, selon laquelle l'espace est le corps sensible de Dieu — une théorie où il franchit les frontières de la science et réunit la physique et la philosophie critiques et spéculatives à la théologie spéculative. Nous le savons, Einstein pouvait caresser de semblables idées.

XI

J'en conviens, il y a, en philosophie, quelques problèmes très subtils et, en même temps, on ne peut plus importants, et qui ont leur place naturelle, la seule, dans la philosophie académique, par exemple les problèmes de la logique mathématique et, plus généralement, ceux de la philosophie des mathématiques. Je suis fort impressionné par les progrès étonnants accomplis dans ces matières au long de notre siècle.

Mais pour ce qui touche la philosophie académique en général, m'inquiète l'influence de ceux que Berkeley appelait les « philosophes tatillons » (*the minute philosophers*). Certes, une tournure d'esprit critique, c'est la sève de la philosophie. Mais nous devrions nous garder de couper les cheveux en quatre.

La critique tatillonne, étriquée, de questions étriquées, sans intelligence des grands problèmes de la cosmologie, de la connaissance humaine, de l'éthique et de la philosophie politique et sans le sérieux dévouement de qui tâche de les résoudre, c'est ce qui me paraît fatal. Comme si le moindre paragraphe imprimé que, en se donnant un peu de mal, on pourrait comprendre ou interpréter de travers, justifiait un nouvel essai critico-philosophique. De la scolastique, au pire sens du terme, il y en a plus qu'il n'en faut. Les grandes idées sont prestement ensevelies sous un torrent de mots. Et c'est aussi une sorte de morgue rustre — jadis, une exception dans la production philosophique — que les éditeurs de bien des revues semblent tenir pour un signe d'originalité et d'audace dans la pensée.

C'est, je crois, le devoir de tout intellectuel que de prendre conscience du caractère privilégié de sa position. C'est son devoir que d'écrire avec simplicité et clarté et de la manière la plus policée possible, sans oublier ni les problèmes qui accablent l'humanité et exigent réflexion nouvelle, audacieuse et patiente ni la modestie socratique — l'intelligence (*Einsicht*) de qui sait combien peu il en sait. À l'opposé des philosophes tatillons, avec leurs problèmes étriqués, la tâche essentielle de la philosophie, telle que je la vois, consiste à méditer de manière critique sur l'univers et notre place en lui, ainsi que sur la dangereuse puissance de notre savoir et le pouvoir bénéfique et maléfique qui est le nôtre.

XII

Je voudrais conclure par une petite pièce de philosophie résolument non académique :

À un des astronautes qui prirent part au premier alunissage, on attribue une réflexion à la fois simple et astucieuse, qu'il est censé avoir faite une fois de retour (je cite de mémoire) : « J'ai vu dans ma vie d'autres planètes encore, mais c'est encore la

Terre qui est la meilleure. » Voilà, je crois, qui est non seulement sagesse, mais aussi sagesse philosophique. Nous ne savons pas comment expliquer ni si l'on peut expliquer le fait que nous vivions sur cette merveilleuse petite planète, ou comment il se fait qu'il y ait ceci : la vie, qui fait toute la beauté de notre planète. Mais nous sommes là, et nous avons toutes les raisons de nous en étonner et d'en éprouver de la gratitude. Oui, c'est une merveille. D'après tout ce que peut nous apprendre la science, l'univers est pour ainsi dire vide : beaucoup d'espace vide, peu de matière ; et là où il y a de la matière, elle se trouve presque partout dans un état de turbulence chaotique, et inhabitable. Il se peut qu'il y ait beaucoup d'autres planètes, et où il y aurait de la vie. Pourtant, si nous prenons au hasard n'importe quel point dans l'univers, la probabilité — calculée sur la base de notre actuelle cosmologie — d'y trouver un corps porteur de vie est quasiment nulle. Ainsi la vie a-t-elle en tout cas la valeur de ce qui est rare : elle est précieuse. Nous tendons à l'oublier et à faire peu de cas de la vie ; peut-être par inertie mentale ; ou peut-être parce que notre belle Terre est un peu surpeuplée.

Tous les hommes sont des philosophes parce que, au regard de la vie et de la mort, ils adoptent telle position ou telle attitude. Il y en a qui tiennent que la vie n'a pas de valeur parce qu'elle a un terme. Il leur échappe que l'argument opposé peut tout aussi bien être défendu : s'il n'y avait pas de terme, la vie n'aurait aucune valeur. Il leur échappe que c'est pour part le risque toujours présent de perdre la vie qui nous aide à comprendre la valeur de la vie.

14

TOLÉRANCE ET RESPONSABILITÉ INTELLECTUELLE

(Subtilisé à Xénophane et à Voltaire)

Ma conférence de Tübingen était consacrée au thème de la « tolérance et de la responsabilité intellectuelle[1] ». Elle fut donnée en mémoire de Leopold Lucas, un érudit, un historien, un homme qui, dans sa tolérance et son humanité, fut la victime de l'intolérance et de l'inhumanité.

À l'âge de soixante-dix ans, en décembre 1942, le Dr Leopold Lucas fut amené avec sa femme au camp de concentration de Theresienstadt, où il s'occupait de venir en aide aux affligés : une tâche infiniment lourde. C'est là-bas qu'il mourut au bout de dix mois. Après la mort de son mari, Dora Lucas, sa femme, resta treize mois encore à Theresienstadt, où elle put travailler comme infirmière. En octobre 1944, avec 18 000 autres internés, elle fut déportée en Pologne, où ils furent mis à mort.

---

1. Conférence tenue le 26 mai 1981 à l'université de Tübingen ; répétée le 16 mars 1982 au Dialogue sur la tolérance, Alte Universität de Vienne. Le texte ici reproduit correspond à la version viennoise. Première parution in *Offene Gesellschaft — offenes Universum*, Franz Kreuzer s'entretient avec Karl R. Popper, Vienne, 1983[3], pp. 103-117.

Destin horrible. Destin d'hommes, de personnalités innombrables ; hommes qui en aimaient d'autres, qui tentaient d'aider d'autres hommes ; qui furent aimés par d'autres hommes et que d'autres hommes tentèrent d'aider. Familles qui furent disloquées, détruites, anéanties.

Ce n'est pas mon intention que de parler ici de ces événements effroyables. Quoi que l'on puisse en dire — ou simplement penser —, on a le sentiment que l'on cherche à maquiller ces atrocités.

I

Mais l'atroce va son cours. Les réfugiés vietnamiens ; les victimes de Pol Pot au Cambodge ; les victimes de la révolution en Iran ; les réfugiés afghans : sans cesse, des humains, enfants, femmes et hommes sont les victimes de fanatiques ivres de pouvoir.

Que pouvons-nous faire pour empêcher ces événements indescriptibles ? Et, dans l'absolu, pouvons-nous faire quelque chose ? Et, de manière générale, y a-t-il quelque chose que nous puissions empêcher ?

Ma réponse à cette question : oui. Je crois que nous pouvons beaucoup.

Quand je dis « nous », je vise les intellectuels, des hommes, donc, qui s'intéressent aux idées ; ceux donc, tout particulièrement, qui lisent et aussi, peut-être, écrivent.

Pourquoi pensé-je que nous, les intellectuels, nous pouvons être de bon secours ?

Tout simplement pour la raison que nous, les intellectuels, depuis des millénaires, nous avons semé les pires calamités. Le meurtre de masse au nom d'une idée, d'une doctrine, d'une théorie — c'est notre œuvre, notre invention : l'invention des intellectuels. Cesserions-nous d'aiguillonner les hommes les uns contre les autres — et souvent avec les meilleures intentions du

monde ⸺, ce serait déjà un grand pas de fait. Nul ne peut dire
que cela nous est impossible.

Parmi les dix commandements, le majeur dit : Tu ne tueras
point ! Il contient presque toute l'éthique. Telle que Schopenhauer,
par exemple, formule l'éthique, elle est simple prolongement
de ce commandement suprême. L'éthique de Schopenhauer
est simple, directe, claire. Il dit : *Ne nuis à personne ; aide plutôt
autrui, autant que tu peux.*

Mais qu'arriva-t-il lorsque Moïse descendit la première fois
du mont Sinaï avec les Tables de pierre, avant même qu'il pût
proclamer les dix commandements ? Il découvrit une hérésie
digne de la peine capitale, l'hérésie du Veau d'or. Il oublia alors
le commandement « Tu ne tueras point ! » et s'écria (je cite,
quelque peu abrégée, la traduction de Luther[2], Ex. 32, 26-28) :

> « "Qui est pour Yahvé, à moi ! […]" Ainsi parle Yahvé, le
> Dieu d'Israël : "ceignez chacun votre épée sur votre hanche
> […] et tuez qui son frère, qui son ami, qui son proche"
> […] et du peuple, il tomba ce jour-là environ trois mille
> hommes. »

Cela commença ainsi, peut-être. Mais, pour sûr, cela
continua ainsi, en Terre sainte comme, plus tard, ici, en
Occident ; ici, tout particulièrement, une fois le christianisme
devenu religion d'État. Une histoire effrayante de persécutions
religieuses, de persécutions menées au nom de l'orthodoxie.
Plus tard ⸺ et surtout au XVIIᵉ et au XVIIIᵉ siècle ⸺ s'y ajoutèrent
encore d'autres motifs idéologiques de croyance, destinés à
justifier la persécution, la cruauté et la terreur : nationalité, race,
orthodoxie politique, autres religions.

2. Nous donnons la version de la Bible de Jérusalem. Quant à la traduction
Chouraqui : « "Qui est pour Yahvé/Adonaï, à moi !" […] Ainsi dit Yahvé/Adonaï,
l'Élohim d'Israël : "Mettez chacun l'épée à la cuisse […]. Tuez, l'homme son frère,
l'homme son compagnon, l'homme son prochain" […]. Il tombe du peuple, en ce jour,
trois mille hommes environ. »

Dans l'idée d'orthodoxie et d'hérésie se cachent les tares les plus médiocres ; celles auxquelles succombent tout particulièrement les intellectuels : morgue, ergotage, pédanterie, fatuité intellectuelle. Ce sont là des tares médiocres — non pas de graves, comme la cruauté.

II

Le titre de ma conférence, « Tolérance et responsabilité intellectuelle » fait allusion à un argument de Voltaire, le père de l'*Aufklärung* ; à un argument en faveur de la tolérance. « Qu'est-ce que la tolérance ? », demande Voltaire. Et il répond (je traduis librement) :

> La tolérance est la conséquence nécessaire de l'idée [*Einsicht*] que nous sommes des hommes faillibles : se tromper est humain, et, tous, nous commettons sans cesse des erreurs. *Ainsi, pardonnons-nous les uns aux autres nos folies.* Tel est le fondement du droit naturel[3].

Voltaire en appelle ici à notre probité intellectuelle : nous devons nous avouer nos erreurs, notre faillibilité, notre ignorance. Voltaire sait bien qu'il y a des fanatiques on ne peut plus convaincus. Mais leur conviction est-elle réellement sincère, de part en part ? Se sont-ils examinés eux-mêmes, ont-ils sincèrement examiné leurs convictions, et les motifs de leurs convictions ? Et ce retour critique sur soi n'est-il pas un élément de toute probité intellectuelle ? Le fanatisme n'est-il pas souvent la tentative de camoufler notre propre incroyance inavouée, celle que nous avons refoulée et qui ne nous est donc qu'à moitié consciente ?

---

3. Texte authentique : « Qu'est-ce que la tolérance ? C'est l'apanage de l'humanité. Nous sommes tous pétris de faiblesses et d'erreurs ; pardonnons-nous réciproquement nos sottises, c'est la première loi de la nature » (*Dictionnaire philosophique,* art. « Tolérance », éd. par R. Pomeau, Paris, Garnier-Flammarion, 1964, pp. 362-363).

En son temps, l'appel de Voltaire à notre modestie intellectuelle et surtout son appel à notre probité intellectuelle ont fait une forte impression sur les intellectuels. J'aimerais renouveler ici cet appel.

Voltaire fonde la tolérance en disant que nous devons nous pardonner mutuellement nos folies. Mais il y a une folie fort répandue, celle de l'*in*tolérance, qu'à juste titre Voltaire juge difficile de tolérer. De fait, la tolérance trouve ici ses limites. Si nous concédons à l'intolérance sa prétention de droit à être tolérée, alors nous nous faisons les destructeurs de la tolérance et de l'État de droit. Ce fut le sort de la république de Weimar.

Outre l'intolérance, toutefois, il y a encore d'autres folies que nous ne devrions pas tolérer ; à commencer par celle qui pousse les intellectuels à courir la dernière mode ; une folie qui en a mené beaucoup à écrire dans un style obtus, ampoulé, dans ce style oraculaire auquel Goethe n'a laissé aucune chance, dans le *Hexeneinmaleins*[4] et autres passages du *Faust*. Ce style, le style des grandes phrases obscures, pompeuses et inintelligibles, cette manière d'écrire ne devrait pas épater plus longtemps, voire : les intellectuels ne devraient pas la tolérer plus longtemps. Elle est intellectuellement irresponsable. Elle détruit le sain entendement, la raison. Elle rend possible cette attitude que l'on a appelée *relativisme*. Elle mène à la thèse selon laquelle *toutes* les thèses sont intellectuellement plus ou moins défendables. Tout est permis. La thèse du relativisme conduit donc, manifestement, à l'anarchie, au non-droit ; et ainsi au règne de la violence.

Mon thème, tolérance et responsabilité intellectuelle, m'a ainsi amené à la question du relativisme.

J'aimerais opposer ici au relativisme une position que l'on confond presque toujours avec le relativisme, mais qui en diffère fondamentalement. J'ai souvent désigné cette position par le terme de *pluralisme,* mais au prix, justement, de ce contresens. J'entends

---

4. Dans *Faust* I, un des passages de « Cuisine de la sorcière » (v. 2540-2552).

donc la définir ici comme un *pluralisme critique*. Tandis que le relativisme, issu d'une tolérance lâche, conduit au règne de la violence, le pluralisme critique peut contribuer à la domestication de la violence.

S'agissant d'opposer le relativisme et le pluralisme critique, l'idée de vérité est d'une importance décisive.

Le relativisme est la position selon laquelle on peut tout affirmer, ou presque, autant vaut dire : rien. Tout est vrai, ou rien ne l'est. La vérité est donc sans importance.

Le pluralisme critique est la position selon laquelle, *dans l'intérêt de la recherche de la vérité,* toute théorie — et plus il y a de théories, mieux c'est — doit avoir accès à la concurrence entre les théories. Cette concurrence consiste en la controverse rationnelle entre les théories et en leur élimination critique. La controverse est rationnelle ; ce qui veut dire qu'il y va de la vérité des théories en concurrence : la théorie qui dans la discussion critique paraît mieux approcher la vérité est la meilleure ; et la bonne théorie chasse les mauvaises. Il y va ainsi de la vérité.

III

L'idée de la vérité objective et l'idée de la recherche de la vérité sont ici d'une importance décisive.

L'homme qui le premier élabora une théorie de la vérité conjuguant l'idée de vérité objective et celle de notre fondamentale faillibilité humaine fut le présocratique Xénophane. Il naquit sans doute en 571 av. J.-C. en Asie Mineure, en Ionie. Il fut le premier Grec à pratiquer la critique littéraire ; le premier théoricien de l'éthique ; le premier à s'adonner à la critique de la connaissance ; et le premier monothéiste spéculatif.

Xénophane fut le fondateur d'une tradition, d'une orientation de la pensée où rentrent, entre autres, Socrate, Montaigne, Érasme, Voltaire, Hume, Lessing et Kant.

On définit parfois cette tradition comme celle de l'école sceptique. Mais cette définition peut aisément provoquer des contresens. Pour « doute » [*Skepsis*], le Duden, le dictionnaire de la langue allemande, donne « doute [*Zweifel*], incrédulité [*Ungläubigkeit*] », et pour « sceptique [*Skeptiker*] » : « homme méfiant [*mißtrauischer Mensch*] » ; et c'est là apparemment l'acception allemande du terme, et, généralement, son acception moderne. Mais le verbe grec d'où dérive le groupe de mots allemands (*skeptisch, Skeptiker, Skeptizismus*) ne signifie pas à l'origine « douter », mais « considérer en examinant, examiner, soupeser, enquêter, chercher, rechercher ».

À coup sûr, parmi les sceptiques au sens premier du terme, il y eut aussi beaucoup d'esprits qui doutaient, et peut-être aussi de méfiants, mais la funeste égalisation des mots *Skepsis* et *Zweifel* a peut-être été une manœuvre du Portique, qui voulait caricaturer ses concurrents. Toujours est-il que les sceptiques, Xénophane, Socrate, Érasme, Montaigne, Locke, Voltaire et Lessing, étaient tous des théistes ou des déistes. Ce que tous les adeptes de cette tradition sceptique ont en commun — et Nicolas de Cues aussi, un cardinal, et Érasme de Rotterdam —, et ce que j'ai moi aussi en commun avec elle, c'est que nous soulignons notre *non-savoir* humain. D'où nous tirons des conséquences éthiques considérables : *patience,* mais *aucune* tolérance de l'impatience, de la violence et de la cruauté.

De son métier, Xénophane était rhapsode. Formé à l'école d'Homère et d'Hésiode, il en remontra à l'un et à l'autre. Sa critique était éthique et pédagogique. Il dénonçait l'idée que les dieux volent, mentent, commettent l'adultère, ainsi qu'Homère et Hésiode le racontent. Ce qui le poussa à critiquer le tableau que dresse Homère des dieux. Avec un acquis important : la découverte de ce que nous désignons aujourd'hui par le terme d'anthropomorphisme, le fait que les histoires de dieux grecs ne méritent pas que nous les prenions au sérieux parce qu'elles donnent aux dieux visage humain.

Vous voudrez bien que, versifiés, je cite ici quelques-uns des arguments de Xénophane, dans ma traduction, quasi littérale :

> Les Éthiopiens disent de leurs dieux qu'ils sont camus et noirs, les Thraces qu'ils ont les yeux bleus et les cheveux rouges.
>
> Oui, si les bœufs et les chevaux et les lions avaient des mains et pouvaient, avec leurs mains, peindre et produire des œuvres comme les hommes, les chevaux peindraient des figures de dieux pareilles à des chevaux, et les bœufs pareilles à des bœufs, bref des images analogues à celles de toutes les espèces animales[5].

Ainsi le problème se pose-t-il à Xénophane : *après* cette critique de l'anthropomorphisme, comment devons-nous nous représenter les dieux ? Nous possédons quatre fragments, contenant une part essentielle de sa réponse. Elle est monothéiste, bien que Xénophane, pour formuler son monothéisme, pareil à Luther dans sa traduction du premier commandement, s'abrite derrière un pluriel, derrière des dieux. Il écrit :

> Il n'y a qu'un seul dieu, maître souverain des dieux et des hommes, qui ne ressemble aux mortels ni par le corps ni par la pensée.
>
> Tout entier il voit, tout entier il pense, tout entier il entend.
>
> Mais c'est sans aucun effort qu'il meut tout par la force de son esprit.
>
> Il reste toujours, sans bouger, à la même place et il ne lui convient pas de passer d'un endroit dans un autre[6].

---

5. Nous écartant de la version de Popper, nous donnons les silles 16 et 15 dans la version de Jean Voilquin, *Les Penseurs grecs avant Socrate,* Paris, Garnier-Flammarion, 1964, p. 64.

6. ID., p. 65, silles 23, 24 et 25.

Voilà les quatre fragments qui nous renseignent sur la théologie spéculative de Xénophane.

Il est clair que, pour Xénophane, cette théorie toute nouvelle était la solution d'un problème difficile. Et de fait, il y reconnut la solution du problème suprême, celui du monde. Aucun esprit quelque peu versé dans la psychologie de la connaissance ne saurait douter que cette perspicuité (*Einsicht*) dut apparaître à son créateur comme une révélation.

Pourtant, Xénophane déclarait sans ambages ni faux-fuyants que sa théorie n'était rien de plus qu'une hypothèse. C'était là une victoire sans pareille de l'intelligence autocritique, une victoire de sa probité intellectuelle et de sa modestie.

Xénophane généralisa cette autocritique d'une manière qui le caractérise très bien : il entrevit clairement que ce qu'il avait détecté concernant sa propre théorie — à savoir que, nonobstant son pouvoir d'emporter la conviction par l'intuition, elle n'était rien de plus qu'une conjecture — devait valoir pour toutes les autres théories humaines : Tout n'est que conjecture. Ce qui me semble indiquer qu'il avait éprouvé quelque difficulté à considérer sa propre théorie comme une conjecture.

Xénophane énonce cette théorie critique de la connaissance en quatre beaux vers :

> Il n'y eut dans le passé et il n'y aura jamais dans l'avenir personne qui ait une connaissance certaine des dieux et de tout ce dont je parle. Même, s'il se trouvait quelqu'un pour parler avec toute l'exactitude possible, il ne s'en rendrait pas compte par lui-même. Mais c'est l'opinion qui règne partout[7].

Ces quatre lignes contiennent plus qu'une théorie de l'incertitude du savoir humain. Elles contiennent *une théorie*

---

7. ID., p. 66, sille 34.

de la vérité objective. Car Xénophane enseigne ici qu'une chose que je dis peut être vraie sans que moi ou quiconque *sache* qu'elle est vraie. Or cela veut dire que la vérité est *objective* : la vérité est la concordance de ce que je dis avec les faits ; que *je sache ou ne sache pas* qu'il y a concordance.

De plus, ces quatre lignes renferment une autre théorie encore, capitale. Elles recèlent indication de la différence entre la *vérité* objective et la *certitude* subjective du savoir. Elles disent que, même si je proclame la parfaite vérité, je ne peux jamais connaître cette vérité *avec certitude.* Car il n'y a pas de critère infaillible de la vérité : justement, nous ne pouvons jamais, ou presque jamais être tout à fait certains que nous ne nous sommes pas trompés.

Mais Xénophane n'était pas un pessimiste de la théorie de la connaissance. C'était un homme qui cherchait ; et, au cours de sa longue existence, il réussit à améliorer par la réflexion plusieurs de ses conjectures, et aussi, tout particulièrement, ses théories du côté des sciences de la nature. Ce qu'il énonce ainsi :

> Les dieux n'ont pas révélé toutes choses aux hommes dès le commencement ; mais, en cherchant, ceux-ci trouvent avec le temps ce qui est le meilleur[8].

Xénophane explique aussi ce qu'il entend là par « le meilleur ». Il veut parler de l'approximation de la vérité objective : la proximité de la vérité, la vérisimilitude. Il dit en effet de l'une de ses conjectures :

> Voilà ce qui m'a paru ressembler à la vérité[9].

Il se peut que, dans ce fragment, les mots « voilà ce [que] » fassent allusion à la théorie monothéiste de la divinité chez Xénophane.

---

8. ID., p. 64, sille 18.
9. ID., « De la nature », p. 66.

La théorie du savoir humain de Xénophane renferme donc les points suivants :

1. Notre savoir consiste en des énoncés.

2. Des énoncés sont vrais ou faux.

3. La vérité est objective. Elle est la concordance de la teneur de l'énoncé avec les faits.

4. Même quand nous énonçons la parfaite vérité, nous ne pouvons pas le savoir ; c'est-à-dire : nous ne pouvons le savoir avec certitude, avec assurance.

5. Comme le « savoir », au sens plein du terme, est un « savoir certain », il n'y a pas de savoir, mais seulement *savoir conjectural :* « c'est l'opinion qui règne partout ».

6. Mais, dans notre savoir conjectural, il y a progrès vers ce qui est le meilleur.

7. Le meilleur savoir est meilleure approximation de la vérité.

8. Mais toujours il reste savoir conjectural — le règne de l'opinion.

Pour bien comprendre la théorie de la vérité de Xénophane, il importe tout particulièrement de souligner que Xénophane distingue clairement la *vérité* objective de la *certitude* subjective. La vérité objective est la concordance d'un énoncé avec les faits, que nous le sachions — et en bonne certitude — ou non. *On ne doit donc pas confondre la vérité avec la certitude* ou avec le savoir de bonne certitude. Celui qui sait quelque chose en bonne certitude, celui-là connaît la vérité. Mais il arrive souvent que quelqu'un présume quelque chose sans le savoir en toute certitude ; et que de fait sa conjecture soit vraie. À juste titre, Xénophane suggère qu'il y a beaucoup de vérités — et de vérités importantes —, que nul ne sait en toute certitude ; voire, que nul ne peut savoir, bien que d'aucuns les conjecturent. Et il suggère encore qu'il y a des vérités qui ne sont même conjecturées par personne.

De fait, dans toute langue où nous pouvons énoncer les nombres naturels — en quantité infinie —, il y a une infinité de propositions claires et distinctes (par exemple $17^2 = 627 + 2$). Ou bien, chacune de ces propositions est vraie, ou bien, si elle est fausse, c'est sa négation qui est vraie. Il y a donc une infinité de vérités. D'où il s'ensuit aussi qu'il y a une infinité de vérités que nous ne pouvons jamais connaître : il y a une infinité de vérités pour nous inconnaissables.

Aujourd'hui encore, il y a beaucoup de philosophes pour penser que la vérité ne peut nous importer que si nous la possédons ; donc, que si nous la connaissons en bonne certitude. Mais justement, le fait de savoir qu'il y a des savoirs conjecturaux est de grande portée. Il y a des vérités dont nous ne pouvons approcher qu'au prix d'une laborieuse recherche. Notre chemin nous conduit presque toujours à travers l'erreur ; et sans la vérité il ne peut y avoir d'erreur. (Et sans erreur, il n'y a pas de faillibilité.)

IV

Quelques-unes des vues (*Einsicht*) que je viens d'exposer étaient pour moi très claires avant que je lusse les *Fragments* de Xénophane — qui me permirent de mieux les comprendre. Que notre savoir le meilleur, lui justement, subisse le règne de l'opinion et soit incertain, je m'en étais avisé grâce à Einstein. Il montrait, en effet, que la théorie newtonienne de la gravitation, malgré son éclatant succès, est savoir conjectural, tout comme la théorie de la gravitation d'Einstein ; et comme celle de Newton, la sienne aussi semble être une approximation de la vérité.

Je ne crois pas que, sans Newton et Einstein, j'eusse jamais réalisé comme est important le savoir conjectural ; je me demandai donc comment Xénophane avait pu en prendre conscience, il y a deux mille cinq cents ans. Peut-être peut-on répondre ceci à cette question :

À l'origine, Xénophane faisait crédit à l'image du monde d'Homère, comme moi à celle de Newton. Crédit qui fut ébranlé

chez lui comme chez moi : chez lui, par la critique à laquelle il
soumit Homère, chez moi par la critique opérée par Einstein à
l'endroit de Newton. Tant Xénophane qu'Einstein remplacèrent
l'image du monde qu'ils critiquaient par une nouvelle ; l'un et
l'autre étaient conscients que leur nouvelle image du monde
n'était que conjecture.

Mon idée (*Einsicht*) selon laquelle, il y a deux mille cinq
cents ans, Xénophane avait anticipé ma théorie du savoir
conjectural, m'apprit la modestie. Mais elle aussi l'idée de la
modestie intellectuelle avait été anticipée depuis presque aussi
longtemps. Socrate est à son origine.

Socrate fut le second fondateur de la tradition sceptique,
autrement plus influent. Il enseigna : seul est sage celui qui sait
qu'il *ne* l'est *pas*.

Socrate et, à peu près à la même époque, Démocrite firent
la même découverte éthique, indépendamment l'un de l'autre.
Tous deux affirmèrent, presque dans les mêmes termes : « Il vaut
mieux subir un tort que l'infliger. »

On peut bel et bien poser que cette idée (*Einsicht*) — du
moins, de pair avec celle du peu que nous savons — conduit à
la tolérance, ainsi que Voltaire l'enseigna plus tard.

V

J'en viens maintenant à la portée actuelle de cette philosophie
autocritique de la connaissance.

C'est d'abord l'objection que voici qui présente de l'intérêt.
Oui, cela est juste, dira-t-on, Xénophane, Démocrite et Socrate
ne savaient rien ; et c'était de fait sagesse de leur part que de
reconnaître leur propre non-savoir ; et sagesse plus haute encore
peut-être : adopter l'attitude d'hommes qui cherchent. Nous —
ou plus exactement : nos savants, spécialistes des sciences de la
nature —, nous sommes aujourd'hui encore des hommes qui
cherchent, des chercheurs. Aujourd'hui, pourtant, ces savants

ne sont pas seulement des hommes qui cherchent, mais aussi des hommes qui trouvent. Et ils savent une foule de choses ; tant de choses que la masse simple de notre savoir en la matière est devenue à elle seule un problème. Pouvons-nous donc, aujourd'hui encore, construire sérieusement notre philosophie de la connaissance sur le fondement de la thèse socratique du non-savoir ?

L'objection est juste. Mais à la condition seulement que nous lui apportions quatre compléments on ne peut plus importants.

Premièrement : lorsqu'on dit, ici, que les sciences de la nature en savent beaucoup, cela certes est juste, mais le terme de « savoir », en l'occurrence, et inconsciemment semble-t-il, est utilisé dans une acception tout autre que celle visée par Xénophane et Socrate, et que celle que le terme « savoir » possède aujourd'hui encore dans le langage courant. Car, par « savoir », nous entendons toujours « savoir *en toute certitude* ». Quand quelqu'un dit : « Je *sais* que c'est aujourd'hui mardi, mais je *ne* suis *pas* sûr que cela soit aujourd'hui mardi », il se contredit, ou alors, dans le second membre de la phrase, il est en deçà de ce qu'il a dit dans le premier.

Or le savoir propre aux sciences de la nature, justement, *n*'est *pas* savoir en toute certitude. Il est sujet à révision. Il consiste en *conjectures* vérifiables — dans le meilleur des cas : en conjectures vérifiées avec une extrême rigueur — n'empêche, rien qu'en conjectures. C'est un savoir hypothétique, un *savoir conjectural*. Voilà le premier complément, et à lui seul il est une légitimation parfaite du non-savoir socratique et de la remarque de Xénophane selon laquelle, même lorsque nous énonçons la parfaite vérité, nous ne pouvons pas *savoir* que ce que nous avons dit est vrai.

Le deuxième complément que je dois apporter à l'objection selon laquelle notre savoir, aujourd'hui, est immense, le voici : avec presque chaque nouvelle conquête de la science, avec chaque solution hypothétique donnée à un problème des sciences de la nature croissent le nombre et la difficulté des problèmes ouverts

— plus vite encore que les solutions. Nous pouvons dire, certes, que, si notre savoir hypothétique est fini, notre non-savoir est infini. Mais il y a autre chose encore : pour l'expert en sciences de la nature sensible aux problèmes ouverts, le monde se fait de plus en plus énigmatique, et ce dans un sens tout à fait concret.

Le troisième complément : lorsque nous disons que nous en savons *plus,* aujourd'hui, que Xénophane et Socrate, cela est sans doute incorrect, dans le cas où nous interprétons « savoir » dans un sens subjectif. Chacun d'entre nous, probablement, en sait non pas *plus,* il sait d'*autres* choses. Nous avons échangé certaines théories, certaines hypothèses, certaines conjectures pour d'autres, très souvent pour de meilleures — meilleures au sens de leur proximité à la vérité.

Quant au *contenu* de ces théories, hypothèses, conjectures, on peut le définir comme un *savoir au sens objectif,* par opposition au savoir subjectif ou personnel. Par exemple, ce qui se trouve dans tel traité de physique aux moult volumes est savoir impersonnel ou objectif — et, bien entendu, hypothétique : il excède largement ce que même le physicien le plus érudit peut savoir. Ce qu'un physicien sait — ou, plus exactement, conjecture —, on peut le définir comme étant son savoir personnel, ou subjectif. L'un et l'autre savoir — celui impersonnel et celui personnel — sont pour la plus grande partie hypothétiques et perfectibles. Mais, non seulement, le savoir impersonnel, de nos jours, excède largement ce que quiconque peut personnellement savoir, mais encore les progrès du savoir impersonnel, du savoir objectif sont si rapides que le savoir personnel ne peut en soutenir le rythme que pour un bref délai et dans des domaines restreints : il sera dépassé.

Nous avons ici une quatrième raison de donner raison à Socrate. Car ce savoir dépassé se compose de théories qui se sont avérées fausses. Un savoir dépassé n'est donc certainement pas un savoir, du moins pas au sens du langage courant.

VI

Nous avons donc quatre raisons pour nous faire entrevoir que, même de nos jours, l'idée (*Einsicht*) de Socrate — « Je sais que je ne sais rien, et encore » — est de la plus haute actualité — plus encore peut-être que du temps de Socrate. Et, en défense de la tolérance, nous avons des raisons de tirer de cette idée (*Einsicht*) les conséquences éthiques qu'en ont tirées Érasme, Montaigne, Voltaire et, plus tard, Lessing. Ces conséquences — et d'autres encore.

Les principes au fondement de toute discussion rationnelle, autrement dit de toute discussion au service de la recherche de la vérité, sont à proprement parler des principes *éthiques*. Je voudrais en indiquer trois.

1. Le principe de la faillibilité : peut-être ai-je tort, et peut-être as-tu raison. Mais il se peut que nous ayons tort l'un et l'autre.

2. Le principe de la discussion raisonnable : nous voulons essayer de jauger de la manière la moins personnelle possible les raisons que nous alléguons pour et contre une théorie déterminée, susceptible de critique.

3. Le principe de l'approximation de la vérité. Moyennant une discussion objectivement informée (*sachlich*), nous approchons presque toujours la vérité ; et nous parvenons à une meilleure intelligence [de la question] ; même lorsque nous ne parvenons pas à nous accorder.

Il est remarquable que ces trois principes soient à la fois des principes gnoséologiques et des principes éthiques. Car ils impliquent, entre autres, patience et tolérance : si je veux apprendre quelque chose de toi, et apprendre dans l'intérêt de la recherche de la vérité, alors je dois non seulement te tolérer, mais aussi te reconnaître comme potentiellement mon égal ; l'unité et la parité potentielles de tous les hommes sont une précondition de notre disponibilité à discuter rationnellement. Compte aussi le principe selon lequel nous pouvons en apprendre beaucoup d'une discussion ; même si elle ne crée pas de consensus. Car elle peut nous enseigner à comprendre quelques-uns des points faibles de notre position.

Au fondement des sciences de la nature, il y a donc des principes éthiques. L'idée de vérité comme principe fondamentalement régulateur est un principe éthique de ce genre.

La recherche de la vérité et l'idée de l'approximation de la vérité sont d'autres principes éthiques ; de même pour l'idée de la probité intellectuelle et celle de la faillibilité, qui nous initient au sens de l'autocritique et à la tolérance.

Il est également très important que, dans la sphère de l'éthique, nous puissions *apprendre*.

VII

C'est ce que j'aimerais montrer à propos de l'éthique pour les intellectuels, tout particulièrement à propos de l'éthique pour les professions intellectuelles : de l'éthique pour les savants, pour les médecins, les juristes, les ingénieurs, les architectes ; pour les fonctionnaires dans l'espace public et, ce qui est très important, pour les gens de la politique.

J'aimerais vous faire entendre quelques propositions en vue d'*une nouvelle éthique,* liées étroitement à l'idée de tolérance et de probité intellectuelle.

À cette fin, je définirai d'abord l'ancienne déontologie — non sans peut-être la caricaturer un peu, pour la comparer ensuite avec la nouvelle déontologie que je propose.

Reconnaissons-le, les idées de vérité, de rationalité et de responsabilité intellectuelle sont au fondement des deux déontologies, l'*ancienne* et la *nouvelle*. Mais l'ancienne éthique se fondait sur l'idée de savoir personnel et de bonne certitude, et par là sur celle d'*autorité ;* tandis que la nouvelle est fondée sur l'idée de savoir objectif et incertain. Ce qui modifie de fond en comble le mode de pensée sous-jacent, et par là aussi la *fonction* des idées de vérité, de rationalité, ainsi que celles de probité et de responsabilité intellectuelle.

L'idéal d'antan, c'était de *posséder* la vérité et la certitude, et, si possible, de *garantir* la vérité moyennant preuve formelle.

À cet idéal aujourd'hui encore largement admis correspond l'idéal personnel du sage — pas au sens socratique, bien entendu, mais l'idéal platonicien de celui qui sait et fait autorité ; du philosophe qui est en même temps maître et roi.

L'impératif ancien, pour l'intellectuel, c'est : Sois une autorité ! Et dans ton domaine, sois omniscient !

Une fois que tu seras reconnu comme une autorité, ton magistère sera protégé par tes collègues, et bien sûr tu devras protéger le leur.

L'ancienne éthique que je brosse là prohibe l'erreur. L'erreur est absolument interdite. Les erreurs ne peuvent donc être reconnues. Je n'ai pas besoin de souligner que cette ancienne déontologie est intolérante. Et du reste elle a toujours été intellectuellement malhonnête : elle pousse à camoufler ses erreurs, au nom de l'autorité ; et tout particulièrement en médecine.

VIII

Je propose donc une *nouvelle* déontologie ; et d'abord pour les experts en sciences de la nature, mais pas seulement pour eux. Je propose de la fonder sur les douze principes suivants, sur lesquels je conclurai.

1. Notre savoir conjectural objectif excède toujours ce qu'*un* homme peut maîtriser. *Il n'y a donc pas d'autorités.* Ce qui est vrai aussi des domaines spécialisés.

2. *Il est impossible d'éviter toutes les erreurs* ou ne serait-ce que toutes les erreurs en soi évitables. Tous les chercheurs commettent sans cesse des erreurs. Il faut réviser la vieille idée selon laquelle

on peut éviter des erreurs et que l'on est donc tenu de les éviter : elle-même est erronée.

3. *Il est bien entendu toujours de notre devoir que d'éviter autant que possible les erreurs.* Mais précisément pour les éviter, nous devons tout d'abord avoir présent à l'esprit à quel point il est difficile de les éviter, et que personne n'y parvient complètement. Même les chercheurs créatifs guidés par leur intuition n'y parviennent pas : l'intuition aussi peut nous fourvoyer.

4. Des erreurs peuvent se cacher même dans celles de nos théories les mieux éprouvées ; et c'est la tâche spécifique du savant que de rechercher de telles erreurs. Relever l'erreur que contient une théorie éprouvée ou une technique largement en usage peut mener à une découverte importante.

5. Nous devons *donc modifier le regard que nous posons sur nos erreurs.* C'est là que doit commencer dans la pratique notre réforme éthique. Car l'ancien regard déontologique nous pousse à camoufler nos erreurs, à les passer sous silence et à les oublier aussi vite que possible.

6. La nouvelle loi fondamentale : pour apprendre à éviter l'erreur autant que faire se peut, nous *devons justement nous mettre à l'école de nos erreurs.* Camoufler des erreurs, voilà le pire péché intellectuel.

7. Nous ne devons jamais relâcher notre vigilance : nos erreurs, quand nous les décelons, nous devons nous en imprégner ; les analyser sous toutes leurs faces, pour en saisir le fond.

8. Il nous incombe donc de faire preuve de sens de l'autocritique et de sincérité.

9. Puisque nous devons nous mettre à l'école de nos erreurs, nous devons également apprendre à admettre, voire à accepter avec *gratitude* que d'autres que nous nous rendent attentifs à nos erreurs. Quand c'est nous qui en faisons autant, nous devons toujours nous rappeler que nous-mêmes avons commis des erreurs semblables aux leurs. Et nous devons nous rappeler que les plus grands savants se sont trompés. Je n'entends certainement

pas par là que nos erreurs soient d'ordinaire excusables : nous ne saurions relâcher notre vigilance. Mais, humainement, il est inévitable que se produisent sans cesse des erreurs.

10. Nous devons avoir bien présent à l'esprit *que nous avons besoin d'autres hommes* (*et eux de nous*) *pour découvrir et rectifier les erreurs* ; et tout singulièrement de ces hommes qui ont grandi parmi d'autres idées, dans une atmosphère différente. Cela aussi est une école de tolérance.

11. Nous devons l'apprendre : l'autocritique est la meilleure des critiques ; mais la *critique venue d'autrui est une nécessité*. Elle est presque aussi salubre que l'autocritique.

12. La critique rationnelle doit toujours être spécifique : elle doit indiquer les raisons spécifiques pour lesquelles des énoncés spécifiques, des hypothèses spécifiques paraissent faux, ou pour lesquelles des arguments spécifiques semblent dénués de valeur. Doit la guider l'idée de proximité de la vérité objective. En ce sens, elle doit être impersonnelle.

Je vous demande de considérer ces formulations comme des propositions. Elles doivent faire voir que, dans la sphère éthique aussi, on peut avancer des propositions admettant d'être discutées et amendées[10].

---

10. Le texte original de cet essai se prolonge d'une note consacrée à des problèmes de traduction du sille 24 de Xénophane (p. 289). Nous nous sommes abstenus de le rendre ici puisqu'il concerne exclusivement des questions de traduction du texte grec en allemand. (*N.d.T.*)

15

EN QUOI CROIT L'OCCIDENT ?

(Subtilisé à l'auteur de La Société ouverte*)*

Je dois malheureusement commencer par des excuses : par excuser le titre de ma conférence, « En quoi croit l'Occident ? ». Pour peu que je considère l'histoire de ce terme, « l'Occident », je me demande si je n'aurais pas dû l'éviter[1]. Car c'est la traduction du terme anglais « *the west* », passé dans l'usage, en Angleterre, tout particulièrement depuis la traduction du *Déclin de l'Occident* de Spengler, car le titre anglais en est *The Decline of the West*. Or, il va de soi, je ne souhaite en rien avoir affaire à Spengler. Car je le tiens non seulement pour le faux prophète d'un déclin prétendu, mais aussi pour le symptôme d'un déclin effectif, même si ce n'est pas celui de l'Occident. Ce que ses prophéties illustrent, c'est le déclin de la conscience intellectuelle de nombreux penseurs occidentaux, la victoire de l'improbité intellectuelle, de la tentative de griser de phrases pompeuses un public avide de savoir, la victoire de la soupe hégélienne et de l'historicisme façon Hegel que, il y a plus de

---

1. Conférence donnée à Zurich en 1958, sur l'invitation d'Albert Hunold. Première publication in *Erziehung zur Freiheit. Sozialwissenschaftliche Studien für das Schweizerische Institut für Auslandsforschung,* sous la dir. d'Albert Hunold, vol. VII, Erlenbach-Zürich/Stuttgart, 1959.

cent ans, Schopenhauer avait démasqué et combattu comme la peste intellectuelle de l'Allemagne.

Le titre que j'ai choisi, le timbre hégélien qu'il pourrait suggérer me forcent à commencer ma conférence ainsi : en prenant clairement mes distances par rapport à la philosophie hégélienne, à la prophétie du déclin aussi bien qu'à celle du progrès.

Je voudrais tout d'abord me présenter, et comme un philosophe tout à fait désuet — un adepte du mouvement, dépassé et disparu depuis longtemps, que Kant appelait « *Aufklärung* », et d'autres « *Auflärerei* », ou aussi « *Aufkläricht*[2] ». Cela veut dire que je suis un rationaliste, que je crois en la vérité et en la raison. Cela, bien entendu, ne veut pas dire que je croie en la toute-puissance de la raison humaine. Un rationaliste n'est pas du tout, contrairement à ce que prétendent souvent nos adversaires antirationalistes, un homme qui aimerait être un pur être de raison et en amener d'autres à cet état. Voilà qui serait éminemment déraisonnable. Tout homme raisonnable, et par conséquent, je l'espère, un rationaliste aussi, sait fort bien que la raison ne peut tenir de rang que très modeste dans la vie humaine — le rang de la réflexion critique, de la discussion critique. Ce que je veux dire, lorsque j'évoque la raison, ou le rationalisme, c'est simplement ceci : la conviction que, par l'intermédiaire de la critique, nous pouvons apprendre — par l'intermédiaire de la discussion critique avec d'autres et de l'autocritique. Un rationaliste, donc, c'est un homme disposé à s'instruire auprès d'autrui, non pas seulement en ceci qu'il admettrait tout de go toute docte leçon, mais également en ceci qu'il expose ses idées à la critique d'autrui et critique les leurs. L'accent porte ici sur les termes de « discussion critique » : le rationaliste véritable ne croit pas que lui-même ou qui que ce soit ait absorbé le miel de la sagesse. Il sait que nous avons toujours besoin de nouvelles

2. Ces deux derniers termes étaient clairement péjoratifs. (*N.d.T.*)

idées et que la critique ne nous les fournit pas. Mais elle peut nous aider à séparer le bon grain de l'ivraie. Il sait aussi que jamais l'acceptation ou le rejet d'une idée ne saurait être affaire purement rationnelle. Seule la discussion critique, en revanche, peut nous aider à considérer une idée sous des angles de plus en plus nombreux et à en juger en bonne règle. Un rationaliste n'ira naturellement pas affirmer que toutes les relations humaines se consomment dans la discussion critique. Cela aussi serait on ne peut plus déraisonnable. Mais il peut peut-être signaler que, sur le plan purement humain aussi, la disposition au *give and take,* du donner et du prendre, qui est au fondement de la discussion critique, est d'une grande portée. Car un rationaliste n'a aucun mal à s'aviser qu'il est redevable de sa raison à d'autres hommes. Il comprendra aisément que l'aptitude critique ne peut que résulter de la critique venue d'autrui et que seule celle-ci habilite à l'autocritique. Les dispositions rationnelles se traduisent peut-être au mieux par la phrase suivante : Peut-être as-tu raison, et peut-être ai-je tort ; et même si, dans notre discussion critique, nous ne tranchons peut-être pas définitivement qui de nous deux a raison, du moins pouvons-nous espérer qu'à la suite d'une telle discussion nous verrons les choses plus clairement qu'auparavant. Nous pouvons apprendre l'un de l'autre tant que nous n'oublions pas qu'il n'importe pas tant de savoir qui a raison que d'approcher la vérité objective. Car pour toi comme pour moi il y va au premier chef de la vérité objective.

Voilà en bref ce que je veux dire quand je déclare mon rationalisme. Mais quand je m'affiche *Aufklärer* pur-sang, je pense à autre chose encore. Je songe à l'espoir d'une auto-émancipation par le savoir, inspirée par Pestalozzi, et à notre désir de nous arracher à notre sommeil dogmatique, selon l'expression de Kant. Et je songe à une obligation de tout intellectuel, que malheureusement la plupart d'entre eux ont oubliée, en particulier depuis Fichte, Schelling, Hegel et leur philosophie : *l'obligation de ne pas poser au prophète.*

Obligation à laquelle les penseurs d'Allemagne en particulier ont gravement manqué ; sans nul doute parce que l'on *attendait* d'eux qu'ils campent des prophètes — fondateurs de religion, grands révélateurs des secrets du monde et de l'existence. Ici comme partout, la demande, constante, crée malheureusement une offre. On était à la recherche de prophètes et de Führer. Rien d'étonnant à ce qu'on en ait trouvé. Et ce qu'on a trouvé en la matière, tout particulièrement dans l'aire germanique, frise l'incroyable. Un genre de choses que, par chance, on prise fort peu en Angleterre. Quand je compare la situation dans les deux aires, mon admiration pour l'Angleterre ne connaît plus de bornes. Dans ce contexte, il faut se rappeler que l'*Aufklärung* a commencé avec les *Lettres philosophiques,* de Voltaire : avec la tentative d'introduire sur le continent le climat intellectuel de l'Angleterre, ce ton sec qui contraste si étrangement avec son climat physique. Cette concision, cette sobriété, sont inspirées simplement par le respect que l'on éprouve pour son prochain à qui l'on refuse de bourrer le crâne et que l'on ne cherche pas à duper.

En terre de langue allemande, il en va hélas autrement. Tout intellectuel se veut initié aux arcanes suprêmes, aux choses dernières. Non seulement des philosophes, mais encore des économistes, des médecins et tout particulièrement des psychologues deviennent des fondateurs de religion.

Quel est l'insigne visible de ces deux dispositions — celle de l'*Aufklärer* et celle du prophète autoproclamé ? C'est leur langage. L'*Aufklärer* s'exprime aussi simplement que possible. Il veut qu'on le comprenne. À cet égard, parmi les philosophes, Bertrand Russell est certes notre maître inégalé : même lorsque l'on ne peut lui donner raison, on ne peut que l'admirer. Il s'exprime toujours de façon claire, simple et directe.

Pourquoi tenons-nous tellement, nous autres *Aufklärer,* à la simplicité du langage ? Parce que jamais l'*Aufklärer* véritable, le véritable rationaliste ne veut persuader. Et même, à vrai dire, il ne veut pas convaincre : il reste toujours conscient du fait qu'il peut se tromper. Et surtout, il estime trop l'autonomie, l'indépendance d'esprit de l'autre pour vouloir le convaincre sur des matières importantes ; il veut bien plutôt provoquer la contradiction en lui, la critique. Il ne veut pas le convaincre, mais secouer, le provoquer à forger librement son opinion. Il accorde une grande valeur à l'opinion librement forgée. Non seulement parce qu'ainsi nous pouvons mieux approcher la vérité, mais aussi parce qu'il respecte cette liberté en tant que telle. Il la respecte même quand il tient d'une opinion qu'elle est fondamentalement fausse.

Voici l'une des raisons pour lesquelles l'*Aufklärer* ne veut pas persuader, et même pas convaincre. Il sait qu'en dehors de la sphère étroite de la logique et, peut-être, des mathématiques, il n'y a pas de preuves. Pour le dire en bref : *il n'y a rien que l'on puisse prouver.* Assurément, on peut avancer des arguments et l'on peut soumettre des points de vue à examen critique. Mais en dehors des mathématiques notre argumentation n'est *jamais* sans faille. Nous devons toujours soupeser les raisons avancées ; nous devons toujours trancher lesquelles l'emportent : celles qui militent en faveur d'un point de vue ou celles qui militent contre lui. Rechercher la vérité et forger une opinion propre en passent donc toujours par le moment de la libre décision. Et c'est la libre décision qui fait toute la valeur humaine d'une opinion.

L'*Aufklärung* du temps de John Locke a hérité de cette haute idée de l'opinion libre, personnelle et a continué de la cultiver. Elle est sans aucun doute le fruit des guerres de religion anglaises et continentales, qui finirent par engendrer la notion de tolérance religieuse. Idée qui n'est nullement une idée simplement négative, comme on le prétend si souvent (Arnold Toynbee, par exemple). Elle n'exprime pas seulement la lassitude des combattants et l'idée (*Einsicht*) qu'il est vain de forcer par la terreur la conformité des esprits dans le domaine religieux. Tout au contraire, la tolérance religieuse dérive de l'idée (*Erkenntnis*) positive qu'en matière religieuse l'unanimité coactive n'a pas la moindre valeur : seule en a la foi qui fut librement adoptée. Idée de conséquence. Elle amène à respecter toute foi sincère, elle amène ainsi à respecter l'individu et son opinion. Elle mène, selon les paroles d'Emmanuel Kant (le dernier grand philosophe de l'*Aufklärung*), à reconnaître la dignité de la personne humaine.

Par cette thèse de la dignité de la personne, Kant entendait le commandement qui prescrit de respecter tout homme et sa conviction. Cette règle, il ne la dissociait pas du principe qu'à juste titre les Anglais appellent la règle d'or et qui, en allemand, a quelque air de trivialité : « Ce que tu ne veux pas que l'on te fasse, ne l'inflige à personne non plus ! » Kant, de plus, articulait ce principe à l'idée de liberté : la liberté de pensée, comme, dans Schiller, le marquis Posa l'exige de Philippe ; la liberté de pensée, comme le déterministe qu'était Spinoza cherchait à la fonder en ceci que c'est une liberté inaliénable que le tyran cherche à nous arracher sans jamais y parvenir.

Sur ce point, nous ne pouvons plus, je crois, nous accorder avec Spinoza. Il est vrai sans doute que la liberté de pensée ne peut jamais être complètement opprimée. Mais elle peut l'être au moins assez largement. Sans liberté dans l'échange d'idées, en effet, il ne peut pas y avoir de liberté de pensée effective. Nous avons besoin d'autrui, pour tester les idées que nous lui soumettons ; pour établir si elles sont pertinentes. La discussion critique est le fondement de la libre pensée de l'individu. Mais cela signifie que la pleine liberté de pensée est impossible sans liberté politique. Et la liberté politique devient ainsi la précondition du libre et plein usage de la raison de tout individu.

Mais la liberté politique, de son côté, ne peut être garantie que par la *tradition* inspirant le désir de la défendre, de combattre pour elle, le sens du sacrifice.

On a souvent prétendu que le rationalisme s'oppose à toute tradition ; et il est vrai que le rationalisme se réserve le droit de soumettre toute tradition à la discussion critique. Mais, en fin de compte, le rationalisme lui-même repose sur la tradition : sur la tradition de la pensée critique, de la libre discussion, d'un langage simple, clair, et de la liberté politique.

J'ai cherché à expliquer ce que j'entends par rationalisme et *Aufklärung* ; car je tenais à prendre mes distances d'avec Spengler et autres hégéliens et il me fallait donc, face à eux, me déclarer rationaliste et *Aufklärer,* l'un des derniers attardés d'un mouvement déjà fort vétuste et bien peu moderne.

Or n'est-ce pas là, pourriez-vous demander, un préambule un peu long ? Qu'est-ce que tout cela a à voir avec notre thème ? Vous êtes venus pour entendre parler de l'Occident, et en quoi il croit. Au lieu de quoi je discours sur moi-même et ce que je crois. À bon droit, vous pouvez vous demander combien de temps encore j'abuserai de votre patience.

Mesdames et messieurs, ne voyez pas de l'immodestie, je vous prie, dans l'aveu que je vous fais : je suis déjà en plein dans mon sujet. Je sais bien que mon rationalisme et mon *Aufklärerei*[3] sont des idées éminemment intempestives et qu'il serait ridicule de prétendre que, consciemment ou non, l'Occident y croit. Or, quoique de nos jours presque tous les intellectuels les traitent par le mépris, le rationalisme du moins est une idée sans laquelle l'Occident n'existerait pas. Car rien ne singularise autant notre civilisation occidentale que d'être une civilisation qui pratique avec ardeur les différentes sciences. Elle est la seule à avoir produit une science de la nature, et cette science y tient une place rien moins que décisive. Cette science est le produit direct du rationalisme : elle est le produit du rationalisme de la philosophie antique, de la philosophie grecque : des présocratiques.

Comprenez-moi bien : je n'affirme pas ici que l'Occident croit au rationalisme, consciemment ou inconsciemment. Sur ce point — la croyance de l'Occident —, je m'étendrai plus loin.

---

3. Cf. note 2 *supra.*

Ici, je voudrais simplement remarquer, comme bien d'autres l'ont fait avant moi, que notre civilisation occidentale, envisagée sur le plan historique, est pour une large part un produit du mode de pensée rationaliste hérité des Grecs par notre civilisation. Il me paraît suffisamment clair que, si nous parlons de l'Occident (*der Westen*), ou, comme Spengler, de l'*Abendland,* c'est à cette civilisation marquée par le rationalisme que nous pensons. En essayant, ici, d'expliquer ce qu'il en est du rationalisme, je n'avais pas pour seul motif de prendre mes distances par rapport à certains courants antirationalistes ; je voulais aussi tenter de vous exposer ce qu'il en est de la tradition rationaliste, tellement vilipendée : la tradition qui a marqué de manière décisive notre civilisation occidentale — et à un point tel qu'il est licite de définir la civilisation occidentale comme la seule dans laquelle la tradition rationaliste tient un rôle prépondérant.

En d'autres termes, il me fallait parler du rationalisme pour expliquer ce que je veux dire quand je parle de l'Occident. Et, simultanément, je devais quelque peu assurer la défense du rationalisme que, trop souvent, en effet, on présente sous une forme caricaturale.

Ainsi ai-je peut-être expliqué ce que j'entends quand je parle de l'Occident. À quoi je dois encore ajouter que, parlant de l'Occident, c'est au premier chef à l'Angleterre que je pense, avant même la Suisse. Peut-être n'en est-il ainsi que parce que je vis en Angleterre ; je crois néanmoins qu'à cela il y a d'autres raisons encore. L'Angleterre est le pays qui ne capitula point quand, seule, elle affrontait Hitler. Et si maintenant j'aborde la question de savoir « en quoi croit l'Occident », je songerai essentiellement à ce que croient mes amis en Angleterre, et d'autres hommes en Angleterre. En quoi croient-ils ? Certainement pas au rationalisme. Ni en la science telle que l'a faite le rationalisme grec. Au contraire, de nos jours, le rationalisme est ressenti comme quelque chose de désuet. Et pour ce qui est des sciences, au cours des dernières décennies, à la plupart d'entre nous, les Occidentaux, elles sont devenues, tout d'abord, étrangères et inintelligibles, puis, après la bombe atomique, monstrueuses et inhumaines. En quoi croyons-nous donc aujourd'hui ? En quoi croit l'Ouest ?

Si nous nous demandons sérieusement en quoi nous croyons et si nous nous efforçons de répondre en toute honnêteté à cette question, la plupart d'entre nous avoueront qu'ils ne savent pas vraiment en quoi ils devraient croire. La plupart d'entre nous l'ont vécu, ils firent crédit à quelque pseudo-prophète et, par son intermédiaire, à quelque faux dieu. Tous, nous avons traversé l'épreuve des croyances durement ébranlées ; et même ceux, peu nombreux, dont les croyances ont passé indemnes le cap de toutes ces secousses devront bien le concéder, il n'est pas facile de savoir, aujourd'hui, en quoi, dans l'Occident, nous devons croire.

En remarquant qu'il n'est pas aisé de savoir en quoi croit l'Occident, je fais peut-être entendre un timbre négatif. Je connais bien des gens de qualité qui considèrent que c'est un point faible de l'Occident si nous ne sommes pas en possession de quelque idée porteuse unitaire, de quelque croyance unitaire que nous pourrions fièrement opposer à la religion communiste de l'Est.

Très répandu, ce point de vue est tout à fait compréhensible. Mais je le tiens pour foncièrement faux. Nous devrions être fiers de n'avoir pas *une,* mais de *nombreuses* idées, de bonnes et de mauvaises ; de n'avoir pas *une* croyance, *une* religion, mais de nombreuses, bonnes et mauvaises. C'est là un signe de la puissance supérieure de l'Occident que nous puissions nous offrir ce luxe. S'il s'unissait autour d'*une* idée, d'*une* croyance, d'*une* religion, cela serait sa fin, notre capitulation, notre soumission inconditionnelle à l'idée totalitaire.

Il n'y a pas si longtemps que Harold MacMillan, aujourd'hui le Premier ministre britannique, mais en ce temps le ministre du Foreign Office, à la question de M. Khrouchtchev qui lui demandait en quoi, au fond, nous, en Occident, nous croyions, lui répondit : au christianisme. Et envisagé du point de vue de l'histoire, on ne peut assurément pas lui donner tort. Abstraction faite du rationalisme grec, il n'y a rien qui ait exercé une aussi forte influence sur l'histoire des idées occidentales que le christianisme et ses longues querelles et affrontements intestins.

Et pourtant, je tiens la réponse de MacMillan pour erronée. Parmi nous, certainement, il y a de bons chrétiens. Mais y a-t-il un pays, y a-t-il un gouvernement, y a-t-il une politique dont, honnêtement et sincèrement, l'on peut dire qu'ils sont chrétiens ? Peut-il y avoir une telle politique ? N'est-ce pas plutôt la longue lutte entre les pouvoirs spirituel et temporel, et la défaite de l'Église revendiquant le temporel qui sont un des faits historiques les plus marquants de la tradition occidentale ? Et le christianisme est-il une idée homogène ? Et n'y a-t-il pas beaucoup d'interprétations incompatibles de cette idée ?

Mais plus forte encore que ces fortes questions, il y a une réponse que Khrouchtchev, comme, justement, tout marxiste depuis Marx, devait tenir toute prête. « Vous n'êtes pas du tout des chrétiens », répondent les communistes. « Vous n'en avez que le nom, les vrais chrétiens, c'est nous, qui nous appelons non pas chrétiens, mais communistes. Car vous adorez Mammon, alors que nous combattons pour les opprimés, les affligés et les éprouvés. »

Il ne tient pas du hasard que des réponses de ce genre aient toujours fortement impressionné d'authentiques chrétiens, et qu'en Occident il y ait toujours eu des communistes chrétiens, qu'il y en ait encore. Je ne doute pas de la sincérité de la conviction de l'évêque de Bradford nommant, en 1942, notre société occidentale l'œuvre de Satan et appelant tous les pieux serviteurs de la religion chrétienne à travailler à la destruction de notre société et pour la victoire du communisme. Depuis, le satanisme de Staline et de ses sbires a été reconnu par les communistes eux-mêmes ; voire, pour une brève période, la thèse du satanisme de Staline a même été partie intégrante de la ligne du Parti communiste. Il y a pourtant des chrétiens authentiques qui pensent encore comme l'ancien évêque de Bradford.

Nous ne pouvons donc pas nous revendiquer du christianisme, comme Harold MacMillan. Notre société n'est pas une société chrétienne — pas plus qu'elle n'est une société rationaliste.

Et cela est compréhensible. La religion chrétienne exige de nous une pureté de l'action et de la pensée qui n'est vraiment à la portée que des saints. Les tentatives sans nombre par où on a voulu ériger un ordre social tout entier inspiré par le christianisme ont pour cette raison toujours fait long feu. Elles ont, toujours et nécessairement, mené à l'intolérance, au fanatisme. Rome et l'Espagne, mais aussi Genève et Zurich et de nombreuses expériences christo-communistes américaines en savent quelque chose. Le communisme marxiste n'est que l'exemple le plus effroyable de cette série de tentatives pour aménager le ciel sur terre : expérience qui nous enseigne avec quelle facilité ceux qui s'en targuent peuvent construire un enfer.

Bien entendu, ce n'est pas l'idée du christianisme qui mène à la terreur et à l'inhumanité. C'est bien plutôt l'idée d'une idée une, unitaire, la croyance en une croyance une, unitaire et exclusive. Et puisque je me suis défini ici comme un rationaliste, c'est mon devoir de signaler que la terreur du rationalisme, de la religion de la raison a été pire encore, s'il est possible, que celle du fanatisme chrétien, musulman ou juif. Un ordre social authentiquement rationaliste est tout aussi impossible qu'un ordre social authentiquement chrétien, et la tentative de réaliser l'impossible doit nécessairement conduire aux mêmes abominations pour le moins. Le mieux que l'on puisse dire encore de la Terreur de Robespierre est que, toutes proportions gardées, elle fut de courte durée.

Ces enthousiastes bien intentionnés qui éprouvent le désir et le besoin d'unifier l'Occident sous le magistère d'une idée exaltante, ils ne savent pas ce qu'ils font. Ils ne savent pas qu'ils jouent avec le feu — que c'est l'idée totalitaire qui les pipe.

Non, ce n'est pas l'unité de l'idée, c'est la pluralité des idées, le pluralisme dont nous devrions être fiers, en Occident. Et à la question « En quoi croit l'Occident ? », nous pouvons donner maintenant une première et provisoire réponse. Car nous pouvons dire avec fierté qu'en Occident nos croyances sont nombreuses et diverses — nombreuses et qui sont vraies, et nombreuses qui ne le sont pas ; en des choses bonnes et en des choses mauvaises.

Ma première et provisoire réponse à la question : « En quoi croyons-nous, en Occident ? » renvoie donc à un fait presque trivial. Nous croyons en une foule de choses. Mais cette trivialité va loin.

Naturellement, bien des gens ont nié que l'Occident tolère la diversité des opinions. Bernhard Shaw, par exemple, a toujours prétendu que notre époque et notre civilisation sont aussi intolérantes que toutes les autres. Il a tenté de démontrer que seul le *contenu* de notre dogmatique occidentale s'est modifié ; qu'au dogme religieux s'est substitué le dogme scientifique ; et que, s'il osait aujourd'hui défier le dogme scientifique, il irait au bûcher tout comme jadis Giordano Bruno. Pourtant, quoiqu'il ne ratât pas une occasion pour rebuter ses contemporains, il échoua. Et il n'est pas vrai non plus que, tel un bouffon, il ait pu tout dire parce qu'il n'aurait pas été pris au sérieux. Bien au contraire. Peut-être l'a-t-on oublié, mais ses idées, aujourd'hui encore, sont prises à la lettre par bien des gens ; sa théorie sur l'intolérance occidentale en particulier eut une influence notable sur ses contemporains. Je ne doute pas qu'il ait joui de plus de crédit que Giordano Bruno ; toutefois il mourut, à plus de quatre-vingt-dix ans, non pas sur le bûcher, mais des séquelles d'une fracture.

Je propose d'admettre ma première et provisoire réponse à notre question et de nous tourner maintenant vers les nombreux et variés objets de croyance, vers ce en quoi croient bien des hommes de toute sorte, chez nous, en Occident.

Ce sont des choses bonnes, et des choses mauvaises, du moins ainsi m'apparaissent-elles. Et comme je veux, bien entendu, entrer plus dans le détail des bonnes, je traiterai d'abord des mauvaises, pour m'en débarrasser.

Il y a bien des faux prophètes, chez nous, en Occident, et bien des faux dieux. Il y a des hommes qui croient au pouvoir, et à l'asservissement d'autres hommes. Il y a des hommes qui croient à une nécessité historique, à une loi de l'histoire que nous pourrions deviner et qui nous autorise à prévoir l'avenir et à nous ranger au bon moment du côté des futurs détenteurs du pouvoir. Il y a des prophètes du progrès et d'autres du régrès, et tous trouvent des disciples crédules, en dépit de tout. Et il y a des prophètes et des croyants professant la divinité « Succès », l'*efficiency,* l'augmentation de la production à tout prix, le miracle économique et la puissance des hommes sur la nature. Mais ceux qui exercent sur les intellectuels l'influence la plus forte, ce sont les *prophètes susurrants du pessimisme.*

De nos jours, on dirait que tous les penseurs contemporains soucieux un tant soit peu de leur réputation s'accordent sur l'idée que nous vivrions dans une époque vraiment lamentable — une époque purement et simplement criminelle, voire peut-être la pire de toutes. Nous croisons au bord de l'abîme, et c'est notre vilenie morale, peut-être même le péché originel qui nous a menés à de telles extrémités. Comme le dit Bertrand Russell que je vénère tant, nous sommes intelligents — peut-être trop intelligents ; mais du point de vue de l'éthique, nous ne sommes pas assez bons. Notre malheur, c'est que notre intelligence s'est développée plus rapidement que nos facultés morales. D'où il vient que nous fûmes assez avisés pour fabriquer des bombes atomiques et des bombes à hydrogène ; moralement, toutefois, nous étions trop immatures pour ériger un État universel qui pût, lui seul, nous prémunir contre une guerre qui détruirait tout.

Mesdames et messieurs, je dois l'avouer : je tiens cette vision pessimiste de notre époque pour foncièrement fausse. Je la tiens pour une mode dangereuse. Loin de moi de m'en prendre à l'État universel, ou à une fédération mondiale. Mais il me paraît parfaitement erroné de ramener l'échec des Nations Unies à un échec moral des citoyens de ces nations. Au contraire : je suis fermement convaincu que nous, en Occident, serions presque tous prêts à des sacrifices inconcevables pour garantir la paix sur terre si seulement nous pouvions entrevoir comment nous y prendre pour que la chose soit utile. Pour moi, je ne connais personne dont je doute qu'il soit prêt à donner sa vie s'il pouvait ainsi garantir la paix à l'humanité. Je ne veux pas dire par là qu'il n'y ait pas de gens qui n'y soient pas disposés, mais je veux croire qu'ils sont rares. Ainsi, nous voulons la paix. Ce qui ne veut pas dire que nous voulions la paix *à tout prix*.

Mesdames et messieurs, ce n'était ni ce n'est mon intention que de consacrer cette conférence au problème des armes nucléaires. On parle fort peu de ces choses, en Angleterre ; et bien que partout le nom de Bertrand Russell soit honoré et qu'on lui témoigne beaucoup d'affection, il n'a lui-même guère réussi à stimuler une discussion véritable, en Angleterre, sur ces matières.

C'est ainsi que mes étudiants l'invitèrent à prononcer une conférence sur ce thème, et lui réservèrent une ovation. L'homme les enthousiasmait, ils l'écoutèrent avec la plus vive attention, et, dans la discussion, ils s'exprimèrent ; pourtant, que je sache, ils laissèrent tomber le thème. Dans mon séminaire, où tous les problèmes philosophiques et politiques imaginables sont débattus dans la plus grande liberté, de la philosophie de la nature à l'éthique politique, il n'y a pas eu un seul étudiant qui eût abordé le problème de Russell. Or nous savons tous ce que nous en pensons. Je suis bien conscient qu'ici, sur le continent, la situation est tout autre. Il vous intéressera peut-être de savoir que j'entendis parler pour la première fois des arguments de Russell il y a huit ans (en 1950, donc), en Amérique, de la bouche d'un physicien du nucléaire qui, plus peut-être que quiconque, a contribué à imposer la décision de fabriquer la bombe atomique. Son point de vue était que la capitulation était préférable à la guerre atomique. Fondraient alors sur l'humanité les jours les plus sombres qu'elle eût jamais connus, pensait-il ; plus tard pourtant la liberté serait reconquise. Mais quant à la guerre atomique, ce serait la fin.

D'autres formulèrent autrement la même idée : il serait meilleur et même plus digne de vivre sous la férule russe que de mourir sous les bombes atomiques. Je respecte cette opinion, mais je tiens que l'alternative est mal posée. Elle est fausse parce qu'elle ne tient pas compte de la possibilité d'éviter la guerre nucléaire autrement qu'en capitulant. *C'est que nous ne savons pas* que la guerre atomique est inévitable, et nous ne pouvons vraiment pas le savoir. Et nous ne savons pas si la capitulation ne provoquerait pas la guerre atomique. La véritable alternative à laquelle nous sommes confrontés est la suivante : devons-nous capituler pour réduire les risques ou la probabilité d'une guerre atomique, ou bien devons-nous, *s'il le faut,* nous défendre par tous les moyens ?

Elle aussi cette alternative appelle une décision difficile. Mais ce n'est pas celle en jeu entre un parti de la paix et un parti de la guerre. Bien plutôt, c'est celle entre un parti qui croit pouvoir évaluer avec assez de précision le *degré de probabilité* d'une guerre atomique et juge le risque trop élevé — si élevé qu'il lui préfère la capitulation —, d'une part, et, d'autre part, un parti qui lui aussi veut la paix mais a également foi en la *tradition de la liberté* et se souvient que jamais la liberté ne peut être défendue sans risque ; que Churchill, quand sa situation paraissait presque désespérée, ne capitula pas devant Hitler, et que nul ne pensa à capituler lorsque Hitler fit l'annonce de ses VI et V2, et ce quand bien même les initiés avaient des raisons de penser qu'il disposait déjà d'armes nucléaires. La Suisse aussi se retrouva plus d'une fois dans une situation presque sans issue, et justement, pour la dernière péripétie, face à Hitler, et les partisans de la capitulation étaient nombreux. Mais la Suisse réussit à préserver sa liberté et sa neutralité armée.

Ce que je tiens à pointer ici, c'est que les deux partis sont des adversaires de la guerre. De même, ils sont l'un et l'autre d'accord sur ce qu'ils ne sont pas des adversaires *inconditionnels* de la guerre. Enfin, l'un et l'autre parti n'ont pas foi seulement en la paix, mais aussi en la liberté.

Voilà tout ce qu'ils ont en commun. L'opposition surgit avec la question : devons-nous et pouvons-nous calculer ici les degrés de probabilité, ou bien devons-nous suivre la tradition ?

Il y a donc là une opposition entre rationalisme et tradition. Le rationalisme opte, semble-t-il, pour la capitulation ; la tradition de la liberté s'y oppose.

Devant vous, je me suis présenté comme un rationaliste et comme un admirateur de Bertrand Russell. Dans ce conflit, pourtant, je n'opte pas pour le rationalisme, mais pour la tradition. Je ne crois pas que, sur de tels points, nous puissions jauger des degrés de probabilité. Nous ne sommes pas omniscients ; nous n'en savons que peu, et nous ne devrions pas jouer aux devins. Comme rationaliste justement, je crois que le rationalisme a ses limites et que, sans tradition, il est impossible.

Mesdames et messieurs, je voudrais éviter de m'immiscer dans une polémique qui fut déjà la source de trop d'aigres paroles. Je ne pouvais vraiment pas éviter de hisser les couleurs. À mes yeux, toutefois, je n'ai pas pour tâche de défendre mon point de vue, mais d'analyser les divergences entre partis et leurs points communs. Car c'est là que nous pouvons apprendre en quoi croit l'Occident.

Or donc, si à nouveau nous nous penchons sur la question de savoir en quoi nous autres, ici, en Occident, nous croyons, nous pouvons peut-être dire que, de toutes les réponses correctes, une des plus grosses de sens aujourd'hui est bien celle-ci : nous abhorrons l'arbitraire, l'oppression et la violence ; et tous nous croyons en notre tâche, lutter contre eux. Nous sommes contre la guerre et contre les chantages en tout genre, et singulièrement la guerre brandie comme une menace. Nous tenons l'invention de la bombe atomique pour un malheur. Nous voulons la paix et croyons qu'elle est possible. Nous croyons tous en la liberté, et que seule la liberté fait la valeur de la vie. Là où nos chemins se séparent, c'est sur le point de savoir s'il est juste de céder au chantage et de chercher à acheter la paix au prix de la liberté.

Le fait que nous, en Occident, nous voulions la paix et la liberté et que, pour l'une et pour l'autre, nous soyons tous prêts aux sacrifices suprêmes, voilà qui me paraît compter plus que la querelle que je viens de décrire entre les deux partis. Et ce fait, je crois, justifie que l'on dessine une image très optimiste de notre époque. Mais j'ose à peine vous exposer ma thèse optimiste. Je crains de gâcher toute la confiance que vous me portez. Ma thèse, en effet, est celle-ci : je prétends qu'en dépit de tout notre époque est la meilleure de toutes celles qu'il nous soit donné de connaître par l'histoire ; et que la forme de société où nous vivons, en Occident, en dépit de bien des déficiences, est la meilleure qu'il nous soit donné de connaître.

Ce disant, ce n'est pas du tout le bien-être matériel que pour l'essentiel je vise, quoiqu'il soit de très grande portée que, en Europe du Nord et de l'Ouest, la misère ait presque disparu dans le court laps de temps écoulé depuis la Seconde Guerre mondiale — tandis que, dans ma jeunesse et dans l'entre-deux-guerres, la pauvreté (particulièrement celle consécutive au chômage) passait pour être *la* question sociale. La disparition de la pauvreté, en Occident seulement hélas, a des causes diverses, dont la principale est certes la croissance de la production. Mais, ici, je voudrais pointer trois causes en particulier, de portée considérable dans le contexte qui est le nôtre : elles font clairement voir en quoi, en Occident, nous croyons.

Premièrement, notre époque a érigé un article de foi moral et l'a promu ni plus ni moins qu'en une évidence morale. Je veux dire : l'article selon lequel nul ne doit avoir faim tant que, parmi les hommes, il y a suffisamment à manger. Ensuite, notre époque a résolu *de ne pas s'en remettre au hasard pour ce qui est de la lutte contre la pauvreté,* mais de la considérer comme une élémentaire obligation pour tous — et particulièrement pour ceux qui sont matériellement bien lotis.

Deuxièmement, notre époque fait foi au principe qui veut qu'à tous soit donnée la meilleure chance possible dans l'existence (« *equality of opportunity* ») ; ou, pour le dire autrement, avec l'*Aufklärung,* elle croit en l'auto-émancipation par le savoir et, avec Pestalozzi, en la réduction de la misère par le savoir ; et elle croit donc, à juste titre, qu'il faut rendre les études supérieures accessibles à tous ceux qui en ont la capacité.

Troisièmement, notre époque a éveillé des besoins parmi les masses, et l'ambition d'accéder à la propriété. Il va de soi que c'est là une évolution périlleuse, sans laquelle, cependant, la misère de masse est inévitable, comme l'avaient clairement discerné les réformateurs du XVIIIe et du XIXe siècle. Ils s'aperçurent que le problème de la pauvreté était insoluble sans la collaboration des pauvres et que tout d'abord il fallait éveiller le désir et la volonté d'améliorer leurs conditions de vie avant que l'on pût s'assurer de leur collaboration. Idée (*Einsicht*) qui fut clairement formulée, par exemple, par George Berkeley, l'évêque de Cloine. (C'est là une de ces vérités dont le marxisme s'est emparé et que, par ses exagérations, il a déformée jusqu'à la rendre méconnaissable.)

Ces trois articles de foi — la lutte dans l'espace public contre la pauvreté, l'éducation pour tous et l'augmentation des besoins — ont conduit à des développements éminemment problématiques.

En maints pays, la lutte contre la pauvreté a donné naissance à un État *welfare,* s'accompagnant d'une monstrueuse bureaucratie du *welfare* et d'une bureaucratisation quasiment grotesque du corps médical et hospitalier ; avec, il va de soi, la conséquence que seules quelques fractions des sommes dépensées pour les institutions du *welfare* reviennent à ceux qui en auraient besoin. Mais lorsque nous critiquons l'État *welfare* — c'est notre devoir et c'est une nécessité —, nous n'avons pas le droit d'oublier qu'il plonge ses racines dans un article de foi moral éminemment humain et digne d'admiration, et qu'une société disposée à de lourds sacrifices matériels (voire à des sacrifices superflus) pour lutter contre la pauvreté a fait par là la preuve que, pour elle, cet article de foi est une affaire sérieuse. Et une société disposée à des sacrifices pour ses convictions morales a aussi le droit de mettre en œuvre ses idées. Notre critique de l'État *welfare* doit donc montrer comment ces idées pourraient être *mieux* mises en œuvre.

Dans maints pays, l'idée de l'égalité des chances (*equal opportunity*) et de l'accès à l'enseignement supérieur a eu des conséquences semblables et regrettables. Pour l'étudiant désargenté de ma génération, la lutte pour le savoir était une aventure réclamant de gros sacrifices : les connaissances acquises n'avaient pas de prix. Cette manière de voir est, je le crains, bien entamée. Au nouveau droit à l'éducation correspond une nouvelle mentalité qui revendique ce droit comme un dû patenté ; et ce que, sans sacrifice, l'on peut revendiquer comme un droit nôtre, on l'estime moins. En offrant à ces étudiants le droit à la culture, la société leur a dérobé une expérience irremplaçable.

Comme vous le montrent mes remarques sur ces deux points, mon optimisme ne tient pas à ce que j'admirerais toutes les solutions que nous avons trouvées ; mais au fait que j'admire les motifs qui nous ont portés à tenter l'expérience avec ces solutions. Ceci va de soi, ces motifs sont, comme aujourd'hui le veut la mode, dénoncés par tous les pessimistes y voyant le masque de la mauvaise foi et d'un fondamental égoïsme. Ils oublient, ce faisant, que même le tartuffe, par tartufferie justement, atteste qu'il croit en la supériorité morale des valeurs qu'il feint de priser pour elles-mêmes. Même les grands dictateurs furent contraints de s'exprimer comme s'ils croyaient en la liberté, la paix et la justice. Par leur tartufferie, ils reconnaissaient inconsciemment et involontairement ces valeurs et, à leur insu, sans le vouloir, ils louaient les masses qui y croyaient.

J'en viens maintenant à mon troisième point, l'augmentation des besoins. Les dégâts, ici, sont flagrants puisque cette idée contredit directement à un autre idéal de liberté — l'idéal grec et chrétien de l'indifférence aux besoins et de l'auto-émancipation par l'ascèse.

Ainsi la multiplication des besoins a-t-elle provoqué bien des phénomènes déplaisants : par exemple, l'ambition de rattraper et dépasser autrui, plutôt que de goûter le niveau de vie que l'on a atteint ; l'insatisfaction plutôt que le contentement.

Mais ici il ne faudrait pas oublier que nous nous trouvons au seuil d'une nouvelle évolution, et qu'il nous faut du temps pour apprendre. Moralement, la récente avidité des masses pour les biens économiques n'est peut-être pas de bon aloi, et elle n'est certainement pas très belle ; mais c'est, en fin de compte, le seul moyen de vaincre la pauvreté qui frappe l'individu. Et par là, la récente avidité des masses pour les biens économiques est aussi le moyen le plus prometteur pour réduire ce qui semble tant faire question dans l'État *welfare :* la bureaucratisation et la mise en tutelle de l'individu. Car seule l'avidité économique de l'individu peut faire que la pauvreté devienne si rare que, finalement, il devra sembler inepte de considérer la lutte contre elle comme la tâche primordiale de l'État. Seule l'instauration d'un niveau de vie élevé pour les masses peut résoudre le vieux problème de la pauvreté — en ceci, justement, qu'elle deviendra un phénomène rare auquel on pourra remédier par les mesures adéquates d'assistance publique sans que déborde la bureaucratie commise à cet effet.

Sous ce jour, les réserves de productivité de notre système économique occidental me paraissent avoir une portée considérable. Si nous ne réussissons pas à rendre rare la pauvreté, il suffirait de peu de chose pour que la bureaucratie de l'État *welfare* nous dérobe notre liberté.

Mais je voudrais prendre ici le contre-pied d'un point de vue que, sous des formes variées, on ne cesse de rencontrer ; celui selon lequel l'épreuve décisive entre la forme d'économie de l'Ouest et celle de l'Est dépendra en dernière instance de la supériorité qu'affichera soit l'une soit l'autre de ces formes. Pour ce qui me concerne, je crois que l'avantage revient à la libre économie de marché, et que la prétendue économie planifiée a le dessous. Mais je tiens pour entièrement faux que nous fondions, ou même confortions simplement notre refus de la tyrannie sur des raisonnements économiques. Même si les choses étaient ainsi faites que l'économie étatisée, planifiée par un centre, eût l'avantage sur la libre économie de marché, je serais opposé à l'économie planifiée ; pour la raison qu'elle amplifie le pouvoir de l'État jusqu'à en faire une tyrannie. Ce n'est pas l'impéritie économique du communisme que nous combattons : c'est sa non-liberté et son inhumanité. Nous ne sommes pas disposés à vendre notre liberté pour un plat de lentilles — mais pas non plus pour celui des records de productivité, de richesse et de sécurité économique, si tant est que l'on pût les acheter au prix de la non-liberté.

À plusieurs reprises, j'ai fait usage du terme de « masse », en particulier pour donner à voir que l'augmentation des besoins et l'avidité économique des masses sont une nouveauté. Il ne m'en importe que plus de marquer mes distances vis-à-vis de ceux qui se gargarisent du mot de « massification » et définissent notre forme de société comme étant une société de masse (*mass society*). On s'est entiché de cette formule à l'emporte-pièce, « massification », tout comme de celle de « révolte des masses[4] », qui paraît avoir effectivement fasciné des masses d'intellectuels et de demi-intellectuels.

---

4. Allusion au livre d'Ortega y Gasset, paru en 1930, *La Révolte des masses,* trad. fr. de L. Parrot, Paris, Stock, 1961 (*N.d.T.*), rééd. Les Belles Lettres, 2010.

Je ne crois pas que ces formules toutes faites touchent en quoi que ce soit notre réalité sociale. Nos socio-philosophes l'ont mal perçue et mal représentée. Ils l'ont mal perçue parce qu'ils l'ont perçue à travers les lunettes de la théorie sociale platonicienne et marxiste[5].

Platon était le théoricien d'un régime absolutiste et aristocratique. Au titre de *problème fondamental de la théorie politique,* il posa la question suivante : « *Qui doit être le maître ?* Qui doit gouverner l'État ? La multitude, la canaille, la masse, ou le petit nombre, les élus, l'élite ? »

À admettre pour fondamentale la question « Qui doit être le maître ? », il n'y a manifestement qu'une seule réponse raisonnable : non pas les ignorants, mais ceux qui savent, les sages ; non la canaille, mais le petit nombre des meilleurs. Telle est la théorie platonicienne de la domination des meilleurs — l'aristocratie.

Il est remarquable que les grands adversaires de cette théorie platonicienne — les grands théoriciens de la démocratie, Rousseau par exemple — aient admis la problématique de Platon, au lieu de la récuser comme déficiente. Il est clair, en effet, que la question fondamentale de la théorie politique est tout autre que celle supposée par Platon. Elle n'est pas : « Qui doit être le maître ? », ou : « Qui doit avoir le pouvoir ? », mais : « Quelle part de pouvoir doit être concédée au gouvernement ? », ou, plus précisément peut-être : « Comment pouvons-nous élargir nos institutions politiques de telle sorte que même des détenteurs incompétents et malhonnêtes du pouvoir ne puissent provoquer de trop gros dégâts ? »

En d'autres termes, le problème fondamental de la théorie politique est celui de la domestication du pouvoir politique — de l'arbitraire et de l'abus du pouvoir — par des institutions grâce auxquelles le pouvoir est partagé et contrôlé.

---

5. Sur ce qui suit, cf. mes livres, *Misère de l'historicisme* et *La Société ouverte et ses ennemis,* I, « L'ascendant de Platon » (en part. le chap. 8), et II, « Hegel et Marx ».

Je ne doute pas que la démocratie en laquelle a foi l'Occident ne soit rien qu'une forme politique où le pouvoir est limité et contrôlé dans ce sens. Car la démocratie en laquelle nous croyons n'est pas un idéal d'État. Nous savons bien qu'il se produit bien des choses qui ne le devraient pas. Nous savons qu'il est enfantin de poursuivre des idéaux en politique, et, en Occident, tout homme le sait, s'il a un grain de maturité : *toute politique consiste à choisir le moindre mal* (comme disait une fois l'écrivain viennois Karl Kraus). Pour nous, il n'y a que deux formes de gouvernement : celles qui permettent aux gouvernés de se débarrasser de leurs maîtres sans verser le sang, et celles qui ne leur permettent pas, ou seulement si le sang coule. Ordinairement, la première de ces formes de gouvernement, nous la nommons démocratie, la seconde, tyrannie ou dictature. Du reste, importe non le nom mais la chose.

Nous autres, en Occident, nous avons foi en la démocratie mais dans cette acception tempérée seulement : *elle est le régime du moindre mal.* C'est d'ailleurs le portrait qu'en a fait l'homme qui a sauvé la démocratie et l'Occident. « La démocratie est la pire de toutes les formes de gouvernement », disait Churchill, « excepté toutes les autres. »

La question de Platon, « Qui doit gouverner ? Qui doit avoir le pouvoir ? », est donc mal posée. Nous avons foi en la démocratie, mais non parce que, en démocratie, le peuple régnerait. Ni vous ni moi ne régnons ; au contraire, on règne sur vous autant que sur moi, et parfois plus qu'il ne nous agrée. Nous avons foi en la démocratie comme en la seule forme de gouvernement compatible avec une opposition politique et, par là, avec la liberté politique.

Malheureusement, le problème de Platon, « Qui doit être le maître ? », ne fut jamais clairement récusé par les théoriciens politiques. Au contraire, Rousseau posa la même question, mais répondit, à l'inverse de Platon : « La volonté générale [du peuple] doit régner — la volonté de la multitude, non celle du petit nombre » ; réponse dangereuse, car elle mène à la mythologie et à l'apothéose du « peuple » et de sa « volonté ». Marx aussi interrogea, tout comme Platon : « Qui doit régner, les capitalistes ou les prolétaires ? » ; et lui aussi répondit : « La multitude doit régner, non le petit nombre ; les prolétaires, non les capitalistes. »

Contrairement à Rousseau et à Marx, nous ne voyons dans la décision majoritaire du référendum ou des élections qu'une méthode pour mettre en œuvre des décisions sans que le sang coule et permettant de ne réduire les libertés que le moins possible. Et nous sommes fermement attachés à ce que les minorités conservent leurs libertés, lesquelles ne peuvent jamais être éliminées par décret de la majorité.

Mes développements vous l'auront sans doute fait entendre, « masse » et « élite », ces mots à la mode, et « massification » et « révolte des masses », ces formules toutes faites, sont des expressions issues de la constellation d'idées du platonisme et du marxisme. Tout comme Rousseau et Marx retournèrent tout simplement la réponse de Platon, de même bien des adversaires de Marx retournèrent la réponse marxiste. Ils entendent contrecarrer la « révolte des masses » en lui opposant la « révolte de l'élite », ce qui les ramène à la réponse de Platon et à la revendication de pouvoir de l'élite. Or tout cela est bancal. Dieu nous protège de l'anti-marxisme qui se contente de retourner le marxisme : il ne nous est que trop familier. Même le communisme n'est pas pire que l'« élite » antimarxiste qui a dominé l'Italie, l'Allemagne et le Japon et ne put être éliminée que dans un universel bain de sang.

Mais, demanderont nos doctes et demi-doctes, se peut-il de bon droit que ma voix ne vaille pas plus que celle d'un balayeur inculte ? N'y a-t-il pas une élite de l'esprit qui voit plus loin que la masse des incultes et à laquelle il faille donc reconnaître plus d'influence sur les grandes décisions politiques ?

À quoi il y a lieu de répondre : hélas, doctes et demi-doctes ont en tous les cas plus d'influence. Ils écrivent des livres et des journaux, ils enseignent et tiennent des conférences, ils s'expriment dans des discussions et, comme membres d'un parti politique, peuvent jouer de leur influence. Mais je ne veux pas dire que je juge bon cet avantage des doctes sur les balayeurs. À mes yeux, en effet, l'idée platonicienne de la domination des sages et des bons est à récuser inconditionnellement. Qui donc tranche entre la sagesse et la non-sagesse ? Les plus sages et les meilleurs ne furent-ils pas crucifiés, et par ceux réputés sages et bons ?

Devons-nous grever nos institutions politiques d'un fardeau supplémentaire : du jugement que requièrent la sagesse, la bonté, la totale abnégation et l'intégrité personnelle, faire un problème politique ? Comme problème politique pratique, le problème de l'élite est parfaitement insoluble. Dans les faits, on ne peut jamais distinguer l'élite de la clique.

Et le verbiage sur les « masses » et l'« élite » ne recèle pas la moindre étincelle de vérité, puisque, ces masses, elles n'existent pas. Ce qui, à chacun de nous, fait le vif de sa souffrance, ce n'est pas l'« homme-masse » — c'est la masse des automobiles et des motos. Or l'automobiliste et le motocycliste ne sont pas des hommes-masse. Tout au contraire : ce sont d'incorrigibles individualistes qui, contre tous, pourrait-on presque dire, mènent chacun un combat singulier pour l'existence. S'il y a un cas où l'image individualiste du « *homo homini lupus* » est applicable, c'est bien là.

Non, décidément, nous ne vivons pas dans une société de masse. Au contraire, il n'y a jamais eu d'époque où tant de gens furent prêts à consentir des sacrifices et à assumer leur responsabilité. Jamais auparavant il n'y eut un tel capital d'héroïsme réfléchi et personnel comme au cours des guerres inhumaines de notre temps, et jamais les incitations sociales et matérielles à l'héroïsme n'avaient été aussi ténues. Le tombeau du Soldat inconnu — *unknown soldier* — devant lequel, chaque année, s'incline la couronne anglaise —, cela exprime notre foi, la foi que ceux d'Occident mettent en leur compagnon, simple inconnu sans nom. Nous ne nous demandons pas s'il faisait partie de la « masse » ou de l'« élite ». C'était un être humain, à prendre comme un tout.

C'est la foi mise en ce compagnon et congénère et c'est le respect que nous lui portons qui place notre époque au-dessus de toutes celles dont nous ayons connaissance ; foi dont la disposition au sacrifice prouve l'authenticité. Nous croyons en la liberté parce que nous croyons en nos compagnons. Nous avons aboli l'esclavage. Et nous vivons dans le meilleur des ordres sociaux que l'histoire puisse nous faire connaître, le meilleur parce qu'avide d'amendements.

Si, de ce point de vue, nous considérons l'Est, nous pouvons peut-être conclure toutefois par une note qui est signe réconciliateur. C'est bien le communisme qui a réintroduit l'esclavage et la torture, ce que nous ne saurions lui pardonner. Mais nous n'avons pas le droit d'oublier que tout cela survint parce que l'Est croyait en une théorie qui lui promettait la liberté — la liberté pour tous les hommes. Dans cet âpre conflit, nous n'avons pas le droit d'oublier que même cette calamité la plus noire de notre époque naquit du désir de venir en aide à autrui et de sacrifier sa part pour lui.

16

LA CRÉATION PAR L'AUTOCRITIQUE
DANS LES SCIENCES ET DANS LES ARTS

(Subtilisé aux carnets de Beethoven)

Je voudrais tout d'abord exprimer mes remerciements pour la si chaleureuse invitation, et qui m'honore tant, à prononcer l'allocution officielle au Festival de Salzbourg[1]. Cette invitation était une vraie surprise, mais aussi un motif d'inquiétude. Depuis 1950, je vis très retiré, avec ma femme, dans les Chiltern Hills, sans appareil de télévision, sans presse quotidienne, entièrement accaparé par mon travail. Ce travail concerne pour l'essentiel un domaine fort abstrait : la connaissance humaine et tout particulièrement la connaissance scientifique. Ce qui ne m'habilite guère à prononcer une allocution officielle à Salzbourg.

J'ai tourné et retourné la question de savoir pourquoi je pouvais bien avoir été invité. Je me demandai d'abord s'il ne se pouvait que l'on m'ait confondu avec quelqu'un d'autre. Ou était-ce à cause de ma dilection pour cette ville, à l'époque où, à l'âge de cinq ou six ans, mon cœur d'enfant s'était épris, il y a soixante-dix ans donc ? Or, de cela, nul ne savait rien ; ni d'une

---

1. Allocution pour l'ouverture du Festival de Salzbourg de 1979, tenue le 26 juillet 1979 ; première publication in *Offizielles Programm der Festspiele* 1979, pp. 25-31.

aventure survenue une nuit, ici, il y a plus d'un demi-siècle —
par un minuit glacé, quand, de retour d'une randonnée à ski, je
glissai par inadvertance dans un abreuvoir à chevaux éclairé par
la lune… Il fallait donc bien un autre concours de raisons pour
que je fusse l'orateur désigné. Et puis la lumière se fit : sous un
certain rapport, je suis assez singulier — car je suis un optimiste :
un optimiste dans un monde où, entre intellos (« *Intelligenzler* »),
on s'engoue du pessimisme. Je ne crois pas que notre époque
soit aussi noire qu'on le dit généralement ; je crois qu'elle vaut
mieux, qu'elle est plus belle qu'on ne le dit. Il y a vingt-cinq
ans, j'ai prononcé une conférence dont l'intitulé, aujourd'hui, a
une résonance plus provocatrice encore qu'alors : « Sur l'histoire
de notre époque : le point de vue d'un optimiste. » Dès lors,
si j'eus jamais quelque titre à prononcer discours officiel, c'est
peut-être cette réputation d'incorrigible optimiste.

Permettez-moi de dire quelques mots à propos de cet
optimisme, il n'est pas sans rapport avec le Festival de Salzbourg.
Depuis bien des années — du moins, depuis Adolf Loos et Karl
Kraus, que j'ai encore connus l'un et l'autre —, c'est pour nos
intellos (*Intelligenzler*) un commandement rigoureux que de
vitupérer l'industrie culturelle, comme on l'appelle, de vitupérer
le kitsch, la vulgarité. Le pessimiste ne voit que naufrage et déclin,
tout particulièrement dans ce que l'industrie offre de culture aux
« masses », comme on les appelle. Un optimiste voit l'autre face :
la vente de millions de disques et de bandes magnétiques avec
les plus belles œuvres de Bach, Mozart, Beethoven, Schubert —
les Plus Grands ; et l'œil n'embrasse plus la foule des hommes
qui apprirent à aimer et à révérer ces grands musiciens et leur
musique prodigieuse.

Aux pessimistes, bien sûr, je dois donner raison lorsqu'ils
rappellent que, à travers le cinéma et la télévision, nous initions
nos enfants à la brutalité et à la violence. Et, hélas, il en va
de même de la littérature contemporaine. En dépit de quoi,
dit l'optimiste que je suis, il y a encore beaucoup d'hommes

bons et secourables. Et en dépit de la propagande parfois bien convaincante des pessimistes de la culture, il y a encore beaucoup d'hommes heureux de vivre.

Les pessimistes pointent le doigt sur les désastres de la politique, sur les droits de l'homme foulés aux pieds quand tous nous les tenions déjà pour garantis. À bon droit. Mais a-t-on donc aussi le droit d'en incriminer la science et les applications qu'en fait la technique ? Certainement pas. Et l'optimiste note que la science et la technique ont apporté à la plupart des Européens et des Américains un modeste bien-être et que l'on a pour ainsi dire rayé de vastes surfaces de la planète l'effroyable misère de masse du siècle passé.

Mesdames et messieurs, je suis bien loin de croire au progrès ou à quelque loi du progrès. Dans l'histoire de l'humanité, il y a des flux et des reflux, le comble de l'opulence pouvant très bien apparaître de pair avec le comble de la déchéance, et l'art atteindre des sommets quand l'altruisme est au plus bas. Voici plus de quarante ans, j'ai pris la plume et attaqué la croyance dans le progrès, l'influence des modes et de la modernité dans l'art et la science. Hier encore, on nous appelait à faire foi en l'idée de la modernité et du progrès, et aujourd'hui on veut nous inoculer une conception pessimiste de la culture. Au cours de ma longue existence — c'est aux pessimistes que je m'adresse —, j'ai été témoin non seulement de régrès, mais aussi, de manière claire et sensible à long terme, de progrès. Là-dessus, les adeptes de la *Kulturkritik*[2], qui n'entendent rien concéder de positif à

2. Plutôt que de traduire « *Kulturkritiker* », nous optons pour cette périphrase, qui préserve le syntagme allemand « *Kulturkritik* », très marqué, comme on sait, dans l'histoire allemande : mot à mot, la « critique de la culture », ensemble de tendances que nous ne pouvons caractériser, ici, que de manière sommaire. S'y retrouvaient aussi bien des « philosophies » de la décadence que des rejets des progressismes, des thèmes traditionalistes que des hypermodernismes… La *Kulturkritik* n'avait qu'un dénominateur commun : la dénonciation du « Bourgeois » comme figure allégorique de tous les maux de l'époque — dénonciation d'autant plus problématique, en Allemagne, que ledit « bourgeois » n'atteignit jamais le degré d'autonomie et de conscience de ses pairs anglais ou français. (*N.d.T.*)

notre époque et notre société, sont aveugles, et leur cécité est contagieuse. Lorsque des intellos (*Intelligenzler*) écoutés et admirés expliquent constamment aux gens qu'en fait c'est dans un enfer qu'ils vivent, cela ne va pas, je crois, sans dégâts. Car, ce faisant, non seulement on les inquiète — ce qui ne serait pas si grave —, mais encore les rend-on malheureux. On leur confisque leur joie de vivre. Même Beethoven, si profondément malheureux sur le plan personnel, quel point final donna-t-il à l'œuvre de sa vie ? L'ode de Schiller, *À la joie.*

Beethoven a vécu à une époque dont l'attente de liberté avait été déçue. La Révolution française s'était abîmée dans la Terreur et l'empire napoléonien. La Restauration de Metternich réprima l'idée de démocratie et aviva les antagonismes de classes. Grande était la misère des masses. L'*Ode à la joie* de Beethoven est une protestation passionnée contre les antagonismes de classes qui divisent l'humanité ; « rigoureusement divisée » (*streng geteilt*), comme dit Schiller. Dans un passage où le chœur entonne sa partie, Beethoven modifie ces mots et écrit : « *frech geteilt* » (« impudemment divisée »). Mais il ne connaît pas la haine de classe — rien que l'amour des hommes et la fraternité. Et presque toutes ses œuvres se concluent soit dans la consolation, comme la *Missa solemnis,* soit dans la jubilation, ainsi des symphonies ou de *Fidelio.*

Bien des artistes productifs d'aujourd'hui sont devenus les victimes de la propagande des pessimistes de la culture. Ils croient que c'est leur mission que de représenter l'atrocité de l'époque sur un mode atroce. Il est vrai, cela, même de grands artistes du passé l'ont eux aussi pratiqué. Je pense à Goya ou à Käthe Kollwitz. La critique de la société est nécessaire, et elle doit ébranler. Mais, plus profondément, le sens d'un art de ce genre n'est pas de pousser à la jérémiade, il doit interpeller à vaincre la souffrance. Ce que nous trouvons dans *Figaro,* une critique enragée de l'époque où cette œuvre fut composée, pleine de malice, de satire, d'ironie ; mais aussi d'un sens plus profond.

Pleine de gravité aussi, voire de chagrin ; mais aussi de joie et de débordante vitalité.

Mesdames et messieurs, j'ai déjà trop parlé de mon optimisme, et il est largement temps que j'en vienne au thème annoncé de mon propos, intitulé « La création par l'autocritique dans les sciences et dans les arts ».

Thème lié au plus près à mes préliminaires. Même si c'est en bref, je voudrais m'étendre sur certaines similitudes et certaines différences dans le travail créateur des grands des sciences de la nature et de l'art, et ce, en partie, afin de combattre la propagande que les pessimistes de la culture, aujourd'hui en plein regain, organisent contre les sciences de la nature.

Toujours, les grands artistes ont avant tout pensé à l'œuvre. Tel est le sens de la formule « *Art for art's sake* », autrement dit « l'art pour l'art ». Ce qui, néanmoins, veut dire : l'art pour l'œuvre. Et cela vaut aussi des grands explorateurs de la nature. On se trompe quand on dit que les sciences de la nature sont gouvernées par leurs applications. Ni Planck, ni Einstein, ni Rutherford, ni Bohr n'avaient en tête les applications pratiques de la théorie de l'atome. Au contraire, jusqu'en 1939, ils tenaient de telles applications pour impossibles, pour de la science-fiction. Ils pratiquaient la recherche pour la recherche. C'étaient des physiciens, plus précisément, peut-être, des cosmologues, car les animait le désir exprimé par Faust dans ces paroles :

> si enfin je pouvais connaître tout ce que le monde cache en lui-même[3]

Un vieux rêve de l'humanité, rêve des poètes aussi bien que des penseurs. Dans toutes les cultures anciennes, on retrouve des spéculations cosmologiques, dans l'*Iliade* (VIII, 13-16) et dans la *Théogonie* d'Hésiode (720-725).

---

3. *Faust,* v. 382-383.

Il y en a encore, de ces chercheurs et, bien sûr, de ces profanes, nombreux, pour croire que les sciences de la nature colligent des faits — pour, peut-être, les livrer à l'induction puis à leur exploitation par l'industrie. J'ai une tout autre perception des sciences. Leur commencement, il y a lieu de le chercher dans le mythe poétique, dans l'imagination des hommes, qui cherche une explication, à nous-mêmes et au monde. À partir du mythe et grâce à la critique rationnelle, les sciences se développent ; autrement dit, grâce à une critique inspirée par l'idée de vérité et de la recherche de la vérité. Les questions fondamentales de cette critique : Cela peut-il être vrai ? Et cela est-il vrai ?

J'en arrive ainsi à la première thèse de mon discours : la poésie et la science ont même origine, elles ont leurs origines dans le mythe.

La deuxième thèse est la suivante : il nous est possible de distinguer deux genres de critique ; une critique d'orientation esthétique-littéraire et une critique d'orientation rationnelle. La première mène du mythe à la poésie, la seconde du mythe à la science ou, plus exactement, aux sciences de la nature. La première interroge la beauté de la langue, la puissance du rythme, la luminosité et la qualité plastique des images, des métaphores, l'intensité dramatique et la force de conviction. Ce type de jugement critique mène à la poésie, surtout à la poésie épique et dramatique, au chant poétique et aussi, en fin de compte, à la musique classique.

À l'opposé, la critique rationnelle recherche dans le mythe si le récit mythique est vrai ; si le monde est effectivement apparu ainsi ou plutôt comme nous le relate Hésiode, ou la Genèse. À force d'insistance, ces questions transforment le mythe en cosmologie, en science du monde, de notre environnement, en science de la nature.

Ma troisième thèse est que, de cette origine commune de la poésie et de la musique, d'une part, de la cosmologie et de la science de la nature d'autre part, il subsiste encore bien des traces. Je n'affirme pas que toute poésie soit mythique ni que toute science soit simple cosmologie. Mais je soutiens que, dans la poésie — il suffit de penser à Hofmannsthal et à son *Jedermann* — tout comme dans les sciences, la mythogenèse tient, aujourd'hui encore, plus de place que l'on ne s'y attendrait. Les mythes sont des essais de l'imagination, pour expliquer naïvement ce que nous sommes, nous-mêmes et notre monde. Pour une bonne part, on peut encore décrire non seulement la poésie mais aussi les sciences comme une tentative naïve d'explication du monde de cette sorte, inspirée par l'imagination.

Ainsi, poésie et science — la musique aussi, donc — ont le même ancêtre. Chercher à interpréter nos origines et notre destin, les origines et le destin du monde, voilà d'où elles proviennent.

On peut définir ces trois thèses comme des hypothèses historiques, quoique, pour ce qui est de la poésie grecque, et particulièrement de la tragédie, on ne saurait guère douter qu'elles plongent leurs racines dans le mythe. Pour les recherches consacrées aux commencements de la philosophie grecque de la nature, ces trois hypothèses ont bien résisté à l'examen. Et nos sciences de la nature tout comme nos arts sont l'un et l'autre la renaissance — la Renaissance — de leurs prédécesseurs grecs. Bien que l'art et la science aient une origine commune, il y a, bien sûr, d'essentielles différences.

En science, il y a progrès. Ce qui est concomitant au fait que la science a un objectif. La science est recherche de la vérité, son objectif est l'approximation de la vérité. En art aussi, il y a parfois des objectifs, et pour autant que le même objectif soit recherché pendant un certain laps de temps, on peut bien parler aussi, parfois, de progrès en art. Ainsi, pendant longtemps, l'imitation de la nature fut un objectif de la peinture et de la sculpture ; même si, à coup sûr, ce n'était pas là le seul. Et s'agissant de cet objectif, on peut bien parler d'un progrès, ainsi, par exemple, pour ce qui est du traitement de la lumière et de l'ombre. La question de la perspective ressort du même chapitre. Mais des objectifs comme ceux-là ne furent jamais les seules impulsions de l'art. Et, souvent, les grandes œuvres nous marquent, sans qu'y soit pour rien la maîtrise par les artistes de leur technique, qui est fonction du progrès.

Qu'en art il n'y ait pas de progrès universel, on s'en est souvent avisé et on l'a souvent souligné. Avec peut-être même trop d'insistance dans le cas du primitivisme. Mais là où à coup sûr il peut y avoir progrès — et déclin, bien sûr —, c'est du côté de la puissance de création de chaque artiste en particulier.

Tout artiste passe par une phase d'apprentissage, même l'inconcevable génie qu'était Mozart. Tout artiste, ou presque, a son maître ; et tout grand artiste tire la leçon de ses expériences, de son travail. Oscar Wilde, un grand poète qui, ici, à Salzbourg, n'est pas un inconnu, dit : « Expérience : c'est le nom que nous donnons aux erreurs que nous avons commises. » Et John Archibald Wheeler, un grand physicien et cosmologue, écrit : « C'est notre tâche que de commettre nos erreurs aussi vite que possible. » J'ajouterais volontiers : C'est notre tâche que de découvrir nous-mêmes nos erreurs, autant qu'il se peut, et d'en tirer nous-mêmes la leçon. Même Mozart a remanié et corrigé de fond en comble, par exemple, son premier quintette à cordes en si bémol majeur, une œuvre de jeunesse. Mais les œuvres les plus considérables de Mozart ont vu le jour dans les dix dernières années de sa brève existence, de 1780, à peu près, à 1791, l'année de sa mort — c'est-à-dire, entre ses vingt-quatre et ses trente-cinq ans. Ce qui montre qu'il a appris, à l'école de l'autocritique, et cela avec une rapidité étonnante. On ne comprendra jamais qu'il écrivît *L'Enlèvement au sérail* à vingt-cinq ou vingt-six ans, *Figaro* à trente ans — des œuvres d'une richesse inépuisable.

Mais ce qui m'a inspiré le titre de mon discours, ce fut l'œuvre de Beethoven ; ou, plus précisément, une exposition consacrée aux carnets de travail de Beethoven, et que je visitai il y a de nombreuses années. Celle-ci avait été organisée par la Gesellschaft der Musikfreunde de Vienne (Amicale des mélomanes).

Les carnets de travail de Beethoven sont des documents du souci d'autocritique ; du travail d'un esprit inlassablement occupé à soupeser son ouvrage, à l'améliorer, avec une rigueur tout bonnement implacable. Ce comportement, autocritique devant laquelle rien ne saurait trouver grâce, fait peut-être même comprendre l'étonnante évolution personnelle connue par Beethoven, de ses débuts, sous l'influence encore de Haydn et Mozart, jusqu'à ses dernières œuvres.

Il y a une très grande diversité d'artistes et d'écrivains. D'aucuns semblent ne presque jamais procéder par retouches et corrections. Ils sont à même, dirait-on, de créer œuvre même parfaite sans ébauches, dans son immédiate perfection. Chez les philosophes, Bertrand Russell fut un de ces génies. Il écrivait un anglais des plus purs ; et, sur ses manuscrits, sur trois ou quatre pages disons, il ne modifiait qu'un mot, et un seul. D'autres procèdent différemment. Leur méthode d'écriture est celle de l'essai et de la rectification, la correction de l'erreur.

Il semble que Mozart, quoiqu'il ait beaucoup remanié, ressortissait plutôt de la première de ces deux familles de créateurs ; Beethoven, lui, certainement de la seconde, celle qui corrige généreusement.

Il est intéressant de réfléchir aux procédés des artistes qui se rangent dans la seconde. Je tiens à insister là-dessus, tout ce que je vais dire à ce propos est de nature spéculative, consiste en conjectures. Je présume, ainsi donc, que ces artistes se donnent d'abord un problème, une tâche ; écrire, par exemple, un concerto pour violon, ou une messe, ou un opéra. Entre autres éléments de cette tâche, il y a, je présume, une idée du gabarit de l'œuvre, de son caractère et de sa structure — la forme sonate, par exemple —, et aussi, peut-être, de quelques-uns des thèmes qui y seront employés. Peut-être le plan est-il aussi assez largement avancé, en particulier dans le cas d'une messe ou d'un opéra.

Mais lorsque vient le moment de l'explicitation, lorsque vient le temps de la concrétisation et celui de la rédaction, alors, pour l'artiste, en même temps que le travail de correction des erreurs, c'est aussi le plan qui se modifie. Il gagne en concret, en relief. Chaque passage est évalué selon qu'il correspond à l'image idéale en train de prendre forme de plus en plus claire. Et inversement : grâce au travail consacré à l'explicitation, l'image idéale est soumise à correction continue. Il y a là effet en retour multiple, un *give and take* entre le plan, l'image idéale qui gagne en clarté, l'explication en cours et, surtout, la correction des erreurs.

C'est dans le cas d'un peintre travaillant à un portrait que l'on s'en aperçoit le mieux : il essaie d'appréhender un objet naturel sur un certain mode, partiellement prédéterminé. Il ébauche, esquisse, corrige. Pose ici une tache de couleur, et prend du recul pour examiner l'effet. Mais cet effet dépend largement de l'ensemble, de tout ce qui existe déjà ; de plus, la nouvelle tache de couleur agit à son tour sur l'ensemble ; tout change par son intermédiaire, tout prend un autre visage — embelli ou abîmé. Et de par cet effet en retour sur le tout de l'image, c'est aussi l'image idéale, jamais définitivement arrêtée, qui se modifie — l'objectif, donc, envisagé par l'artiste. Et dans le cas particulier du portraitiste, se modifie aussi la ressemblance recherchée avec l'objet, et la conception que le peintre cherche à en concrétiser.

Il importe ici que l'acte même de peindre — un essai de concrétisation, donc — précède, cela va de soi, la correction. Mais, par ailleurs, il faut que soit déjà là une idée, une image idéale avec lesquelles puisse être comparée l'explicitation en son état, puisque seule la comparaison rend possible la correction. Lorsque, comme dans le cas particulier du portraitiste, un objet est donné dont une image doit être confectionnée, le problème devrait être simplifié. Pareillement en musique le travail de correction devrait être facilité lorsqu'on a sous la main un texte à mettre en musique. Dans tous les cas, la correction des erreurs débouche sur une comparaison, la comparaison entre le résultat atteint et le résultat recherché, l'image idéale de l'œuvre se modifiant incessamment sous les impressions qui surgissent du travail. L'œuvre en soi qui est en cours empiète ainsi sur le travail créateur, de plus en plus activement et de plus en plus puissamment. Ainsi, s'agissant d'une œuvre d'ampleur, il peut arriver que l'artiste qui l'écrivit ne la reconnaisse plus, ou peu s'en faut, comme la sienne propre. Elle est plus ample qu'il ne l'avait pensé. Ainsi en fut-il de *La Création* de Haydn, et, d'une tout autre manière, de la *Symphonie inachevée,* abandonnée par Schubert même.

Au moment de conclure, j'en viens maintenant à la comparaison avec les sciences de la nature, que les pessimistes de la culture éreintent bien plus qu'ils ne les entendent. Dans ce cas, l'œuvre, c'est l'hypothèse, la théorie ; et le but de l'activité déployée, c'est la vérité, ou l'approximation de la vérité et la puissance d'explication. Objectif constant, ce qui explique qu'il y ait progrès : progrès vers des théories toujours meilleures, et qui peut durer des siècles. Tandis que dans l'art la critique décisive est l'autocritique de l'artiste, grosse de créativité, dans la science, la critique n'est pas seulement autocritique, elle est aussi critique, venant des collègues : qu'une erreur échappe à un chercheur, ou — ce qui, par chance, arrive bien rarement — qu'il tente de la dissimuler, presque toujours, avec le temps, d'autres chercheurs la détecteront. C'est là, justement, la méthode de la science : autocritique et critique mutuelle. Critique qui mesure la théorie selon ses prestations de chercheuse de vérité. Ce qui fait d'elle une critique rationnelle.

Ainsi l'ouvrage du chercheur créatif, la théorie, a-t-il bien des points en commun avec l'œuvre d'art ; et le travail créateur du chercheur ressemble à celui de l'artiste — du moins à l'artiste membre de la famille dont faisait partie Beethoven ; de la famille qui se lance dans le travail au nom d'une idée hardie et a la capacité d'enlever ses ouvrages jusqu'à des sommets insoupçonnés, parce qu'elle y revient et les amende ; si bien que, de la belle *Fantaisie pour chœur,* éclôt *À la joie,* l'Ode indicible.

Dans le domaine des sciences, au grand artiste fait pendant le grand théoricien, qui, pareil à l'artiste, se laisse guider par son imagination, son intuition, son sens de la forme. Ainsi, de la théorie de l'atome élaborée par Niels Bohr en 1913 — une théorie renversante, qui toutefois devait être améliorée par la suite —, Einstein déclara que c'était une œuvre d'une « musicalité éminente ». À l'opposé de la grande œuvre d'art, toutefois, la grande théorie reste ouverte à des perfectionnements.

Et le chercheur le sait ; et il sait aussi que son imagination, son intuition et même son sens de la forme l'égarent bien plus souvent qu'ils ne le conduisent au terme : une meilleure approximation de la théorie. Ce pourquoi, dans le domaine de la science, le contrôle critique en permanence est indispensable, non seulement de la part de l'inventeur, mais aussi de la part d'autres chercheurs. Dans le domaine de la science, il n'y a pas de grand œuvre qui ne tienne *seulement* à l'inspiration et au sens de la forme.

Mesdames et messieurs, j'aimerais finir sur une citation, provenant d'un des savants les plus éminents de tous les temps : de Johannes Kepler, le grand cosmologue et astronome qui mourut en 1630, en la douzième année donc de la guerre de Trente Ans. Dans cet extrait, Kepler part de sa théorie des mouvements des corps célestes, qu'il compare à la musique, en particulier à la musique divine des sphères célestes. Sans presque l'avoir recherché, Kepler conclut par un hymne à la gloire de la musique créée par les hommes, à la polyphonie, d'invention encore récente à l'époque :

> *Nihil igitur aliud sunt motus cœlorum, quam perennis quidam concentus (rationalis non vocalis) per dissonantes tensiones, veluti quasdam Syncopationes vel Cadentias (quibus homines imitantur istas dissonantias naturales) tendens in certas & praescriptas*

clausulas, singulas sex terminorum (veluti Vocum) ijfque notis
immensitatem Temporis insigniens & distinguens ; ut mirum
amplius non sit, tandem inventam esse ab Homine, Creatoris
sui Simiâ, rationen canendi per concentum, ignotam veteribus ;
ut scilicet totius Temporis mundani perpetuitatem in brevi aliqua
Horae parte, per artificiosam plurium vocum symphoniam luderet,
Deique Opificis complacentiam in operibus suis, suavissimo sensu
voluptatis, ex hac Dei imitatrice musica perceptae, quadam-tenus
degustaret[4].

---

4. Nous reproduisons ici le texte original, *Harmonices mundi,* en suivant la même édition que celle utilisée par Popper (Lincii Austriae, 1619, p. 213) pour la traduction allemande qu'il propose de ces lignes de Kepler. Voici la traduction française — la seule existante, à notre connaissance — de Jean Peyroux, ingénieur des Arts et Métiers [tapuscrit déposé à la Bibliothèque nationale de France, 1976] : « Les mouvements des cieux ne sont donc rien d'autre qu'un certain accord de voix (non de raison vocale) à travers des tensions dissonantes, comme tendant vers des fins déterminées et prescrites, vers certaines syncopes et Cadences (par lesquelles les hommes imitent ces dissonances naturelles), marquant chacun des six termes (comme des voix) par ces Notes et distinguant l'immensité du Temps ; de sorte qu'il n'est pas davantage étonnant que la méthode de chanter en accord, inconnue des anciens, soit enfin trouvée par l'homme, Imitateur de son Créateur ; à savoir que dans une certaine courte partie de l'heure de tout le Temps du monde, il jouerait par un certain symphonie bien faite de plusieurs voix, et il goûterait jusqu'à un certain point la chose qui plaît de Dieu Auteur dans ses œuvres, par un très suave plaisir de la faculté de sentir perçu à partir de cette Musique imitatrice de Dieu » (p. 337). À en juger par les écarts entre la traduction de K. Popper et celle de J. Peyroux, nous ne pouvons néanmoins exclure des variantes entre les deux exemplaires de l'édition de 1619.

TABLE DES MATIÈRES

Ce volume,
le dix-huitième
de la collection « le goût des idées »,
publié aux Éditions Les Belles Lettres,
a été achevé d'imprimer
en octobre 2011
sur les presses
de l'imprimerie SEPEC
01960 Peronnas

Dépôt légal : novembre 2011
N° d'édition : 7321 - N° d'impression : 05425111045
Imprimé en France

KARL
POPPER